중국진출기업의 노무관리 Q&A

윤수종

세창출판사

머리말

중국에서는 '노동계약법'(2008년 1월 1일 시행)이라는 '노동자 권리보호형' 입법을 계기로 노동자 보호를 중시한 관련법규가 이후 연이어 제정되고 있습니다.

이에 따라 최근 중국 노동환경은 노동자가 노동중재를 신청하기 쉬운 법률환경의 정비, 노동자권리의식 향상에 따른 노무분쟁의 급증, 노동자의 높은 퇴사율 · 이직률이라는 특징이 더욱 두드러지고 있습니다.

그러나 이러한 노동환경의 변화에 따라 중국의 경제전반에 미치는 영향도 점차 심각해지고 있으므로 중국 정부도 이를 당연히 우려할 수밖에 없는 상황이며, 사용자의 이익보호도 고려한 노동계약법의 개정을 주장하는 목소리도 나오고 있습니다.

중국의 노무분쟁은 그 사건접수건수가 매우 많을뿐더러 최근의 특징으로서 회사이전이나 중국진출사업의 재편 · 철수 등에 따른 정리해고 또는 중도해산 등 집단노무분쟁사건의 증가와 노무분쟁의 법률관계의 복잡화와 다양화를 들 수 있습니다.

한편, 외국계 중국현지법인은 전문인력부족과 중국현지의 노동법률 법규 및 노동관련실무에 대한 지식과 이해부족 등으로 수많은 인사노무 문제를 안고 있으며, 그 해결방안에 어려움을 겪고 있는 실정입니다.

따라서 이 책은 이러한 외국계 현지법인이 직면하고 있는 여러 가지 문제에 대해서 중국노동법무 최전선에서 많은 사례를 접해 온 필자가 그간의 실무경험상 흔히 있는 노무상담사례를 Q&A형태로 구체적이고 간결하게 정리한 것입니다. 문제해결을 위한 힌트를 하나라도 더 독자 여러분에게 제공할 수 있길 바랍니다.

다만, 중국의 노동법무는 각지의 시행세칙이 반드시 일치하는 것은 아닙니다. 따라서 지역에 따라서는 그 실무운용에 약간의 차이가 생길 수 있으니 이 점을 충분히 유의하길 바랍니다. 또한 국가 혹은 지방차원에서 관련규정의 개정시행 혹은 새로운 규정의 발포시행이 잇따르고 있기 때문에 관련법률법규의 최신동향을 항상 주시할 필요가 있습니다.

또한 앞으로 중국의 「노동계약법」이 개정될 때에는 개정판도 발행할 생각이므로 이 책에 대한 독자 여러분의 의견을 메일로 보내 주시면 대단히 감사하겠습니다(yin@shenxiulaw.com).

마지막으로, 이 책의 출판을 위해 흔쾌히 애써 주신 세창출판사의 이방원 사장님과 임길남 상무님께 감사를 드립니다. 아울러 이 책에서 사용한 법률용어나 표현방법 등에 관하여 독자 여러분이 더 잘 이해할 수 있도록 도와주신 손예리 씨에게 감사의 말씀을 드리며 사랑하는 가족과 저희 법률사무소 동료 여러분에게도 진심으로 고마움을 전하고 싶습니다.

2019년 1월

중국 선전(深圳, '심천'이라고도 함) 난산(南山) 호우하이(后海)에서

광둥심수(深秀)법률사무소 대표변호사

윤수종

차 례

제2장 시용기간

제3장 노동보수와 복리처우

제4장 유급휴가

제5장 의료기간

제6장 산업재해

제7장 여직원

제8장 노동조합

제9장 노동계약 종료, 해제와 보상금

제10장 노무파견

제11장 실무상 자주 있는 기타 노무상담사례

본서에서 인용한 관련 법률법규 약어 · 설명

한국어 번역 명칭	중국어 명칭	공포/시행시기 등	본서 약어
국가규정			
중화인민공화국노동법	中华人民共和国劳动法	1995년 1월 시행, 2009년 8월 개정	노동법
중화인민공화국노동계약법	中华人民共和国劳动合同法	2008년 1월 1일 시행, 2012년 12월 개정	노동계약법
중화인민공화국노동계약법실시조례	中华人民共和国劳动合同法实施条例	2008년 9월 18일 시행	노동계약법실시조례
중화인민공화국노동쟁의조해중재법	中华人民共和国劳动争议调解仲裁法	2008년 5월 1일 시행	노동쟁의조해중재법
중화인민공화국사회보험법	中华人民共和国社会保险法	2011년 7월 1일 시행	사회보험법
중화인민공화국노동조합법	中华人民共和国工会法	1992년 4월 3일 시행, 2009년 8월 제2차개정	노동조합법
중화인민공화국형법	中华人民共和国刑法	1980년 1월 1일 시행, 1997년 3월 개정, 2017년 11월까지 제10차 수정	형법
중화인민공화국형사소송법	中华人民共和国刑事诉讼法	1980년 1월 1일 시행, 1996년 3월, 2012년 3월 개정	형사소송법
중화인민공화국민사소송법	中华人民共和国民事诉讼法	1991년 4월 9일 시행, 2007년 10월, 2012년 8월, 2017년 6월 개정	민사소송법
중화인민공화국입법법	中华人民共和国立法法	2000년 7월 1일 시행, 2015년 3월 개정	입법법
최고인민법원에 의한 노동분쟁사건심리의 법률적용의 몇 가지 문제에 관한 해석	最高人民法院关于审理劳动争议案件适用法律若干问题的解释	法释[2001] 14호, 2001년 4월 30일 시행	노동분쟁심리해석(2001)
최고인민법원에 의한 노동분쟁사건심리의 법률적용의 몇 가지 문제에 관한 해석(二)	最高人民法院关于审理劳动争议案件适用法律若干问题的解释(二)	法释[2006] 6호, 2006년 10월 1일 시행	노동분쟁심리해석(二)
최고인민법원에 의한 노동분쟁사건심리의 법률적용의 몇 가지 문제에 관한 해석(三)	最高人民法院关于审理劳动争议案件适用法律若干问题的解释(三)	法释[2010] 12호, 2010년 9월 14일 시행	노동분쟁심리해석(三)

한국어 번역 명칭	중국어 명칭	공포/시행시기 등	본서 약어
최고인민법원에 의한 노동분쟁사건심리의 법률적용의 몇 가지 문제에 관한 해석(四)	最高人民法院关于审理劳动争议案件适用法律若干问题的解释(四)	法释[2013] 4호, 2013년 2월 1일 시행	노동분쟁심리해석(四)
최고인민법원에 의한 '전국민사심판업무회의회보'의 인쇄 · 발행에 관한 통지	最高人民法院关于印发《全国民事审判工作会议纪要》的通知	法办[2011] 442호	최고법원회의회보(2011)
최고인민법원에 의한 노동보수지급거부형사안건심리의 법률적용의 몇 가지 문제에 관한 해석	最高人民法院关于审理拒不支付劳动报酬刑事案件适用法律若干问题的解释	法释[2013] 3호	최고법원해석(2013)
최고인민법원의 산재보험행정사건심리의 몇 가지 문제에 관한 규정	最高人民法院关于审理工伤保险行政案件若干问题的规定	法释[2014] 9호	최고법원규정(2014)
최고인민법원 민일정에 의한 법정퇴직연령에 달한 또는 법정퇴직연령을 초과한 노동자(농민공 포함)와 사용자 간 노동관계종료의 확정기준문제에 대한 답변	最高人民法院民一庭关于达到或者超过法定退休年龄的劳动者(含农民工)与用人单位之间劳动关系终止的确定标准问题的答复	[2015]民一他字 제6호	최고법원민일정답변(2015)
국가노동총국보험복리사에 의한 여직원의 유산 · 조산예방을 위한 휴식과 병가가 6개월 초과 후 출산시 처우문제에 관한 상하이시노동국에 보내는 답변서	国家劳动总局保险福利司关于女职工保胎休息和病假超过六个月后生育时的待遇问题给上海市劳动局的复函	[1982]劳险字 2호, 1982년 3월 27일	유산방지(保胎)휴식답변(1982)
'노동법'관련조항에 관한 설명	关于〈劳动法〉若干条文的说明	劳办发[1994] 289호, 1994년 9월 5일	노동법설명(1994)
노동부에 의한 '기업직원의 질병 또는 산재 이외의 부상으로 인한 의료기규정'의 발포에 관한 통지	劳动部关于发布《企业职工患病或非因工负伤医疗期规定》的通知	劳部发[1994] 479호, 1995년 1월 1일	의료기규정(1995)
임금지급잠정규정	工资支付暂行规定	劳部发[1994] 489호 1995년 1월 1일	임금지급잠정규정
'기업직원의 질병 또는 비산재부상으로 인한 의료기간 규정' 철저실시 관련 통지	劳动部关于贯彻《企业职工因患病或非因工负伤医疗期规定》的通知	劳部发[1995] 236호, 1995년 5월 23일	의료기규정통지(1995)

한국어 번역 명칭	중국어 명칭	공포/시행시기 등	본서 약어
철저한 '노동법' 실시에 따른 관련 문제에 관한 의견	关于贯彻执行〈中华人民共和国劳动法〉若干问题的意见	劳部发[1995] 309호, 1995년 8월 4일 시행	노동법의견(1995)
'동일사용자 소속 근속시간'과 '현 사용자 소속 근무년수'의 이해문제에 관한 문의서'에 대한 답변서	劳动部办公厅对《关于如何理解"同一用人单位连续工作时间"和"本单位工作年限"的请示》的复函	劳办发[1996] 191호, 1996년 9월 16일	근속년수 이해 문제 (1996)
최저임금규정	最低工资规定	노동및사회보장부령제21호, 2004년 3월 시행	최저임금 규정
노동관계 확정 관련사항에 관한 통지	劳动和社会保障部关于确定劳动关系有关事项的通知	劳社部发[2005] 12호, 2005년 5월 25일	노동관계확정관련통지 (2005)
산업재해보험조례	工伤保险条例	2004년 1월 1일 시행 2010년 12월 개정	산재보험 조례
광둥성			
광둥성고급인민법원에 의한 노동분쟁사건심리의 몇 가지 문제에 관한 지도의견	广东省高级人民法院关于印发〈广东省高级人民法院关于审理劳动争议案件若干问题的指导意见〉的通知	粤高法发[2002] 21호, 2002년 9월 15일	광둥고급인민법원지도의견(2002)
광둥성고급인민법원, 광둥성 노동분쟁중재위원회에 의한 '노동쟁의조해중재법', '노동계약법' 적용의 몇 가지 문제에 관한 지도의견	广东省高级人民法院，广东省劳动争议仲裁委员会关于适用〈劳动争议调解仲裁法〉,〈劳动合同法〉若干问题的指导意见	粤高法发[2008] 13호, 2008년 6월 23일	광둥고급인민법원지도의견(2008)
광둥성고급인민법원, 광둥성 노동인사분쟁중재위원회에 의한 노동인사분쟁사건심리의 몇 가지 문제에 관한 좌담 회회보	广东省高级人民法院，广东省劳动人事争议仲裁委员会关于印发《广东省高级人民法院，广东省劳动人事争议仲裁委员会关于审理劳动人事争议案件若干问题的座谈会纪要》的通知	粤高法[2012] 284호, 2012년 7월 23일	광둥고급인민법원좌담회회보 (2012)
광둥성고급인민법원에 의한 노동분쟁사건심리의 난해한 문제에 관한 해답	广东省高级人民法院关于审理劳动争议案件疑难问题的解答	粤高法[2017] 147호, 2017년 8월 1일	광둥고급인민법원해답 (2017)

한국어 번역 명칭	중국어 명칭	공포/시행시기 등	본서 약어
광둥성고급인민법원, 광둥성 노동인사분쟁중재위원회에 의한 노동인사분쟁중재와 소송의 연결에 관한 몇 가지 의견	广东省高级人民法院，广东省劳动人事争议仲裁委员会关于印发《广东省高级人民法院，广东省劳动人事争议仲裁委员会关于劳动人事争议仲裁与诉讼衔接若干意见》的通知	粤高法发[2018] 2호, 2018년 8월 8일	광둥고급인민법원의견(2018)
광저우시			
광저우시중급인민법원에 의한 민사심판의 몇 가지 문제에 대한 해답	广州市中院民事审判若干问题的解答	2012년	광저우중급인민법원해답(2010)
광저우시노동분쟁중재위원회, 광저우시중급인민법원에 의한 노동분쟁사건에 관한 검토회회의회보	广州市劳动争议仲裁委员会，广州市中级人民法院关于劳动争议案件研讨会会议纪要	穗劳仲会纪[2011] 2호, 2011년 10월 25일	광저우중급인민법원회의회보(2011)
광저우시중급인민법원에 의한 노동인사분쟁사건심리의 몇 가지 문제에 관한 검토회회보	广州市中级人民法院关于审理劳动人事争议案件若干问题的研讨会纪要	穗劳人仲发[2014] 11호, 2014년 5월 26일	광저우중급인민법원회보(2014)
불산시			
불산시중급인민법원에 의한 노동분쟁사건심리에 관한 몇 가지 의견	佛山市中级人民法院关于审理劳动争议案件的若干意见	2005년 9월 22일	불산중급인민법원의견(2005)
불산시중급인민법원, 불산시노동분쟁중재위원회에 의한 노동분쟁사건심리의 몇 가지 문제에 관한 지도의견	佛山市中级人民法院，佛山市劳动争议仲裁委员会关于审理劳动争议案件若干问题的指导意见	2011년 2월 25일	불산지도의견(2011)
불산시중급인민법원에 의한 노동분쟁사건심리의 법률적용의 몇 가지 문제에 관한 지도의견(二)	佛山市中级人民法院关于审理劳动争议案件适用法律若干问题的指导意见(二)	2015년 2월 27일	불산중급인민법원지도의견(2015)
중산시			
중산시중급인민법원에 의한 노동분쟁사건심리의 몇 가지 문제에 관한 참고의견(2011)	中山市中级人民法院关于审理劳动争议案件若干问题的的参考意见(2011)	2011년	중산중급인민법원참고의견(2011)

한국어 번역 명칭	중국어 명칭	공포/시행시기 등	본서 약어
	선전시		
선전경제특구조화(和谐)노동관계촉진조례	深圳经济特区和谐劳动关系促进条例	2008년 11월 1일 시행	선전노동관계촉진조례(2008)
선전경제특구기업기술비밀보호조례	深圳经济特区企业技术秘密保护条例	1996년 1월 1일 시행, 2009년 5월 21일 개정	선전기술비밀보호조례(2009개정)
선전시중급인민법원에 의한 노동분쟁사건심리에 관한 재판지침	深圳市中级人民法院关于审理劳动争议案件的裁判指引	2015년 9월 2일	선전중급인민법원재판지침(2015)
선전시중급인민법원에 의한 '노동분쟁사건심리에 관한 재판지침'에 대한 설명	深圳市中级人民法院《关于审理劳动争议案件的裁判指引》的说明	2015년 9월 2일	선전중급인민법원재판지침설명(2015)
	베이징시		
베이징시고급인민법원, 베이징시노동분쟁중재위원회에 의한 노동분쟁사건의 법률적용문제에 관한 검토회회의회보	北京市高级人民法院，北京市劳动争议仲裁委员会关于劳动争议案件法律适用问题研讨会会议纪要	2009년 8월 17일 공포	베이징고급인민법원회의회보(2009)
베이징시고급인민법원, 베이징시노동분쟁중재위원회에 의한 노동분쟁사건의 법률적용문제에 관한 검토회회의회보(二)	北京市高级人民法院，北京市劳动争议仲裁委员会关于劳动争议案件法律适用问题研讨会会议纪要(二)	京高法发[2014] 220호, 2014년 5월 7일 공포	베이징고급인민법원회의회보(2014)
베이징시고급인민법원에 의한 '2014년 일부 노동분쟁사건 법률적용의 난해한 문제에 대한 검토회회의회보'의 인쇄 · 발행에 관한 통지	北京市高级人民法院关于印发《2014年部分劳动争议法律适用疑难问题研讨会会议纪要》的通知	2015년 1월 5일 공포	베이징고급인민법원회의회보(2015)
베이징시고급인민법원, 베이징시노동인사분쟁중재위원회의 '노동분쟁사건심리의 법률적용문제에 관한 답변'의 인쇄 · 발행에 관한 통지	北京市高级人民法院，北京市劳动人事争议仲裁委员会关于印发《审理劳动争议案件法律适用问题的解答》的通知	京高法发[2017] 42호, 2017년 4월 24일 공포	베이징고급인민법원해답(2017)

한국어 번역 명칭	중국어 명칭	공포/시행시기 등	본서 약어
상하이시			
상하이시고급인민법원의 노동분쟁사건심리의 몇 가지 문제에 관한 해답	上海市高级人民法院关于审理劳动争议案件若干问题的解答	沪高法民一[2006] 17호	상하이고급인민법원해답(2006)
상하이시고급인민법원의 노동분쟁사건심리의 몇 가지 문제에 관한 의견	上海市高级人民法院关于审理劳动争议案件若干问题的意见	沪高法民一[2007] 7호, 2007년 3월 21일 공포	상하이고급인민법원의견(2007)
상하이시고급인민법원의 '노동계약법'적용의 몇 가지 문제에 관한 의견	上海市高级人民法院关于适用《劳动合同法》若干问题的意见	沪高法[2009] 73호, 2009년 3월 3일 공포	상하이고급인민법원의견(2009)
상하이시 노동인사분쟁의 몇 가지 문제처리에 대한 지도의견 (조해중재관리처)	上海市劳动人事争议若干问题处理指导意见(调解仲裁管理处)	2010년 4월 1일 공포	상하이시노동인사쟁의지도의견(2010)
상하이고급인민법원민일정조연(调研)지도	上海高级人民法院民一庭调研指导	[2010] 34호	상하이고급인민법원조연지도(2010)
상하이시고급인민법원행정심판정의 산재인정행정사건 법률적용의 몇 가지 문제에 관한 해답(一)	上海市高级人民法院行政审判庭关于工伤认定行政案件法律适用若干问题的解答(一)	2010년 6월 22일 공포	상하이고급인민법원산재인정해답(2010)
상하이시고급인민법원에 의한 노동분쟁사건심리요건지침(一)	上海市高级人民法院劳动争议案件审理要件指南(一)	2013년	상하이고급인민법원심리 요건지침(2013)
상하이고급인민법원민사심판정에 의한 2014년 제3분기 정장(庭长)정례회의 검토회보 민일정 조연 및 참고	上海高院民事审判庭2014年第三季度庭长例会研讨纪要民一庭调研与参考	[2015]11호	상하이고급인민법원민사심판정회보(2015)
장쑤성			
장쑤성고급인민법원, 장쑤성 노동분쟁중재위원회의 '노동분쟁사건심리에 관한 지도의견'의 인쇄·발행에 관한 통지	江苏省高级人民法院, 江苏省劳动争议仲裁委员会关于印发《关于审理劳动争议案件的指导意见》的通知	苏高法审委[2009] 47호, 2009년 12월 14일 공포	장쑤고급인민법원지도의견(2009)

한국어 번역 명칭	중국어 명칭	공포/시행시기 등	본서 약어
쑤저우시중급인민법원, 쑤저우시노동분쟁중재위원회에 의한 노동분쟁검토회회보(一)	苏州市中级人民法院, 苏州市劳动争议仲裁委员会劳动争议研讨会纪要(一)	2010년 5월 31일 공포	쑤저우중급인민법원회보(2010)
장쑤성고급인민법원, 장쑤성노동인사분쟁중재위원회에 의한 '노동인사분쟁사건심리에 관한 지도의견(二)'의 인쇄・발행에 관한 통지	江苏省高级人民法院, 江苏省劳动人事争议仲裁委员会关于印发《关于审理劳动人事争议案件的指导意见(二)》的通知	苏高法审委[2011] 14호, 2011년 11월 8일 공포	장쑤고급인민법원지도의견(2011)
저장성			
저장성고급인민법원민일정의 노동분쟁사건심리의 몇 가지 문제에 관한 의견	浙江省高级人民法院民一庭关于审理劳动争议案件若干问题的意见	浙法民一[2009] 3호, 2009년 4월 16일 공포	저장고급인민법원의견(2009)
저장성노동분쟁중재위원회에 의한 '노동분쟁사건처리의 몇 가지 문제에 관한 지도의견(시행)'의 인쇄・발행에 관한 통지	浙江省劳动争议仲裁委员会关于印发《关于劳动争议案件处理若干问题的指导意见(试行)》的通知	浙仲[2009] 2호, 2009년 8월 21일 공포	저장노중지도의견(2009)
저장성노동중재원, 저장성고급인민법원민일정에 의한 노동분쟁사건심리의 몇 가지 문제에 관한 해답	浙江省劳动仲裁院, 浙江省高级人民法院民一庭关于审理劳动争议纠纷案件若干疑难问题的解答	浙劳仲院[2012] 3호, 2012년 12월	저장고급인민법원해답(2012)
저장성고급인민법원민사심판제일정, 저장성노동인사분쟁중재원에 의한 '노동분쟁사건심리의 몇 가지 문제에 관한 해답(二)'	浙江省高级人民法院民事审判第一庭, 浙江省劳动人事争议仲裁院关于审理劳动争议案件若干问题的解答(二)	浙高法民一[2014] 7호, 2014년 4월 14일 공포	저장고급인민법원해답(2014)
저장성고급인민법원민사심판제일정, 저장성노동인사분쟁중재원에 의한 '노동분쟁사건심리의 몇 가지 문제에 관한 해답 (三)'의 인쇄・발행에 관한 통지	浙江省高级人民法院民事审判第一庭, 浙江省劳动人事争议仲裁院关于印发《关于审理劳动争议案件若干问题的解答(三)》的通知	浙高法民一[2015] 9호, 2015년 9월 29일 공포	저장고급인민법원해답(2015)
저장성고급인민법원민사심판제일정, 저장성노동인사분쟁중재원에 의한 '노동분쟁사건심리의 몇 가지 문제에 관한 해답(四)'의 인쇄・발행에 관한 통지	浙江省高级人民法院民事审判第一庭, 浙江省劳动人事争议仲裁院关于印发《关于审理劳动争议案件若干问题的解答(四)》的通知	浙高法民一[2016] 3호, 2016년 12월 30일 공포	저장고급인민법원해답(2016)

한국어 번역 명칭	중국어 명칭	공포/시행시기 등	본서 약어
쓰촨성			
쓰촨성고급인민법원민사심판제일정에 의한 '노동분쟁사건 심리의 몇 가지 난해한 문제에 관한 해답'의 인쇄 · 발행에 관한 통지	四川省高级人民法院民事审判第一庭关于印发《关于审理劳动争议案件若干疑难问题的解答》的通知	川高法民一[2016] 1호, 2016년 1월 15일 공포	쓰촨고급인민법원해답(2016)

제1부

중국 노동법무 입문

Ⅰ. 노동관련법규

중국에서는 2008년 1월 1일에 시행된 노동계약법 등 노동관련법규에 따라 노동자의 권리보호가 강화되고 있습니다. 이에 따라 최근 중국 노동환경은 노동자가 노동중재를 신청하기 쉬운 법률환경의 정비, 노동자의 권리의식 향상에 따른 노무분쟁사건의 증가, 노동자의 높은 퇴사율과 이직률을 보이는 특징이 있어 노동관련법의 내용을 파악하는 일이 매우 중요합니다.

노동관련법규의 기본법에는 노동법(1995년 1월 1일 시행)과 노동계약법(2008년 1월 1일 시행)이 있습니다. 노동관련 기타 법률은 노동조합법(1992년 4월 3일 시행), 노동쟁의조해중재법(2008년 5월 1일 시행), 사회보험법(2011년 7월 1일 시행), 취업촉진법(2008년 1월 1일 시행) 및 직업병예방치료법(2002년 5월 1일 시행) 등이 있습니다.

상기 법률을 제외하면 노동계약법실시조례(2008년 9월 18일 시행), 직원연차유급휴가조례(2008년 1월 1일 시행), 여직원노동보호특별규정(2012년 4월 28일 시행), 기업노동쟁의협상조해규정(2012년 1월 1일 시행), 산재보험조례(2004년 1월 1일 시행), 노무파견잠정규정(2014년 3월 1일 시행), 집단계약규정(2004년 5월 1일 시행), 노동보장감찰조례(2004년 12월 1일 시행), 노동인사쟁의중재사건처리규칙(2017년 7월 1일 시행) 등 수많은 국가차원의 법령이 있습니다.

또한 최고인민법원은 노동분쟁사건의 심리에 관한 일련의 사법해석(司法解释)을 공포했으며, 각 지역에서도 지방정부와 지방인민법원이 다양한 조례나 재판지도의견 등 지방차원의 규정을 공포·시행하고 있어 진출기업소재지의 지방 관련 법규 및 규정을 파악해 둘 필요가 있습니다.

II. 외국계기업의 노사관계 특징

중국의 외국계기업 노무분쟁은 수리건수가 매우 많을뿐더러 최근의 특징으로는 회사이전이나 중국사업의 재편 · 철수 등에 따른 정리해고 또는 중도해산 등 집단노무분쟁 사건 증가와 노무분쟁의 법률관계 복잡화와 다양화를 들 수 있습니다.

집단노무분쟁이 급증하는 것은 외국계기업의 자체적인 원인뿐 아니라 중국사회 변화의 영향도 있습니다. 예를 들면, 중국에서는 심각한 물가상승으로 노동자의 생활에 중압감이 커지면서 처우개선요구가 점차 절실해지고 있습니다. 또한 중국에서는 현재 산업구조조정이 진행되고 있어 그야말로 전환기라고 할 수 있습니다. 이렇듯 사회와 산업구조에 불합리한 상황이 다수 존재하고 있습니다.

예를 들어 제조업은 생산현장에서 근무하는 노동자의 급여가 비교적 낮아 이런 상황이 장기간에 걸쳐 개선되지 않고 있는 환경에서 때때로 노사 간 협상 및 협의 등의 방법으로 처우개선문제를 해결하지 못하고 안이하게 파업이나 소동 등과 같은 극단적인 방법으로 노동자 자신의 권익을 쟁취하려는 경향이 있습니다.

위 상황에서 기업 측의 인사담당자는 노동자의 채용업무뿐만 아니라 발생할 수 있는 노동분쟁을 방지하는 차원에서 노동계약 체결, 사내규칙제도 제정, 수정 및 집행, 관련 기록과 증거의 수집, 보관 등 많은 업무를 해야 하고 노무관리 전문성이 요구되고 있습니다. 단, 외국계기업은 전문인력부족과 중국 현지의 노동법률법규 및 노동관련실무에 대한 지식과 이해부족 등으로 수많은 인사노무문제를 안고 있으며, 해결책 마련에 어려움을 겪고 있는 실정입니다.

Ⅲ. 외국계기업 인사 · 노무관리 포인트

상기 외국계기업의 노사관계 특징을 바탕으로 외국계기업은 어떻게 자사의 노무문제에 대응해야 할지, 기본 포인트를 아래 5가지 측면에서 검토할 수 있습니다.

1. 법령준수

중국진출기업의 인사노무관리에서 가장 주의해야 할 사항은, 노동관련법규를 제대로 준수하는 것입니다.

사용자는 법에 따라 노동규칙제도를 확립해 이를 정비하여 노동자가 노동권리를 향유하고 노동의무를 이행할 수 있도록 보장하여야 합니다.

또한 사용자규칙제도가 법률, 법규의 규정을 위반하고 노동자의 권익에 손해를 끼친 경우, 노동자는 노동계약을 해제하고 경제보상금의 지급을 청구할 권리를 가지고 있습니다.

만일 법령이 요구하는 사항에 대해 노동자와 별도의 합의를 했더라도 그것이 사용자의 법정책임을 면제하고 노동자의 권리를 배제하는 규정을 마련하는 등, 노동자에게 불리한 합의일 경우에는 나중에 노동중재 또는 소송에서 무효화되고 경우에 따라서는 손해배상 등의 명령을 받을 수도 있습니다.

그러나 반대로 특정 노동자와 법령보다 유리한 조건으로 개별 합의를 하는 것도 권장할 수 없습니다. 이 경우 다른 노동자가 불평등하다고 주장해 결국은 모든 노동자에게 동등한 처우를 할 수밖에 없게 된 실례가 있습니다. 더욱이 한번 합의하면 노동자의 기득권처럼 주장되어 법령개정 또는 사내규칙제도의 수정 등을 통해 해당 합의를 조정할 경우에도 노동자의 거센 저항에 부딪혀 조정할 수 없는 사태가 충분히 예상되기 때문입니다.

2. 사내규칙제도 완비와 엄격한 체제 구축

노동관련법규가 규정한 것 이외의 사항은 취업규칙 등 사내규칙제도에서 사용자가 스스로 제정 또는 수정(정기점검과 적시재검토를 포함)하게 됩니다. 사내규칙제도는 노동자와 분쟁이 생겨 노동중재나 소송으로 이어진 경우 사용자 측 주장의 근거가 되므로 이를 완비하는 것이 매우 중요합니다.

예를 들면 노동계약법에서는 노동자의 해고사유로 '사용자의 규칙제도를 현저히 위반한 경우'라는 사유가 있지만 해당 사유를 주장 및 입증하려면 사내규칙제도에서 노동자의 준수사항을 구체적으로 규정하고 '현저히 위반했다'는 판단기준 등을 명시해 둘 필요가 있습니다.

또한 노동중재위원회 또는 인민법원에서의 노동분쟁사건 처리에 대비하기 위해 무엇보다 중요한 것이 증거입니다. 중국의 노동관련법규는 노사 간 분쟁의 사실에 관한 증거를 보유 · 관리하는 사용자에게 그 제공의무를 지도록 하며 사용자가 증거제공을 거부할 경우 사용자에게 불리한 판단을 내리도록 규정하고 있습니다.

예를 들면 노동보수의 지불과 관련해 사용자가 노동자에게 노동보수를 지불한 금액, 시간, 수령자 이름과 서명을 서면으로 기록해 2년이상 보존하고 검사에 대비해야 합니다. 즉, 노동보수의 지불에 기인해 노사 간 분쟁이 발생한 경우, 2년의 보존기간내에는 사용자가 노동보수의 지불에 관한 증명책임을 져야 합니다.

또한 노동자와 노동계약을 체결하고 사내규칙제도를 완비했다고 해도 그대로 이행 또는 집행할 수 없다면 아무 의미가 없습니다. 따라서 기업의 고급관리직 및 인사 및 총무부문의 책임자는 노동계약 및 사내규칙제도의 엄격한 이행과 집행체제의 구축에 주력하고 그 과정에서 관련 증거를 수집, 관리 및 보전하는 데 충분히 유의해야 합니다.

3. 노동조합(工会)과의 협력

최근 노동조합의 역할이 중시되고 있으며 사내규칙제도 제정과 수정, 사용자에 의한 노동자의 해고절차, 정리해고 실시 등에 노동조합이 관련되는 경우도 많이 있습니다.

중국에서의 노동조합은 기업과 대립하는 조직이라기보다는 기업과 노동자 사이의 충돌을 조정하면서 노동자의 이익을 지키는 역할이 기대되는 점에서 한국과 다릅니다. 따라서 노동조합의 협조를 최대한 이끌어 기업내부의 노무를 관리하는 것이 유익하다고 할 수 있습니다.

예를 들어 사용자는 정리해고 시 30일 전까지 노동조합 또는 전체 노동자에게 상황을 설명하고 노동조합 또는 노동자의 의견을 청취해야 합니다. 따라서 원활한 정리해고를 위해서는 우선 노동조합위원장(工会主席) 등 핵심멤버를 정리해고(인력감원)대상자 명단에 올리지 않는 등의 배려가 필요합니다(→Q8-2 참조).

4. 현지정부와 좋은 관계 유지

외국계기업이 평소 생산경영활동에서 현지정부와 접촉하는 일은 다반사입니다. 안전생산과 노동보호, 시간외근무 안배와 노동보수 지급, 사회보험료 및 주택적립금 납부, 건강진단 실시, 환경보호 등의 면에서 현지정부의 주관부문이 감독하고 있습니다.

특히 외국계기업에 중대한 노무분쟁이 발생하고 노사 간 해결이 어려운 경우에는 현지정부의 주관부문이 개입해 기업을 지원하며, 경우에 따라서는 노사 간의 원활한 해결을 촉구함과 동시에 사회안정과 조화를 도모하기 위해 사용자 측 또는 노사 관계의 쌍방당사자에게 압박을 가하는 경우나 행정지도를 하는 경우가 있습니다.

때문에 외국계기업은 현지정부의 감독 및 지도권한 행사 등에 적극 협력하고 현지정부의 관련 주관부문과 좋은 관계를 유지하는 것이 진출기업의 중국사업 발전에도 도움이 될 것입니다.

5. 노동법무의 최신동향 조기파악 및 대응방안 강구

최근 중국 노동법무에서는 집단노무분쟁 사건이 증가하고 있으며 사용자와 중국현지에서 채용한 외국인노동자 사이의 노무분쟁, 직장에서의 성희롱, 권력을 이용한 부당행위 등 새로운 노무분쟁이 발생하는 등, 노동분쟁의 법률관계가 복잡화, 다양화하고 있는 것이 특징입니다.

또 기업의 고용 및 관리비용이 날로 상승되는 가운데 기업의 사회보험료 납부상황에 관한 회계감사 실시 등 행정단속 강화나 진출기업의 현지화(로컬화)를 위한 여러 과제 등도 예전부터 진출기업이 골머리를 앓고 있는 문제입니다.

게다가 요즈음 중국의 노동환경 변화에 따라 사용자의 이익보호까지 고려한 노동계약법의 개정을 강력히 주장하는 목소리도 나오고 있습니다.

외국계기업은 이러한 새로운 문제와 법률법규 개정의 최신동향 등을 항상 주시하며 여러 가지 대응방안의 강구와 실시를 통해 노동자에게 기업의 매력을 제시할 필요가 있습니다. 또 증가하는 노동중재 또는 소송에 대항할 수 있도록 사내관리체제를 정기적으로 재검토하고 완비하는 등의 노력이 요구됩니다. 또한 진출기업 측 관점에서 법적 사고를 토대로 노사를 둘러싼 여러 문제에 힘쓰고 있는 진출기업 소재지의 변호사와 좋은 관계를 유지하는 것도 매우 중요합니다.

제2부

중국진출기업의 노무상담사례 해설

제1장

노동계약의 체결

Q 1-1 노동계약의 종류

Q 노동계약에는 어떠한 종류가 있습니까?

A 중국법상, 고정기간노동계약(계약기간이 정해져 있는 노동계약), 무고정기간노동계약(계약기간이 정해져 있지 않은 노동계약), 일정한 업무임무의 완성을 기한으로 하는 노동계약과 같은 일반적인 노동계약 외에 집단계약(集体合同)과 비전일제(非全日制) 노동계약이 있습니다.

■ ■ 해 설 ■ ■

노동계약법 제12조에 따르면 노동계약은 고정기간노동계약, 무고정기간노동계약 및 일정한 업무임무의 완성을 기한으로 하는 노동계약으로 구분됩니다.

위와 같은 일반적인 노동계약 외에 노동계약법에는 집단계약(노동계약법 제5장 제1절)과 비전일제 노동계약(노동계약법 제5장 제3절)을 규정하고 있습니다.

(ⅰ) 고정기간노동계약

고정기간노동계약이란, 사용자가 노동자와 계약종료일을 약정하는 노동계약을 말합니다(노동계약법 제13조).

사용자는 3개월 미만의 단기간 노동계약을 체결할 수는 있지만 3개월 미만 노동계약의 경우 시용기간(수습기간)의 약정은 허용되지 않습니다(노동계약법 제19조 3항).

(ⅱ) 무고정기간노동계약

무고정기간노동계약이란, 사용자와 노동자가 계약종료일을 확정하지 않은 노동계약을 말합니다(노동계약법 제14조 1항).

사용자는 필요에 따라 노동자와 합의를 거쳐 해당 노동자의 입사일로부터 기간을 정하지 않은 노동계약을 체결할 수 있으나, 다음과 같은 사유 중 어느 하나에 해당하며 노동자가 노동계약의 갱신, 체결을 신청하거나 노동계약의 갱신, 체결에 동의한 경우에는 노동자가 고정기간노동계약의 체결 또는 갱신을 신청한 경우를 제외하고, 무고정기간노동계약을 체결해야 합니다(노동계약법 제14조 2항).

① 노동자가 해당 사용자 밑에서 만 10년 이상 연속 근무했을 경우

② 2차례 연속으로 고정기간 노동계약을 체결하고 노동자가 노동계약법 제39조(사용자에 의한 일방적인 노동계약 해제사유➔Q9-2 참조) 및 제40조(사용자에 의한 노동계약의 예고해제사유➔Q9-2 참조) 1호, 2호 규정에 해당하지 않고 노동계약을 갱신할 경우

위와 같이 동일한 사용자 밑에서 근속 만 10년이 된 경우나 연속하여 2차례 고정기간노동계약을 체결한 경우에는 무고정기간노동계약을 체결해야 하므로 실무상 첫 번째와 두 번째 고정기간노동계약의 기간을 어떻게 설정하는 것이 가장 바람직하냐는 질문을 자주 받습니다.

예를 들어, 1년기간의 노동계약을 체결하고 기간만료 후 동일한 계약기간으로 첫 번째 노동계약을 갱신한 경우, 사용자는 이미 고용시작일에서 3년째부터 무고정기간노동계약을 체결해야만 하는 상황에 놓일 수 있으므로 노동계약기간은 주의해서 설정해야 합니다(➔Q1-2 참조).

실무상 최장 2개월의 시용기간을 설정할 수 있는 2년 이상 3년 미만의 노동계약이나 최장 6개월의 시용기간을 설정할 수 있는 3년 이상의 노동계약 체결을 권장하는 경우가 많습니다.

또한 무고정기간노동계약은 노동자의 정년퇴직연령까지 이를 절대 해제할 수 없는 것이 아니라 사용자와 노동자 모두 법정해제사유에 해당할 경우 무고정기간노동계약을 해제할 수 있습니다(➔Q9-2, 9-3 참조).

(ⅲ) 일정한 업무임무의 완성을 기한으로 하는 노동계약

일정한 업무임무의 완성을 기한으로 하는 노동계약이란 사용자와 노동자가 업무완성을 계약기간으로 약정하는 노동계약을 가리킵니다.

단, 일정한 업무임무의 완성을 기한으로 하는 노동계약의 경우, 시용기간의 약정은 허용되지 않습니다(노동계약법 제19조 3항).

특정 소프트웨어개발 프로젝트 완성 등을 기한으로 한 노동계약을 체결할 때에는 완성품 요구와 완성 판단기준 및 부대 서비스, 소프트웨어 저작권 귀속과 직무개발 등에 대해 명확히 약정해 두어야 합니다.

(ⅳ) 집단계약

집단계약이란 노동자와 사용자가 평등한 협의를 통해 노동보수, 근무시간, 휴게 · 휴가, 노동안전위생, 보험복리후생 등의 사항에 대해 체결하는 계약을 가리킵니다.

노동조합이 결성되어 있는 사용자의 경우, 노동조합이 직원 측을 대표해서 사용자와 집단계약을 체결하지만 노동조합이 결성되어 있지 않은 사용자의 경우, 상위 노동조합의 지도하에 노동자가 추천하는 대표자가 사용자와 집단계약을 체결합니다.

단, 집단계약은 사용자가 노동조합 또는 앞서 서술한 노동자가 추천하는 대표자와 반드시 체결해야 할 계약은 아닙니다.

노동계약법 제51조에 따르면 집단계약의 초안은 직원대표대회에 제출하거나 직원전체 토론을 거쳐 승인(가결)되어야 합니다.

또한 집단계약은 체결 후 노동행정부문에 신고해야 하며 노동행정부문이 집단계약문서를 수령한 날부터 15일 이내에 이의(异议)를 제출하지 않을 경우에 발효(生效)됩니다(노동계약법 제54조).

또한 집단계약의 이행에 따라 분쟁이 발생한 경우, 노동조합의 중재 신청과 소송을 제기할 권한을 인정하고 있습니다(노동계약법 제56조, ➔ Q8-3 참조).

(ⅴ) 비전일제(파트타임) 노동계약

비전일제 노동계약이란 통상적으로 노동자가 동일 사용자 밑에서 1일당 평균노동시간이 4시간을 초과하지 않고 매주 노동시간이 누계 24시간을 초과하지 않는 시급제 위주의 노동계약을 말합니다(노동계약법 제68조).

비전일제 노동계약은 구두형식[1]으로도 상관없으며 쌍방 당사자 모두 상대방에게 수시로 통지해 계약을 종료할 수 있으며 사용자는 고용종료에 따른 경제보상금을 지급할 의무가 없습니다. 단, 시용기간의 약정은 금지되어 있습니다(노동계약법 제69조~71조).

비전일제고용의 경우, 시급은 사용자소재지의 최저임금기준보다 낮아서는 안 되며 노동보수의 정산지급주기는 최장 15일을 넘어서는 안 됩니다(노동계약법 제72조).

실무상 1일 4시간, 1주일 24시간의 근무시간과 노동보수의 정산지급주기에 관한 규정을 엄격하게 준수[2]하지 않아 노사간 노동관계를 '전일제(全日制) 고용관계'라고 인정한 사례가 있으므로 사용자는 이에 주의해야 합니다(➔Q11-4 참조).

여러 사용자와 비전일제 노동계약을 체결한 노동자의 경우, 어떤 사용자가 사회보험(산재보험 제외) 가입의무를 부담해야 하는지 명확하지

---

1 구두형식은 이를 증명하기 힘들기 때문에 서면형식을 권장합니다.

2 실무상 1일 근무시간이 4시간 이상, 또는 1주일 노동시간이 24시간이 넘는 기간이 포함된 일정기간의 노동시간을 할당해 1일 평균 4시간 이하, 또는 1주일 평균 24시간 이하로 계산한 경우나 월단위로 노동보수를 정산한 경우를 '비전일제고용'으로 간주하지 않는 노동중재판단이 내려질 가능성이 있으므로 주의가 필요합니다.

않은 부분이 있어 사용자는 사전에 소재지의 노동행정부문 또는 사회보험부문에 문의할 필요가 있습니다(➔Q11-4 참조).

지방규정 주목!

광 동

Q 무고정기간노동계약의 체결조건에 부합하는 노동자는 언제까지 무고정기간노동계약을 체결하도록 사용자에게 요구해야 하는가?

A 선전중급인민법원 재판지침(2015) 제77조 및 선전중급인민법원 재판지침 설명(2015) 제17조

➔ 무고정기간노동계약의 체결조건에 부합하는 노동자는 고정기간노동계약이 만료되기 전에 무고정기간노동계약의 체결의사를 사용자에게 말해야 하고, 그렇지 않을 경우 노동자는 무고정기간노동계약을 체결할 권리를 포기했다고 간주된다.

Q 1-2 고정기간노동계약의 기간설정과 기간연장 여부

Q 고정기간노동계약의 계약기간을 어떻게 설정하는 것이 바람직합니까? 노사 쌍방 간에 약정한 계약기간을 연장하는 것은 가능합니까?

A 최장 2개월의 시용기간을 설정할 수 있는 2년 이상 3년 미만의 노동계약이나 최장 6개월의 시용기간을 설정할 수 있는 3년 이상 노동계약의 체결을 권장합니다. 노사 쌍방 간에 이미 합의한 계약기간을 연장할 수 있으나 일부 지방규정에 따라 이를 노동계약의 갱신으로 간주하는 경우가 있으므로 주의가 필요합니다.

■ ■ 해 설 ■ ■

실무상 첫 번째 고정기간노동계약의 기간설정에 관한 질문을 자주 받는데 사용자와 노동자의 사정이 상황에 따라 각자 다르기 때문에 일괄적으로 결론지을 수 없습니다.

단, 어느 경우에도 "신입직원의 능력을 판별하는 것이 가능한 적절한 판단기간이란?", "시용기간을 효율적으로 활용하기 위해서는 어느 정도의 시용기간이 필요한가?"와 같은 관점과 무고정기간노동계약의 체결 책임을 회피할 관점이 필요하다고 생각합니다.

따라서 시용기간의 상한에 관한 규정[1]을 효율적으로 활용하는 형태로 적어도 2년 또는 3년 이상의 노동계약을 체결하는 것을 권장합니다.

---

1 노동계약법 제19조 1항에 따르면 기간이 3개월 이상 1년 미만의 경우 시용기간은 1개월을 넘어서는 안 되며 기간이 1년 이상 3년 미만의 경우, 시용기간은 2개월을 넘지 못하며 3년 이상 고정기간 및 무고정기간의 시용기간은 6개월을 넘어서는 안 됩니다.

실무상 사용자가 노동자의 업무수행능력의 재고찰 등 이유로 노사 쌍방 간에 이미 약정한 시용기간을 연장하는 방안을 검토하는 경우가 있는데 사용자가 일방적으로 시용기간의 연장을 결정할 권한은 없습니다(→Q2-2 참조).

또한 무고정기간노동계약의 체결책임을 회피할 목적으로 노동자에게 노사 쌍방 간에 이미 약정한 노동계약기간을 연장할 것을 제안하는 경우도 있지만, 노동계약의 기간연장은 노동계약의 변경에 해당하므로 노사 쌍방 간에 서면합의를 받아야 합니다(노동계약법 제35조).

더욱이 노사 쌍방 간에 노동계약의 기간연장에 관한 서면합의가 이뤄져도 관련 규정(아래 '지방규정' 참조)에 따라 노동계약을 갱신한 것으로 간주되는 경우가 있으므로 주의해야 합니다.

지방규정 주목!

광 둥 **선전노동관계촉진조례(2008) 제18조 2항**

→ 사용자와 노동자의 합의하에 연장된 노동계약기간이 누계 6개월을 초과했을 때 노동계약을 갱신한 것으로 본다.

베이징 **베이징고급인민법원 회의회보(2014) 제42조**

Q 고정기간노동계약의 이행과정에서 사용자와 노동자가 합의한 노동계약의 종료시간을 변경했을 경우 노동계약을 2회 체결한 것으로 보아야 하는가?

A 사용자와 노동자가 합의해서 고정기간노동계약의 종료시간을 변경했을 경우, 변경 후 종료시간이 처음 계약한 종료시간보다 늦어져 계약 전체 이행기간이 길어질 때는 사용자와 노동자 간에 노동계약을 2회 체결한 것으로 본다. 처음에 체결한 고정기간노동계약의 기간을 변경했을 경우, 연속해서 2차례 고정기간노동계약을 체결한 규정에 따라 처리하고 2회 및 그 이상 체결한 고정기간노동계약의 기간을 변경했을 경우에는 무고정기간노동계

약의 체결규정에 따라 처리한다. 변경 후 종료시간이 처음 계약한 종료시간보다 빨라져 계약 전체 이행기간이 짧아질 때는 처음 계약한 종료시간만 변경한 것으로 간주한다.

장 쑤 **장쑤성노동계약조례(2013) 제17조**

→ 사용자와 노동자 사이의 약정으로 노동계약기간이 만료된 후 자동으로 갱신된 경우, 노동계약을 연속해서 체결한 것으로 본다. 사용자와 노동자의 합의하에 연장된 노동계약기간이 누계 6개월을 초과할 경우 노동계약을 연속해서 체결한 것으로 본다.

Q 1-3 서면노동계약 체결시기

Q 사용자는 노동자와 서면노동계약을 언제까지 체결해야 하나요?

A 사용자는 고용시작일부터 1개월 이내에 노동자와 서면노동계약을 체결해야 하며 고용시작일부터 1개월 초과 1년 미만까지 서면노동계약을 체결하지 않을 경우, 고용시작일부터 1개월이 지난 날의 다음날부터 1년이 경과된 날의 전날까지 노동자에 대해 매달 2배의 임금[1]을 지급해야 합니다.

또한 노동자의 고용시작일부터 1년이 지나도 서면노동계약을 체결하지 않을 경우, 사용자는 노동자와 무고정기간노동계약을 체결한 것으로 봅니다.

■ ■ 해 설 ■ ■

(i) 사용자의 서면노동계약 체결책임

노동계약법 제10조에 따르면 노동관계를 확립할 때는 서면으로 노동계약을 체결해야 합니다. 이미 노동관계를 확립했으나 서면으로 노동계약을 체결하지 않았을 경우에는 고용시작일부터 1개월 이내에 서면으로 노동계약을 체결해야 합니다.

사용자가 고용시작일부터 만 1년이 지나도 노동자와 서면으로 노동

1 본서에서 말하는 '2배(의) 임금'이란 일반적으로 사용자가 노동자에게 이미 지불한 매달 임금을 공제한 후의 차액분(1개월분 임금)을 가리킵니다.
예: 사용자가 노동자에게 8000위안의 1개월분 임금을 이미 지불한 경우, '2배의 임금'은 '8000위안 × 2(배) - 8000위안 = 8000위안'이 됩니다.

계약을 체결하지 않을 경우 사용자와 노동자는 이미 무고정기간노동계약을 체결한 것으로 간주합니다(노동계약법 제14조 3항).

사용자는 고용시작일부터 1개월 초과 1년 미만 사이[2]에 노동자와 서면으로 노동계약을 체결하지 않을 경우, 노동자에게 매달 2배의 임금을 지급해야 합니다(노동계약법 제82조 1항, 노동계약법실시조례 제6조).

사용자가 고용시작일부터 만 1년이 지나도 노동자와 서면으로 노동계약을 체결하지 않을 때는 즉시 노동자와 서면노동계약을 보충적으로 체결해야 합니다(노동계약법실시조례 제7조).

(ⅱ) 실무상 유의점

위 규정과 같이 노동계약은 구두가 아니라 서면으로 약정하는 것이 매우 중요합니다. 노동계약은 사용자와 노동자의 노동관계가 확립된 것을 증명하는 중요한 서류이며 노동분쟁이 발생했을 경우 노동계약은 사용자와 노동자 쌍방에게 가장 직접적이며 유효한 법적 증명입니다.

실무상 사용자가 임금지급 및 사회보험가입에 관한 증거 등으로 서면노동계약의 미체결책임의 회피를 주장하는 경우가 자주 있습니다.

그러나 사용자가 고용시작일부터 1개월이 지나도 노동계약을 체결하지 않고 고용이 계속되는 객관적 사실이 존재하면 노동계약의 미체결책임이 사용자와 노동자 어느 쪽에 있는지 상관없이 사용자에 의한 노동관계의 적시(适时)종료책임의 불이행과 사용자에 의한 상기 일정기간동안 2배의 임금지급책임만이 강조됩니다.

즉, 사용자는 고용시작일부터 1개월 초과 1년 미만 동안 노동자가 정당한 이유 없이 노동계약의 체결을 거부하는 등 사용자가 계약 미체결 책임은 노동자에게 있다고 증명할 수 있는 경우라도 서면을 통해 노동관계의 종료를 통지하고 노동자에게 법정 경제보상금을 지급해야 합니

2 '고용시작일부터 만 1개월이 지난 날의 다음날부터 만 1년이 지난 날의 전날까지'의 기간을 가리킵니다.

다(→Q9-6 참조).

단, 앞서 서술한 노동계약법 제14조 3항에 해당할 경우, 노동자는 사용자에게 고용시작일부터 1년이 지난 후에 2배의 임금을 주장할 수 없습니다(하기 '지방규정' 참조).

실무상 아래와 같은 사유는 매우 쉬워 보이지만 중국현지법인의 사내 관리체계가 제대로 되어 있지 않은 경우가 의외로 많아, 결과적으로 사용자가 예상외의 지출(2배의 임금 등)을 할 수밖에 없는 사례가 결코 적지 않습니다. 때문에 세심한 주의를 기울일 필요가 있습니다.

① 고용시작일부터 1개월 이내에 노동자와 서면으로 노동계약을 체결하고 노동자가 정당한 이유 없이 계약 체결을 거부할 경우, 서면을 통해 노동관계의 종료를 통지할 것,

② 고용시작일부터 1개월 초과 1년 미만 동안 노동자가 정당한 이유 없이 노동계약의 체결을 거부할 경우, 서면을 통해 노동관계의 종료를 통지할 것,

③ 고용시작일부터 1년이 지나 노사쌍방 간에 무고정기간노동계약의 체결관계가 있는 것으로 간주될 경우, 지체 없이 노동계약을 보충적으로 체결할 것.

지방규정 주목!

광 둥

Q (1) 노동자에게 서면노동계약의 체결을 통지했으나 노동자가 정당한 이유 없이 체결을 거부하고 사용자가 노동자에게 노동관계의 종료를 서면으로 통지하지 않았을 경우 사용자는 노동계약법 제82조 규정에 근거해 노동자에게 매달 2배의 임금을 지급해야 하는가?

A 광둥고급인민법원 좌담회회보(2012) 제14조 1항

→ 사용자는 노동계약법 제82조 규정에 근거해 노동자에게 매달 2배의 임금을 지급해야 한다.

Q (2) 사용자가 고용시작일부터 만 1년이 지나도 노동자와 서면으로 노동계약을 체결하지 않을 경우에 무고정기간노동계약을 체결한 것으로 간주하는데 사용자가 고용시작일부터 1년이 지난 후에도 서면노동계약 미체결로 인한 2배의 임금을 지급해야 하는가?

A 광둥고급인민법원 좌담회회보(2012) 제14조 3항

→ 사용자는 고용시작일부터 1년이 지난 후에 서면노동계약 미체결로 인한 2배의 임금을 지급할 필요는 없다.

베이징 **베이징고급인민법원 회의회보(2014) 제28조 (2)**

→ 사용자가 노동계약법 제14조 3항 규정을 위반해서 고용시작일부터 1년이 지나도 노동자와 서면으로 노동계약을 체결하지 않을 경우, 노사 쌍방 간에 이미 무고정기간노동계약을 체결한 것으로 간주하는 상황에서 노동자는 중재위원회, 법원에 대해 노사 쌍방 간에 무고정기간노동계약의 관계가 있는 것을 확인하도록 주장할 수 있으나 고용시작일부터 1년이 지난 후에 2배의 임금을 주장하는 것은 인정받지 못한다.

Q 1-4 기간만료 후에 노동계약을 갱신하지 않을 경우

Q 노동계약의 기간만료 후에 지체없이 노동계약을 갱신하지 않을 경우, 사용자에게 어떤 책임이 부과됩니까?

A 노동계약의 기간만료 후에 사용자가 지체없이 서면으로 노동계약을 갱신하지 않을 경우, 사용자는 노동자에게 서면노동계약의 미체결에 따른 2배의 임금을 지급해야 하므로 주의해야 합니다.

■■ 해 설 ■■

노동계약의 기간만료 후에 사용자가 지체없이 서면으로 노동계약을 갱신하지 않을 경우, 사용자는 노동자에게 서면노동계약의 미체결로 인한 2배의 임금을 지급해야 합니다. 즉 노동계약의 기간만료 후에 계약을 갱신하지 않을 경우에도 사용자는 서면노동계약 미체결로 인한 2배 임금의 지급책임을 지게 됩니다.

단, 노동계약을 갱신할 시에도 신규 입사 때와 마찬가지로 1개월의 유예기간 유무 여부는 각지의 실제 처리방식이 다르기 때문에 주의가 필요합니다(하기 '지방규정' 참조).

광둥, 상하이, 장쑤 등 지역에서는 노동계약을 갱신할 시에도 1개월의 유예기간을 인정하고 있으므로 2배의 임금은 최대 11개월분이 되는데 베이징에서는 노동계약의 갱신 시에는 1개월의 유예기간을 두지 않기 때문에 2배의 임금은 최대 12개월분을 지급해야 합니다.

특히 노동집약형기업 등의 경우는 직원수가 많고 그 유동성도 높아 사용자는 노동계약 등의 관리제도를 확립하고 노동계약의 만료일 또는 갱신일을 정기적으로 체크할 필요가 있습니다. 사내관리가 소홀했기 때문에 노동계약이 만료할 시에 지체없이 계약갱신이 이루어지지 않은 사태가 발생하지 않도록 하는 것이 중요합니다.

또한 계약기간의 만료에 따른 갱신시기를 놓쳤을 경우에 즉시 노동계약을 체결하도록 서면으로 노동자에게 통지하고 노동자가 이를 거부했을 경우에는 노동관계의 종료를 서면으로 노동자에게 통지해야 합니다.

지방규정 주목!

광 둥 **광둥고급인민법원 좌담회회보**(2012) **제14조 2항**

→ 노동계약의 기간이 만료한 후에도 노동자가 원래 고용주 밑에서 계속 근무하고 1개월이 지나도 쌍방이 노동계약을 갱신하지 않고 노동자가 노동계약법 제82조 1항 규정에 근거해 2배임금의 지급을 요구한 경우, 이를 인정해야 한다.

선전중급인민법원 재판지침(2015) **제64조**

→ 사용자가 고용시작일부터 1개월 초과 1년 미만 동안 노동자와 서면으로 노동계약을 체결하지 않을 경우, 사용자는 고용시작일부터 1개월이 지난 날의 다음날부터 쌍방이 서면으로 노동계약을 체결한 날의 전날까지 2배의 임금을 지급해야 한다.

노동자가 사용자와 서면노동계약의 체결을 거부하고 사용자가 노동계약법 실시조례 제5조, 제6조 규정에 따라 노동관계의 종료를 노동자에게 서면으로 통지하지 않았을 경우, 노동자가 서면노동계약 미체결에 따른 2배의 임금을 요구했을 때 이를 인정해야 한다.

노동계약의 기간이 만료된 후에도 노동자가 사용자 밑에서 계속 근무했을 경우, 사용자가 노동계약의 기간만료일부터 1개월 초과 1년 미만 동안 노동자와 노동계약을 체결하지 않았을 경우, 앞 2항의 규정을 참조해서 처리한다.

광저우중급인민법원 회의회보(2011) 第26条

→ 노동계약의 기간이 만료한 후 계약미갱신에 의한 2배임금에 관한 문제는 아래와 같이 4가지 사유로 구분해서 처리한다.

(i) 노동계약의 기간이 만료된 후 쌍방이 계속해서 계약을 갱신하지 않고 원래 노동계약에서 계약이 자동갱신된다는 것을 약정하지 않았을 경우, 사용자가 계약미갱신의 책임은 노동자 측에 있다고 증명이 가능한 경우를 제외하고* 사용자는 2배의 임금을 지급해야 한다.

(ii) 노동계약에서 계약기간 만료 시에는 자동갱신되는 것을 약정한 경우, 노동계약은 이미 갱신되었다고 볼 수 있으며 사용자는 2배의 임금을 지급할 필요가 없다.

(iii) 노동계약의 기간이 만료된 후 지체없이 갱신하지 않고 일정기간이 지난 후에 노동계약을 갱신했을 경우, 이러한 '일정기간(공백기간)'에 대해 아래 2가지 사유로 나눠서 처리할 수 있다.

① '공백기간'이 1개월을 넘지 않을 경우에는 이를 합리적인 협의기간으로 볼 수 있고 사용자는 2배의 임금을 지급할 필요가 없다.

② '공백기간'이 1개월을 넘었을 경우에는 사용자가 계약미갱신의 책임은 노동자 측에 있다고 증명할 수 있는 경우를 제외하고** 사용자는 2배의 임금을 지급해야 한다.

(iv) 사용자와 노동자가 노동계약을 '과거에 소급해서 체결(倒签)'했을 경우, 노동자가 노동계약기간에는 계약미체결기간이 포함된 것을 확인했다고 볼 수 있어 이는 노동자에 의한 사후승인이므로 사용자는 이러한 '과거에 소급해서 체결'한 기간(노동계약의 미체결기간)에 대해 2배의 임금을 지급할 필요가 없다.

* 이 경우 사용자는 노동자에 대해 서면을 통해 노동관계의 종료를 통지해야 한다.

** 이 경우 사용자는 노동자에 대해 서면을 통해 노동관계의 종료를 통지해야 한다.

베이징 **베이징고급인민법원 회의회보(2014) 제27조**

→ 노동계약의 기간이 만료된 후에 노동계약을 체결하지 않고 노동자가 여전히 사용자 밑에서 계속 근무하는 경우, 사용자는 서면에 의한 노동계약 체결의무의 불이행에 따른 법률책임을 져야 한다.

이 상황에서 사용자가 원래의 노동계약 기간만료와 고용지속에 대한 법적 결과를 모두 예견하고 있어 1개월의 유예기간을 줄 필요가 없고, 원래 노동계약 기간만료일의 다음날은 사용자가 노동계약을 체결해야 할 날 및 노동계약미체결에 따른 법적 결과를 부담해야 할 날이다.

또한 노동계약법 제82조에 근거한 2배임금의 기산일은 노동계약 기간만료일의 다음날부터 계산하고, 그 종료일은 노사 양측이 서면으로 노동계약을 보충 체결하는 날의 전날로 하고 최장 12개월을 초과해서는 안 된다(동회의회보 제28조(3)).

상하이 **상하이시노동인사쟁의지도의견(2010) 제1조**

→ (이전) 노동계약의 기간이 만료된 후, 사용자와 노동자가 서면으로 노동계약을 갱신하지 않고 노동자가 여전히 해당 사용자 밑에서 근무할 경우, 노사 양측은 1개월 이내에 서면노동계약을 체결해야 하며 사용자 측의 원인에 의해 1개월을 초과해도 서면노동계약을 갱신하지 않았을 때는 사용자는 노동자에게 서면노동계약 미체결기간의 2배의 임금을 지급해야 한다.

장 쑤 **장쑤고급인민법원 지도의견(2011) 제3조**

→ 노동계약의 기간이 만료된 후 노동자가 계속해서 사용자 밑에서 근무하고 사용자가 1개월 초과 1년 미만의 사이에 노동자와 서면으로 노동계약을 체결하지 않고 노동자가 사용자에게 매달 2배임금의 지급을 요구할 경우 이를 인정해야 한다. 또한 사용자가 1년이 지나도 노동자와 서면으로 노동계약을 체결하지 않을 경우 노사 양측은 이미 무고정기간노동계약을 체결한 것으로 간주된다.

Q 1-5 무고정기간노동계약을 체결하지 않을 경우

Q 사용자가 노동자와 무고정기간노동계약을 체결해야 할 때 사용자가 법률규정에 위반해 노동자와 무고정기간노동계약을 체결하지 않을 경우, 사용자가 져야 할 매달 2배의 임금지급의무에는 상한규정이 있습니까?

A 사용자는 무고정기간노동계약을 체결해야 할 날부터 해당 계약을 보충적으로 체결하는 날의 전날까지 노동자에게 매달 2배의 임금을 지급해야 하며 이러한 지급의무에는 상한규정이 없습니다. 단, 노동자는 1년의 중재시효기간 내에 노동중재를 신청할 필요가 있습니다.

■ ■ 해 설 ■ ■

사용자는 아래 중 하나의 사유에 해당하고 노동자가 노동계약의 갱신, 체결을 제안하거나 노동계약의 갱신, 체결에 동의했을 경우에는 노동자가 고정기간노동계약의 체결 또는 갱신을 신청한 경우를 제외하고 무고정기간노동계약을 체결해야 합니다(노동계약법 제14조 2항).

① 노동자가 해당 사용자 밑에서 만 10년 이상 연속근무했을 경우

② 고정기간노동계약을 연이어 2차례 체결하고 노동자가 노동계약법 제39조(사용자에 의한 일방적인 노동계약 해제사유) 및 제40조(사용자에 의한 노동계약 예고해제사유) 1호, 2호에 규정한 사유에 해당하지 않고 노동계약을 갱신할 경우

또한 노동계약법 제82조 2항에 따르면 사용자가 노동계약법의 규정에 위반해 노동자와 무고정기간노동계약을 체결하지 않을 경우에는 무고정기간노동계약을 체결해야 하는 날부터 노동자에 대해 매달 2배의 임금을 지급할 필요가 있습니다.

Q1-3에서 정리한 대로 노사 쌍방 간에 고용시작일부터 1개월 초과 1년 미만 사이에 서면으로 노동계약을 체결하지 않았을 경우에는 고용시작일부터 1개월이 지난 날의 다음날부터 1년이 지난 날의 전날까지의 기간(최대 11개월분), 사용자는 노동자에게 매달 2배의 임금을 지급해야 합니다.

실무상 사용자가 앞서 서술한 노동계약법 제14조 2항을 위반해서 노동자와 무고정기간노동계약을 체결하지 않을 경우, 무고정기간노동계약을 체결해야 하는 날부터 언제까지의 기간, 노동자에게 매달 2배의 임금을 지급해야 하는지, 2배임금의 차액분(➔Q1-3 주1 참조)은 노동보수에 관한 중재시효가 적용되는지 등의 질문을 받는 경우가 있습니다.

첫 번째 질문에 관해서는 일부 지방규정에서는 관련규정을 마련하고 있어 타 지역에 대해 일정한 참조가치가 있다고 할 수 있습니다(하기 '지방규정' 참조).

또한 2배의 임금 중, 차액분의 1배의 임금은 징벌성 배상이며(즉 노동보수는 아니라고 해석됨) 1년의 중재시효가 적용됩니다.

지방규정 주목!

광 둥 **광둥고급인민법원 의견(2018) 제9조**

➔ 사용자가 노동계약법 제14조 2항의 규정을 위반하여 노동자와 무고정기간노동계약을 체결하지 않았을 경우, 사용자는 노동계약법 제82조 2항의 규정에 근거해 법에 따라 무고정기간노동계약을 체결해야 하는 날부터 기산해 만 1개월이 지난 날의 다음 날부터 노동자에게 매달 2배의 임금을 지급

해야 한다.

선전중급인민법원 재판지침(2015) 제67조

➔ 사용자가 노동계약법 제14조 2항에 규정하는 조건에 부합하는 노동자와 무고정기간노동계약을 체결하는 것을 거부하고 노동자가 사용자에게 무고정기간노동계약을 보충적으로 체결하는 날의 전날까지 2배의 임금지급을 요구한 경우에는 이를 인정해야 한다.

베이징 **베이징고급인민법원 회의회보(2014) 제28조 (4)**

➔ 사용자가 노동계약법 제14조 2항, 제82조 2항의 규정을 위반하고 노동자와 무고정기간노동계약을 체결하지 않을 경우 2배임금의 기산일은 무고정기간노동계약을 체결해야 할 날부터 계산하고, 그 종료일은 노사 양측이 실제 무고정기간노동계약을 체결하는 날의 전날로 한다.

베이징고급인민법원 회의회보(2014) 제28조 (5)

➔ 2배의 임금 가운데 노동자의 정상근무시간에 속하는 노동보수부분은 노동쟁의조해중재법 제27조 4항의 규정을 적용하고, 차액의 1배치 임금은 징벌성의 배상이며 노동보수에는 속하지 않기에, 노동쟁의조해중재법 제27조 1항의 규정을 적용한다. 즉, 1년의 중재시효를 적용한다.

베이징고급인민법원 회의회보(2015) 2-1

Q 무고정기간노동계약 미체결에 따른 2배임금에 대해 시간의 상한은 없는가? 노동자에게 지금까지 권리를 계속 주장해 왔고 시효가 지나지 않았음을 입증할 증거가 있는 경우, 실제 체결일까지 무고정기간노동계약 미체결에 따른 2배임금의 청구를 인정해야 하는가?

A 사용자가 노동계약법 제14조 2항, 제82조 2항의 규정을 위반하고 노동자와 무고정기간노동계약을 체결하지 않을 경우, 법률법규는 사용자가 노동자에게 지급할 2배임금에 대해 시간의 상한규정을 설정하지 않고 있다. 즉, 무고정기간노동계약을 체결하지 않은 기간과 이에 기인해 2배의 임금을

지급하는 기간은 동일하기 때문에 12개월의 2배임금지급의 상한규정의 적용을 받지 않는다.

단, 1년의 중재시효를 적용한다.

(노동자에게) 시효가 지나지 않은 것을 입증할 증거가 있으면 사용자가 법을 위반해서 노동자와 무고정기간노동계약을 체결하지 않은 것에 기인하는 2배임금의 지급기간은 무고정기간노동계약을 체결해야 하는 날부터 기산해서 노사 양측이 실제로 무고정기간노동계약을 체결한 날의 전날까지로 한다.

베이징고급인민법원 회의회보(2015) 3-1

Q 서면노동계약 미체결과 미갱신, 무고정기간노동계약의 미체결에 따른 2배의 임금에 관한 시효에 대해 기산일과 종료일을 어떻게 확정해야 하는가? 인민법원이 직권(职权)에 의해 적극적으로 중재시효를 적용해야 하는가?

A 2배임금의 중재시효는 일(日) 단위로 계산하고 전체로 계산하지 않으며 시효는 노동자가 권리를 주장하는 날부터 1년 소급해서 계산하며 이에 따라 실제로 지급하는 2배임금은 12개월을 넘지 않는다. 중재시효의 항변은 사용자 본인이 제출해야 한다.

Q 1-6 서면노동계약을 체결하지 않은 경우의 보충체결

Q 서면노동계약을 체결하지 않은 경우에 입사일, 노동관계가 성립된 날 또는 노동계약(계약기간이 만료한 노동계약을 가리킴) 기간만료일의 다음날 등으로 소급해서 노동계약을 보충적으로 체결하는 것은 가능합니까?

A 서면노동계약을 체결하지 않은 경우, 지체없이 노동계약을 보충적으로 체결해야 합니다. 노사 양측이 합의한 경우에는 입사일, 노동관계가 성립된 날 또는 노동계약 기간만료일의 다음날 등으로 소급해서 노동계약을 보충적으로 체결할 수 있습니다. 단, 보충적으로 체결한 노동계약의 시작일에 따라 사용자가 부담해야 할 법적 책임이 다르기 때문에 주의가 필요합니다.

■ ■ 해 설 ■ ■

노동계약을 보충적으로 체결하는 방법으로는 실제 보충체결일 또는 노사 양측 간에 합의한 날을 노동계약의 시작일로 하여 노동계약을 체결(补签, 보충체결)하는 방법이 있으며 이러한 '노사 양측 간에 합의한 날'에는 입사일, 노동관계가 성립한 날(➔Q1-11 참조) 또는 노동계약 기간만료일의 다음날이 포함되어 있으며 이들 날에 소급해서 노동계약을 체결(倒签, 소급체결)할 수도 있습니다. 그러므로 '倒签'은 '补签'의 일종입니다.

서면으로 노동계약을 체결하지 않아 보충적으로 노동계약을 체결할 경우, 중재시효의 문제를 고려하지 않은 전제에서, 아래에 제시하는 4가지 사유로 나누어 검토할 수 있습니다('2배임금의 중재시효에 관한 문제'

에 대해서는 ➔Q1-10을 참조).

(ⅰ) 입사일, 노동관계가 성립한 날 또는 노동계약 기간만료일의 다음날을 노동계약의 시작일로 약정할 경우

입사일, 노동관계가 성립한 날 또는 노동계약 기간만료일의 다음날을 노동계약의 시작일로 약정하는 것은 이러한 노동계약 기간에는 실제로 노동계약을 체결하지 않은 기간(사실상의 노동관계존속기간)이 포함된 것을 의미합니다.

이 경우는 노동자가 '倒签'을 승낙(추인)하고 입사일, 노동관계가 성립한 날 또는 노동계약 기간만료일의 다음날부터 노동계약을 체결한 것으로 간주되어 노동자에 의한 2배임금의 지급요구는 인정되지 않습니다. 즉, 노동자가 '倒签'에 응할 경우 이는 노동자가 2배임금의 청구권을 포기한 것으로 간주됩니다.

(ⅱ) 입사일, 노동관계가 성립한 날 또는 노동계약 기간만료일의 다음날부터 1개월 이내의 날을 노동계약의 시작일로 약정할 경우

광둥, 상하이, 장쑤 등의 지역에서는 고용시작일 또는 노동계약 기간만료일의 다음날부터 1개월의 유예기간을 인정하고 있고, 서면노동계약 미체결에 따른 법적 책임은 최대 11개월분의 2배의 임금이 됩니다. 다만 베이징에서는 노동계약의 갱신 시에 1개월의 유예기간을 인정하고 있지 않아 노동계약의 갱신의무불이행에 따른 사용자의 법적 책임은 최대 12개월분의 2배의 임금이 되기에 주의가 필요합니다(➔Q1-4 참조).

즉, 1개월의 유예기간 내의 날을 노동계약의 시작일로 약정한 경우, 사용자는 노동자에 대해 서면노동계약 미체결기간의 2배의 임금을 지급할 필요가 없습니다. 다만 베이징에서는 노동계약의 갱신 시에 1개월의 유예기간을 인정하고 있지 않으므로 사용자는 노동계약 기간만료일의 다음날부터 2배임금의 지급의무를 부담해야 합니다.

(ⅲ) 입사일, 노동관계가 성립한 날 또는 노동계약 기간만료일의 다음날부터 1개월 초과 1년 미만 기간의 날을 노동계약의 시작일로 약정할 경우

입사일, 노동관계가 성립한 날 또는 노동계약 기간만료일의 다음날에서 1개월이 경과한 날의 다음날부터 보충적으로 체결한 노동계약 시작일의 전날까지 사용자는 노동자에 대해 서면노동계약 미체결기간의 2배의 임금을 지급해야 합니다(➔Q1-3 참조). 다만, 베이징에서는 상기 (ⅱ)처럼 타 지역과 처리방식이 다르기 때문에 주의가 필요합니다.

(ⅳ) 사용자가 입사일, 노동관계가 성립한 날 또는 노동계약 기간만료일의 다음날부터 만 1년이 경과해도 노동자와 서면노동계약을 체결하지 않은 경우

사용자가 입사일, 노동관계가 성립한 날 또는 노동계약 기간만료일의 다음날부터 1년이 지나도록 노동자와 서면노동계약을 체결하지 않은 경우, 사용자는 노동자와 무고정기간노동계약을 체결한 것으로 간주됩니다(➔Q1-3 참조).

위의 4가지 사유처럼 서면노동계약을 체결하지 않은 경우 사용자는 지체없이 노동계약을 보충적으로 체결해야 합니다. 그러나 노동계약의 보충체결에 의해서 사용자의 노동자에 대한 2배임금의 지급책임이 반드시 면제되는 것은 아니며 보충적으로 체결한 노동계약에서 약정한 계약시작일에 의해서 사용자가 져야 할 법적 책임은 전혀 다를 수 있습니다.

또한 보충적으로 체결한 노동계약에서의 노동조건 또는 노동대우가 이미 이행된 사실상의 노동관계존속기간 중의 노동조건 또는 노동대우를 초과하는 경우에는 노동자에게 차액분을 청구받을 가능성이 있습니다. 그래서 실제고용시작일 등으로 소급해서 노동계약을 보충체결할 때, 노동계약의 관련 조항을 이미 이행된 사실상의 노동관계존속기간 중의 상황과 일치시키거나 또는 1개의 노동계약에서 2개의 기간(즉, 이미 이행된 사실상의 노동관계존속기간과 그 후의 계약기간)으로 나누어 각각 약정하는 것이 바람직합니다.

지방규정 주목!

광 동 **선전중급인민법원 재판지침(2015) 제66조**

→ 사용자는 법정기한에 따라 노동자와 서면에 의한 노동계약을 체결하지 않고 비록 그 후에 노사 양측이 노동계약을 체결했다 하여도 노동자가 사용자에게 노동계약 체결일까지 2배임금의 지급을 요구할 때는 이를 인정해야 한다. 단, 노사 양측이 노동계약 체결일을 법정기한 내의 날짜에 소급해서 기입할 경우, 또는 노사 양측이 약정한 노동계약 기간에 이미 이행된 사실상의 노동관계존속기간이 포함되면 양측은 당초부터 노동계약을 체결했던 것으로 간주해 노동자가 사용자에게 2배임금의 지급을 요구하는 것은 인정하지 않는다.

선전중급인민법원 재판지침설명(2015) 제14조

→ (선전중급인민법원재판지침) 제66조는 노동계약을 보충적으로 체결하고 과거에 소급해서 노동계약을 체결(倒签)한 후, 서면노동계약 미체결에 따른 2배의 임금을 지급할 필요가 있는지 여부에 대해 언급하고 있다.

노동계약법 제82조 규정에 따르면 사용자는 법에 근거해 노동자와 서면노동계약을 체결하지 않을 경우, 2배의 임금을 지급해야 한다. 동시에 노동계약법실시조례 제6조, 제7조 규정에 따르면 사용자는 2배의 임금을 지급한 후에도 노동계약을 보충적으로 체결할 의무를 진다. 이러한 점에서 노사 양측이 노동계약을 보충적으로 체결한 경우에도 사용자에 의한 2배임금의 지급의무는 여전히 면제되지 않는다. 단, 노동자가 노동계약 기간을 과거의 사실상의 노동관계존속기간에 소급하는 것에 동의한 경우, 노동자가 2배임금을 청구하는 것을 포기했다고 간주한다.

베이징 **베이징고급인민법원 회의회보(2014) 제29조**

Q 사용자와 노동자가 노동계약을 보충적으로 체결한 경우에 노동자가 노동계약미체결분의 2배임금을 주장하는 것은 인정해야 하는가?

A 사용자와 노동자가 노동관계가 성립된 후에 법에 따라 고용시작일부터 1개월 이내에 서면노동계약을 체결하지 않고 노동관계가 일정 기간 존속된 후에 노사 양측이 노동계약을 체결할 때 날짜(노동계약 시작일)를 실제 고용시작일로 기입하고 보충적으로 체결한 경우, 사용자와 노동자가 합의에 이르렀다고 간주하고 노동자가 2배의 임금을 주장할 시 이를 인정하지 않을 수 있다. 다만 노동자가 '노동계약의 보충체결은 노동자 본인의 진의가 아니다'를 입증할 증거를 가지고 있는 경우를 제외한다.

사용자와 노동자가 노동계약을 보충적으로 체결했지만 실제 고용시작일에 소급해서 체결하지 않을 경우, 실제 고용시작일부터 노동계약의 보충체결일까지의 기간 중 법에 의해 1개월분의 서면노동계약 체결의 유예기간을 뺀 부분에 대해서는 노동자가 노동계약미체결에 의한 2배의 임금을 주장할 시 이를 인정할 수 있다.

Q 1-7 타인이 대리서명한 노동계약은 유효한가?

Q 타인이 대리로 서명한 노동계약의 효력은 무효입니까?

A 타인이 노동자를 대신해 체결한 노동계약은 노동자에 의한 사전 수권(授权)이 없고, 또는 사후의 추인(追认)을 얻을 수 없기 때문에 노동계약이 무효하다고 인정된 경우, 사용자는 서면노동계약 미체결에 따른 법적 책임을 져야 합니다.

단, 사용자에게 충분한 증거가 있고 타인이 대리서명한 노동계약이 노동자 본인의 동의를 얻었다고 증명할 수 있는 경우, 또는 노동자가 스스로 실제행위를 통해 타인이 대리서명한 노동계약을 수용하겠다고 표명할 경우, 노동계약의 효력은 유효하다고 인정받을 수 있습니다.

■ ■ 해 설 ■ ■

노동계약법 제16조 1항에 따르면 노동계약은 사용자와 노동자가 합의를 하고 사용자와 노동자가 노동계약에 서명 또는 날인을 한 후에 효력이 발생합니다. 즉, 노동계약은 노동자가 부득이한 이유로 노동자본인이 서명할 수 없는 경우를 제외하고 노사 양측 간에 직접 체결해야 합니다.

또한 노동계약의 전부 또는 일부가 무효가 되는 경우는 이하의 법정 사유로 한정됩니다(노동계약법 제26조).

① 사기, 협박수단을 가지고 또는 남의 약점을 이용해 상대방의 진의(真实意思)에 반하는 상황에서 노동계약을 체결하게 하거나 변경시킨 경우

② 사용자가 자신의 법정책임을 면제하고 노동자의 권리를 배제한 경우

③ 법률, 행정법규의 강행규정을 위반한 경우

또한 노동계약의 무효 또는 일부 무효에 대해서 분쟁이 생길 경우는 노동분쟁중재기관 또는 인민법원이 이를 확인한다고 되어 있습니다.

최고법원회의회보(2011) 제55조에 따르면, 사용자 또는 타인이 노동자를 대신해 서명한 노동계약에 대해 사용자에게 충분한 증거가 있고 대리서명한 노동계약이 노동자본인의 동의를 거쳤다고 증명할 수 있는 경우, 또는 노동자가 스스로 실제행위를 통해 타인이 대리서명한 노동계약을 수용하겠다고 표명할 경우, 노동계약의 효력은 유효합니다.

실무상 타인이 대리서명한 노동계약에 대해, '노동자가 수권(授权)하지 않았거나 또는 노동자의 추인(사후동의)이 없어 노동계약의 무효가 인정되어 노동자에 의한 서면노동계약의 미체결에 따른 2배임금의 청구가 인정된' 사례가 있는가 하면, 타인이 대리서명한 노동계약이 유효하다고 인정받은 사례도 있습니다.

노동계약이 유효하다고 인정된 사례에서 대리로 노동계약에 서명한 사람이 "노동계약 체결 시에 노동자 본인으로부터 신분증명서를 받아 대리서명을 했다"고 출석해 증언하고 노동자 본인도 해당 증인의 증언에 이의를 제기하지 않은 점에서 해당 노동계약은 유효하다고 인정되었습니다.

다만, 노사 쌍방 간에 분쟁이 발생한 경우, 사용자가 '노동계약의 대리서명에 관한 노동자의 사전수권이 있는 것, 또는 노동자로부터 사후의 추인을 받은 것'을 증명하기가 상당히 어렵고, 대리서명한 사람이 사용자를 위하여 출석해 관련 증언을 하는 것은 매우 드문 일입니다. 따라서 노동계약은 노사 양측이 얼굴을 마주하고 체결함으로써 노동자본인에 의한 서명 또는 날인이 틀림없음을 그 자리에서 확인하고 노동계약 등 관련 서류의 보관관리체제를 구축하는 것이 안전한 방식이라고 할 수 있습니다.

Q 1-8 입사등록표 등의 서류는 노동계약에 해당하는가?

Q 노동자가 입사할 때 노사 양측 간에 주고받은 '입사등록표' 등의 서류는 '노사 양측 간의 서면에 의한 노동계약의 체결'로 간주할 수 있습니까?

A 노사 양측 간에 주고받은 '입사등록표' 등의 서류에서 노동계약법 제17조에 규정한 노동계약의 필요기재사항이 포함된 경우, 노사 양측 간에 노동계약이 체결되었다고 간주합니다. 단, 노동계약의 필요기재사항이 포함되지 않은 경우에는 노사 양측 간에 노동계약이 체결되었다고 간주될 가능성이 작기 때문에 주의가 필요합니다.

■ ■ 해 설 ■ ■

노동계약법 제17조에 따르면 노동계약에는 다음 각 호에 제시한 사항을 기재해야 합니다.

① 사용자의 명칭, 주소 및 법정대표자 또는 주요책임자
② 노동자의 성명, 주소 및 신분증 또는 기타 유효한 신분증명서 번호
③ 노동계약의 기간
④ 업무내용 및 근무지
⑤ 근무시간 및 휴게 · 휴가
⑥ 노동보수
⑦ 사회보험
⑧ 노동보호, 노동조건 및 직업위해방호(职业危害防护)
⑨ 법률, 법규가 노동계약에 포함되어야 한다고 규정하는 기타 사항

노동계약에는 상기 필요기재사항 외에 사용자와 노동자가 시용기간(试用期), 연수, 비밀유지, 보충보험 및 복리후생처우 등의 기타사항을 약정할 수 있습니다.

또한 사용자가 제공한 노동계약에 노동계약법 제17조에 규정한 노동계약의 필요기재사항이 기재되어 있지 않을 경우, 노동행정부문은 시정을 명할 수 있습니다(노동계약법 제81조).

실무상, '입사등록표' 등의 서류에 노동계약법 제17조에 규정한 법정사항이 모두 기재되는 것은 드문 일이며 이러한 서류내용에 기재가 누락되었는지 세심한 주의를 기울이는 것보다는 노사 양측 간에 '노동계약'이라는 명칭의 법률문서를 체결하는 것이 안전한 방식입니다. 또한 이는 노동자에 대한 서면노동계약의 미체결에 따른 2배임금을 지급할 의무를 면하기 위해서도 필요합니다.

지방규정 주목!

광 둥 **광둥고급인민법원 의견(2018) 제8조**

→ 노동자와 사용자가 노동계약이라는 명칭의 서면계약을 체결하지는 않았지만, 쌍방 간에 체결한, 임금, 근무부서(岗位), 업무시간, 노동기한 등 내용을 포함하는 서면계약이 노동계약의 본질적인 특징을 구비하고 있는 경우, 노사 양측 간에 서면노동계약이 체결되었다고 인정해야 한다.

장 쑤 **쑤저우중급인민법원 회보(2010) 3-2**

→ 노동자가 서명한 초빙, 취업협의서, 고용서 등의 서류에 노동계약법 제17조에 규정된 노동계약의 필요기재사항이 기재되고, 사용자와 노동자가 관련서류에 따라 이행했을 경우, 노사 양측 간에 서면노동계약을 체결한 것으로 인정할 수 있다.

Q 1-9 '2배임금'의 계산기수

Q '2배임금'의 계산기수의 확정방법을 알려 주세요.

A 사용자가 노동자와 서면노동계약을 체결 또는 갱신하지 않을 경우, 사용자는 노동자에 대해 2배임금을 지급할 의무가 있습니다. 2배임금의 계산기수에 대해서는 각 지방에 따라 약간 차이가 있으므로 주의가 필요합니다.

■ ■ 해 설 ■ ■

노사 양측이 서면노동계약을 체결 또는 갱신하지 않을 경우, 사용자가 노동자에게 지급해야 할 2배임금의 계산기수에 대해서는 아래 표에서 인용한 것처럼 각 지방에 따라 약간 차이가 있습니다.

각 지역의 2배임금 계산기수 관련 규정

베이징[1] (北京)	· 기본임금, 직무임금, 근무년수임금, 급별임금 등 매달 지급되는 임금의 구성항목이 연속적, 안정적인 특징을 갖추고 그 금액이 상대적으로 고정된 경우, 이들 구성항목을 노동자가 정상적으로 노동을 제공한 것에 따른 임금지급액(应得工资)에 계상해서 2배임금의 계산기수로 한다. 비고정으로 지급하는 성과급(提成工资), 상여금 등은 일반적으로 2배임금의 계산기수에 포함되지 않는다.
상하이[2] (上海)	· 노사 양측이 월 임금에 대해 약정한 경우, 2배임금의 계산기수는 양측이 약정한 정상근무시간에 따른 월 임금으로 확정한다. 노사 양측이 월 임금에 대해 약정하지 않았거나 약정이 불명확한 경우, 노동계약법 제18조의 규정[3]에 따라 확정된 월 임금을 2배임금의 계산기수로 한다. · 노동계약법 제18조 규정에 의해서도 여전히 월 임금을 확정하지 못할 경우, 노동자가 실제로 얻은 월 수입에서 시간외근무수당, 특별상여금(非常规性奖金), 복지급부 등의 항목을 공제한 후의 월 임금에 따라 확정할 수 있다. 사용자가 임금의 구성항목에 대

	해 입증 불능 또는 증거가 부족한 경우에는 노동자가 실제로 얻은 월 수입에 따라 2배 임금의 계산기수를 확정한다. · 위의 계산기수는 모두 최저임금기준보다 낮아서는 안 된다.
광둥[4] (广东)	· 노동자의 당월 시간외근무수당을 포함한[5] 임금지급액(应得工资)을 2배임금의 계산기수로 하는데 지급주기가 1개월을 초과하는 노동보수(상여금, 연말더블페이 및 실적배당(业务提成) 등) 및 지급주기가 미확정인 노동보수(상여일시금, 특수한 상황에서 지급되는 수당, 보조금 등)를 포함하지 않는다.
장쑤[6] (江苏)	· 노동자의 당월 임금지급액(应得工资)에 따라서 2배임금을 확정하고 시간당임금 또는 작업량에 따른 임금 및 시간외근무수당, 상여금, 보조금 및 수당 등의 현금수입을 포함한다. 당월 임금에 분기별상여(季度奖), 상・하반기상여금(半年奖), 연말상여금(年终奖)이 포함된 경우, 상응하는 기간에 할당한 후의 해당 월의 실제 상여소득금액에 따라 확정해야 한다.
쓰촨[7] (四川)	· 노동자가 정상근무를 하고 있는 상황에서 12개월간의 임금지급액(应得工资)을 토대로 계산하고 사회보험료, 세비(税费) 등을 공제하기 전의 당월임금총액으로 확정하지만 시간외근무수당 및 특별상여금(非常规性奖金), 수당이나 보조금, 복지급부는 2배임금의 계산기수에 포함되지 않는다.

1. 베이징고급인민법원해답(2017) 제21조 (3)
2. 상하이고급인민법원조연지도(2010) 제3조
3. 제18조에서는 노동보수 및 노동조건 등의 기준에 대한 노동계약의 약정이 불명확하여 분쟁을 일으킨 경우의 처리방법을 규정하고 있다.
4. 광둥고급인민법원좌담회회보(2012) 제14조
5. 선전중급인민법원재판지침(2015) 제70조
6. 장쑤고급인민법원지도의견(2011) 제2조
7. 쓰촨고급인민법원해답(2016) 제29조

Q 1-10 '2배임금'의 중재시효 계산

Q '2배임금'의 중재시효는 어떻게 계산하면 됩니까?

A 사용자가 노동자에게 지급해야 할 2배임금의 중재시효는 각 지방에 따라 서로 다른 규정이 마련되어 있어 주의할 필요가 있습니다.

■ ■ 해 설 ■ ■

노동쟁의조해중재법 제27조 1항에 따르면 노동분쟁의 중재신청의 시효기간은 1년이며 중재시효기간은 당사자가 그 권리가 침해당한 것을 알거나 알 수 있었던 날로부터 기산합니다.

노동관계의 존속기간에 노동보수의 지급지연에 기인한 분쟁이 발생했을 경우에는 노동자에 의한 중재신청은 상기 1년의 중재시효기간의 제한을 받지 않습니다. 단, 노동관계가 종료됐을 경우 노동관계의 종료일부터 1년 이내에 중재신청을 해야 합니다(노동쟁의조해중재법 제27조 4항).

노사 양측 간에 서면노동계약의 미체결로 사용자가 노동자에게 지급해야 할 2배임금의 차액이 노동보수에 해당하는지 여부에 대해서는 과거에 논의가 있었지만, 2배임금의 차액은 노동자에 의한 노동제공에 근거한 것이 아니라 사용자의 위법행위로 인해 지급되어야 할 징벌성의 배상금에 해당한다는 것이 통설입니다.

2배임금의 차액이 노동보수에 속하지 않을 경우, 노동쟁의조해중재법 제27조 4항에서 규정하는 노동보수에 관한 특수한 중재시효의 규정은 적용되지 않고, 동법 제27조 1항에서 규정한 1년의 중재시효에 관한 규정이 적용됩니다.

실무상 최대 11개월분[1]이 되는 2배임금에 관해서는 노동자가 더 많은 2배임금을 청구하기 위해서 청구시기를 가늠하는 경우가 있습니다. 또한 사용자가 서면노동계약 미체결 또는 미갱신의 사실을 파악한 후 노동자에 대해 노동계약의 보충체결을 요구해도 노동자가 이에 응하지 않는 경우도 있습니다.

따라서 노사 양측 간에 서면노동계약을 체결 또는 갱신하지 않은 경우 사용자가 노동자에게 지급해야 하는 2배임금의 중재시효에 대해서 그 계산방법을 제대로 이해할 필요가 있습니다.

2배임금의 중재시효에 관해서는 다음과 같이 각 지방마다 서로 다른 규정이 마련되어 있어 주의가 필요합니다.

지방규정 주목!

광 둥 **광둥고급인민법원 좌담회회보(2012) 제15조**

➔ 노동자가 사용자에 대해 서면노동계약의 미체결에 의한 2배임금의 차액을 청구할 경우, 중재시효는 노동쟁의조해중재법 제27조 1항, 2항* 및 3항** 의 규정에 따라 이를 확정한다. 사용자가 지급해야 하는 2배임금의 차액은 노동자가 권리를 주장하는 날부터 1년 소급해서 월(月) 단위로 계산하고 1년을 초과한 부분에 대해서 2배임금의 차액 청구는 인정하지 않는다.

* 노동쟁의조해중재법 제27조 2항은 중재시효기간의 중단(中断)을 규정하고 있습니다.

** 노동쟁의조해중재법 제27조 3항은 중재시효기간의 중지(中止)와 계속계산(继续计算)을 규정하고 있습니다.

---

1 노동계약 갱신시의 예외는 ➔Q1-4의 해설내용을 참조하길 바랍니다.

상하이 **상하이고급인민법원 조연지도(2010) 제1조(2배임금의 시효문제)**

→ 2배임금의 성질에 비추어, 2배임금 중 노사 양측이 약정한 노동보수에 속하는 부분에 대해서 노동자가 중재를 신청하는 시효는 노동쟁의조해중재법 제27조 2항부터 4항까지의 규정을 적용하고, 쌍방이 약정한 노동보수 이외의 법정책임에 속하는 부분에 대해서 노동자가 중재를 신청한 시효는 노동쟁의조해중재법 제27조 1항부터 3항까지의 규정을 적용해야 한다. 즉, 서면노동계약을 체결하지 않은 2개월째(1개월 유예기간이 경과한 후)부터 월(月) 단위로 중재시효를 계산해야 한다.

광둥(广东), 상하이(上海) 중재시효 계산방법 설명 예(입사 후 미체결의 경우)

입사일 노동관계해제일	법적으로 2배임금 차액청구가능기간	중재 신청일	중재시효기간	2배임금 차액청구인정기간
2017년 1월 1일 2018년 6월 5일	2017년 2월 1일~ 2017년 12월 31일	2018년 7월 1일	2017년 7월 1일~ 2018년 7월 1일	2017년 7월 1일~ 2017년 12월 31일

* 사용자가 시효항변을 제출한 경우, 2017년 7월 1일 이전의 2배임금 청구는 중재시효기간을 지났으므로 인정 못 받음.

베이징 **베이징고급인민법원 회의회보(2014) 제28조 (5)**

→ 2배임금 가운데 노동자의 정상근무시간에 속하는 노동보수 부분은 노동쟁의조해중재법 제27조 4항의 규정을 적용하고 차액의 1배치 임금은 징벌성의 배상이며 노동보수에 속하지 않기에 노동쟁의조해중재법 제27조 1항의 규정을 적용한다. 즉 1년의 중재시효를 적용한다.

2배임금에 적용되는 시효의 계산방법은 다음과 같다. 노동자가 2배임금을 주장할 때 노동계약을 체결하지 않은 상황이 지속되고 있기 때문에 시효는 해당 노동자가 권리를 주장하는 날부터 1년 소급해서 계산할 수 있으며 이로 인해 실제로 지급하는 2배임금은 12개월을 넘지 않는다. 2배임금은 노동계약의 미체결기간에 대응하는 기간 중에 사용자가 정상적으로 지급해야 하는 임금을 기준으로 계산한다.

베이징고급인민법원 회의회보(2015) 3-1

➔ 2배임금의 중재시효는 일(日) 단위로 계산하고 전체적으로 계산하지 않고 시효는 노동자가 권리를 주장하는 날부터 1년 소급해서 계산해 실제로 지급하는 2배임금은 12개월을 넘지 않는다.

베이징(北京) 중재시효 계산방법 설명 예(노동계약 미갱신일 경우)

노동계약만료일 노동관계해제일	법적으로 2배임금 차액청구가능기간	중재신청일	중재시효기간	2배임금 차액 청구인정기간
2016년 12월 31일 2018년 11월 25일	2017년 1월 1일~ 2017년 12월 31일	2019년 1월 5일	2018년 1월 5일~ 2019년 1월 5일	없음

* 2018년1월1일부터 무고정기간노동계약을 체결한 것으로 간주됨.
* 베이징에서는 노동계약 갱신 시 1개월의 유예기간을 설정하지 않고 2배임금은 최대 12개월분을 지불해야 함(➔Q1-4 참조).
* 사용자가 시효항변을 제출한 경우, 2019년 1월 5일의 2배임금 청구는 중재시효기간이 지났기 때문에 인정받지 못함.

장 쑤 장쑤고급인민법원 지도의견(2011) 제1조

➔ 2배임금 중 사용자의 법정 배상금에 속하는 부분에 대해서 노동자가 중재를 신청하는 시효는 노동쟁의조해중재법 제27조 1항의 규정을 적용한다. 즉 사용자가 서면노동계약을 체결하지 않았다는 위법행위가 끝난 다음날부터 1년을 계산한다. 노동자가 사용자 밑에서 근무한 지 이미 만 1년일 경우, 노동자가 중재를 신청하는 시효는 1년이 만료된 다음날부터 1년을 계산한다.

장쑤(江苏) 중재시효 계산방법 설명 예(입사 후 미체결의 경우 ①)

입사일 노동계약보충체결일	법적으로 2배임금 차액청구가능기간	중재신청일	중재시효기간	2배임금 차액청구인정기간
2017년 1월 1일 2017년 6월 1일	2017년 2월 1일~ 2017년 5월 31일	2017년 10월 1일	2017년 6월 2일부터 1년	2017년 2월 1일~ 2017년 5월 31일

장쑤(江苏) 중재시효 계산방법 설명 예(입사 후 미체결의 경우 ②)

입사일	법적으로 2배임금 차액청구가능기간	중재신청일	중재시효기간	2배임금 차액청구인정기간
2017년 1월 1일	2017년 2월 1일~ 2017년 12월 31일	2019년 1월 5일	2018년 1월 1일부터 1년	없음

* 사용자가 시효항변을 제출한 경우, 2019년 1월 1일 이후의 2배임금 청구는 중재시효기간이 지났기 때문에 인정받지 못함.

후베이　　후베이성고급인민법원 민사심판업무 좌담회회의회보(2013) 제31조

→ 사용자가 고용시작일부터 1개월 초과 1년 미만 동안 노동자와 서면노동계약을 체결하지 않고 보충적인 체결도 하지 않은 경우, 노동계약법실시조례 제7조 규정에 따라 고용시작일부터 만 1개월에 해당하는 날의 다음날부터 만 1년이 되는 날의 전날까지 노동자에게 매달 2배의 임금을 지급해야 한다. 2배임금의 중재신청시효는 노동관계가 종료된 날부터 기산하고 기간은 1년으로 한다.

후베이(湖北) 중재시효 계산방법 설명 예(입사 후 미체결의 경우)

입사일 노동계약해제일	법적으로 2배임금 차액청구가능기간	중재신청일	중재시효기간	2배임금 차액청구인정기간
2017년 1월 1일 2020년 5월 20일	2017년 2월 1일~ 2017년 12월 31일	2020년 6월 15일	2020년 5월 20일부터 1년	2017년 2월 1일~ 2017년 12월 31일

Q 1-11 노동관계 성립일

Q 노동계약의 계약시작일과 실제고용시작일이 다를 경우, 노동관계의 성립일은 어떻게 판단하면 됩니까?

A 노동계약의 계약시작일과 실제고용시작일이 다를 경우, 노사 양측 간의 노동관계는 노동자가 실제로 노동을 제공한 날(고용시작일)부터 성립됩니다.

■ ■ 해 설 ■ ■

(i) 고용시작 전에 노동계약을 체결한 경우

노동계약법 제7조에 따르면 사용자는 고용시작일부터 노동자와 노동관계를 확립하였으며 사용자와 노동자가 고용시작일 전에 노동계약을 체결한 경우 노동관계는 고용시작일부터 성립됩니다(노동계약법 제10조 3항).

(ii) 고용시작일에 노동계약을 체결하지 않은 경우

노동관계확정관련통지(2005) 제1조에 따르면 사용자가 노동자를 채용할 때 서면에 의한 노동계약을 체결하지 않으면서 동시에 다음과 같은 사유에 부합될 경우 노동관계는 성립된 것으로 봅니다.

① 사용자[1]와 노동자[2]가 법률법규에 규정된 당사자(主体) 자격에 부합한다.

1 노동계약법 제2조 1항에 의하면 중국국내의 기업, 개인경제조직 등의 조직과 노동자가 노동관계를 확립하고 노동계약을 체결, 이행, 변경, 해제 또는 종료할 경우, 노동계약

② 사용자가 법에 근거해 제정한 각 노동규칙제도를 노동자에게 적용하고 노동자가 사용자의 노동관리를 받으며 사용자가 안배하는 유상(有償) 노동에 종사한다.

③ 노동자가 제공하는 노동은 사용자업무의 구성부분이다.

사용자가 노동자와 노동계약을 체결하지 않아 노사 쌍방 간의 노동관계의 존재를 인정할 때 다음에 열기된 증거를 참조할 수 있습니다(노동관계확정관련통지(2005) 제2조).

① 급여지급명세서 또는 지급기록(직원급여지급명부), 각종 사회보험료 납부기록

② 사용자가 노동자에게 발급한 '사원증' 등 신분을 증명할 수 있는 증명서류

③ 노동자가 기입한 사용자의 모집 · 채용 '등기표', '신청표' 등의 채용기록

④ 출근기록

⑤ 기타 노동자의 증언 등

상기 증거 중 ①, ③, ④의 관련 증거는 사용자가 입증책임을 져야 합니다.

(ⅲ) 실무상 유의점

상기 (ⅰ)의 규정에 의한 노동관계의 성립일 판단기준은 노동자가 실

법을 적용합니다. 또한 노동분쟁심리해석(三) 제4조에 따르면 노동자와 영업허가증 취득절차를 밟지 않고 영업허가증이 취소되고 또는 영업기간이 만료한 후에도 경영을 계속하는 사용자 사이에서 노동분쟁이 발생한 경우, 사용자 또는 그 출자자를 당사자로 해야 합니다.

2 원칙적으로 만 18세 이상의 성인을 가리킵니다. 또한 만 16세 이상 18세 미만의 미성년노동자의 고용은 Q11-6을 참조하길 바랍니다.

제로 노동을 제공한 날, 즉 고용시작일입니다.

사용자는 일반적으로 고용시작일을 계약시작일로 하는 노동계약을 서면으로 체결해야 하며 이를 체결하지 않을 경우 고용시작일부터 1개월 이내에 서면노동계약을 체결해야 합니다(→Q1-3 참조).

또한 보충적으로 노동계약을 체결할 경우 노동계약의 시작일에 관한 문제에 대해서는 Q1-6을 참조하길 바랍니다.

지방규정 주목!

광 둥 **선전중급인민법원 재판지침(2015) 제23조**

→ 노동분쟁에서 당사자 간 노동관계의 존재 여부에 대해 분쟁이 발생한 경우, 입증책임의 분담은 아래 규정에 따른다.

① 노동관계의 성립을 주장하는 당사자는 상응하는 노동계약 또는 급여수령, 사회보험, 복리후생 및 업무관리에 관한 증거서류를 제공해야 한다.

② 노동자가 사용자 밑에서 일한 것을 이미 증명했으나 사용자가 노사 양측 간에 노동관계는 존재하지 않는다고 주장하는 경우, 사용자는 반증을 제출해야 한다.

저 장 **저장고급인민법원 의견(2009) 제28조**

→ 사용자가 노동자와 노동계약을 체결하지 않은 경우, 인민법원이 양측 간에 노동관계가 존재하는지 여부를 인정할 때 다음에 열거한 증거를 심사할 수 있다.

① 급여지급명세서 또는 지급기록, 각종 사회보험료 납부기록

② 사용자가 노동자에게 발급한 '사원증' 등 신분증명서류

③ 출근기록

④ 노동자가 기입한 사용자의 채용 '등기표', '신청표' 등의 채용기록

⑤ 기타 관련증거

인민법원은 상기 열거한 증거의 형성, 출처, 보유 등의 요소를 토대로 당사자의 입증책임을 확정해야 한다.

제2장

시용기간

Q 2-1 법정시용기간을 초과해 설정한 경우

Q 사용자가 법률에 규정된 기간을 초과하여 노동자와 시용기간을 약정하였다며 노동자가 사용자에게 배상금의 지급을 요구한 경우, 사용자는 법정시용기간을 초과한 기간에 대해 노동자에게 배상금을 지급해야 합니까?

A 노동계약법의 시용기간에 관한 규정은 강행규정에 해당하며 노사 양측이 약정한 시용기간은 이를 위반해서는 안 되며 위반한 경우에는 노동자에게 배상금을 지급해야 합니다.

■ ■ 해 설 ■ ■

(ⅰ) 시용기간(试用期間) 약정

노동계약기간이 3개월 이상[1] 1년 미만일 경우 시용기간은 1개월을 넘어서는 안 되며, 노동계약기간이 1년 이상 3년 미만일 경우 시용기간은 2개월을 넘어서는 안 되며, 3년 이상의 고정기간노동계약 및 무고정기간노동계약의 시용기간은 6개월을 넘어서는 안 됩니다(노동계약법 제19조 1항).

노동계약기간과 시용기간의 상한

노동계약기간	시용기간의 상한
11개월	1개월
1년	2개월

1 민법에서 말하는 '이상', '이하', '이내' 및 '만기'는 그 수를 포함하며 '미만, '초과' 및 '이외'는 그 수를 포함하지 않습니다(민법총칙 제205조).

2년 11개월	2개월
3년	6개월

또 노동계약에서 시용기간만 약정했을 경우 시용기간의 약정은 성립하지 않고, 해당 기간은 노동계약기간으로 간주됩니다(동조 4항).

노동계약법상 아래에 해당하는 노동계약의 경우, 시용기간을 약정해서는 안 됩니다(노동계약법 제19조 3항, 제70조).

① 업무상 일정한 임무완료를 계약기간으로 하는 노동계약

② 3개월 미만의 노동계약

③ 비전일제(非全日制) 고용의 노동계약

동일 사용자는 동일 노동자와 1회에 한해 시용기간을 약정할 수 있습니다(노동계약법 제19조 2항).

또한 사용자는 노동자의 상황 등에 따라서 시용기간을 설정하지 않을 수도 있습니다.

(ⅱ) 시용기간 중 노동자 임금

시용기간 중 노동자의 임금은 사용자의 동일한 직무의 최저등급의 임금 또는 노동계약에 약정한 임금의 80%보다 낮아서는 안 되고 사용자 소재지의 최저임금기준보다 낮아서도 안 됩니다(노동계약법 제20조).

(ⅲ) 시용기간 약정에 관한 법적 책임

사용자가 노동계약법의 규정을 위반해 노동자와 시용기간을 약정하고 불법으로 약정된 시용기간이 이미 이행되었을 경우, 사용자는 노동자의 시용기간 만료 후의 월급을 기준으로 이미 이행된 법정시용기간을 초과한 기간에 따라 노동자에 대해 배상금을 지급할 필요가 있습니다

(노동계약법 제83조).

(iv) 노동계약기간과는 별도로 시용기간을 설정한 경우

실무상 노동계약의 시용기간을 설정할 때 시용기간과 노동계약기간을 각각 나누어 시용기간이 만료된 후에 노동계약기간이 시작되는 운용방법을 취하는 경우가 있습니다.

다만 "시용기간은 노동계약기간에 포함된다"라고 명시되어 있으므로(노동계약법 제19조 4항) 상기 운용방법을 취할 경우에는 노동계약 중 시용기간과 노동계약기간 2개의 기간을 합산한 것을 노동계약기간으로 계상해야 합니다.

지방규정 주목!

광 둥　광저우시인력자원 · 사회보장국의 "사용자가 법을 위반해 시용기간을 약정하고 실제 이행되었을 경우, 어떻게 처리해야 하는가"에 관한 답변(2016년 2월)

➔ 노동계약법 제83조 규정에 따르면 위법으로 약정한 시용기간이 이미 이행된 경우, 사용자는 노동자의 시용기간 만료 시의 월급을 기준으로 이미 이행된 법정시용기간을 초과한 기간에 따라 노동자에 대해 배상금을 지급해야 한다.

사용자가 상기 규정에 의해 이미 배상금을 지급한 경우, 법정시용기간을 초과한 기간의 임금차액을 다시 지급할 필요는 없다.

저 장　저장고급인민법원 해답(2015) 제15조

➔ 사용자가 노동자와 법률에 규정된 기간을 초과하여 시용기간을 약정하고 이미 이행된 법정시용기간을 초과한 기간에 대해서 사용자는 노동계약법 제83조 규정에 근거해 배상금을 지급해야 한다. 단, 노동자에게 해당 초과기간의 임금차액을 지급할 필요는 없다.

Q 2-2 시용기간은 연장 가능한가?

Q 노사 양측이 약정한 시용기간이 곧 만료되는데 사용자가 노동자의 업무수행능력 등을 더 파악해야 한다는 이유로 시용기간을 연장할 수 있습니까?

A 사용자는 노동자의 업무수행능력의 재고찰 등을 이유로 일방적으로 시용기간의 연장을 결정할 수 없습니다.

■ ■ 해 설 ■ ■

노사 양측 간에 이미 약정한 시용기간을 연장할 수 있는지 여부에 대해 현재 2가지 견해가 있습니다.

하나는 시용기간의 연장은 노동계약의 변경에 해당하므로 노동자와 서면합의를 받아 내고(노동계약법 제35조 1항), 연장 전후의 시용기간 합계가 상한 규정(➔Q2-1 참조)만 위반하지 않으면 시용기간을 연장할 수 있다는 견해이며, 또 하나는 동일 사용자는 동일 노동자와 1회에 한해 시용기간을 약정할 수 있으며(노동계약법 제19조 2항) 시용기간의 연장은 두 번째 약정에 해당하므로 시용기간을 연장할 수 없다는 견해입니다.

실무상 노동계약의 시용기간은 사용자가 노동자의 직무 등을 감안해 설정하고 노동자에게 제시하는 것이 일반적입니다. 그럼에도 불구하고 시용기간 중 평가판정이 어렵고 추가확인이 필요하는 등 사용자 측의 사정에 따라 노동자에게 노사 쌍방 간에 이미 약정한 시용기간의 연장을 제안하는 것은 노동자에게는 가혹한 이야기일 수밖에 없습니다.

따라서 고정기간노동계약의 계약기간 및 시용기간을 설정할 때에는

"신입사원의 능력을 판별하는 것이 가능한 적절한 판단기간이란?", "시용기간을 효율적으로 활용하기 위해서는 어느 정도의 시용기간이 필요한가?"라는 시점이 반드시 고려되어야 합니다(➔Q1-2 참조). 고정기간노동계약기간과 시용기간을 함께 검토하고 노동계약을 체결하는 것이 무난합니다.

노사 쌍방이 약정한 시용기간이 곧 종료되지만 사용자가 노동자를 정규직으로 받아들일지 아직 결정하지 못한 경우에는 아래에 정리한 몇 가지 상황으로 나눠서 시용기간 중 노동자에 대한 평가판정결과 등의 요소에 입각해서 신중하게 처리할 필요가 있습니다.

(ⅰ) 시용기간 중 사용자의 채용조건에 부합하지 않았다고 증명할 수 있는 경우[1]

시용기간이 종료되기 전에 노동자에게 이유를 설명하고 노동계약 해제통지를 한다.

(ⅱ) 시용기간 중 사용자의 채용조건에 부합하지 않았다고 증명할 수 없는 경우

① 노동계약법 제40조 1호[2] 또는 2호[3]에 규정된 사유에 해당하며 관련증거를 갖췄을 경우

시용기간이 종료되기 전에 노동계약법 제40조 1호 또는 2호 규정에 따라 '업무종사불가' 또는 '업무상 부적임'에 관한 증거[4]로 노동자에게

---

1 노동계약법 제39조 1호.

2 노동자가 질병 또는 업무외 부상으로 규정된 의료기간 만료 후에 원래 업무에 종사하지 못하고 사용자가 별도 안배한 업무에도 종사할 수 없을 경우.

3 노동자가 업무상 부적임하고 연수 또는 근무부서 조정을 거친 후에도 여전히 업무상 부적임한 경우.

4 실무상 사용자에게 '업무상 부적임' 등에 관한 증거가 없거나 또는 불충분하다는 이유로 위법해고로 인정한 사례가 많기 때문에 세심한 주의가 필요합니다.

이유를 설명하고 노동계약 해제통지를 한다.

② 노동계약법 제40조 1호 또는 2호에 규정된 사유에 해당하나 증거가 없거나 불충분할 경우

'업무종사불가' 또는 '업무상 부적임'에 관한 증거가 없거나 불충분할 경우, 시용기간이 종료된 후 노동자를 정규직으로 받아들이는 절차(转正手续)를 밟는다.

상기와 같이 노사 쌍방 간에 약정한 시용기간이 곧 종료되나 사용자에게 충분하고 결정적인 증거가 없고 노동관계를 해제할 수 없다고 판단된 경우에는 노동자를 정규직으로 받아들이는 것이 바람직합니다.

즉, 시용기간의 합리적인 설정과 시용기간 중 평가판정작업 등은 모두 사용자의 권한과 책임에 속하므로 시용기간 만료 시에 노동자의 업무수행능력의 재고찰 등의 이유로 시용기간의 연장을 노동자에게 제시해 서면합의를 받아 내는 것에 대해, 연장 전후의 시용기간 합계가 시용기간의 상한범위 내에 있을지라도 이에 부정적인 의견이 많은 것이 실정입니다.

Q 2-3 시용기간 중 노동계약 해제요건

Q 시용기간 중 사용자는 언제라도 노동계약을 해제할 수 있으며 노동자에게 계약해제에 따른 경제보상금을 일절 지급하지 않고 사회보험에 가입하지 않는 것 등을 약정할 수 있습니까?

A 시용기간 중 사용자의 일방적인 노동계약 해제권, 경제보상금 부지급 및 사회보험 불가입 등의 약정은 위법이므로 모두 무효하다고 인정됩니다. 시용기간 중 사용자는 법정사유가 발생한 경우에 한해 노동계약을 해제할 수 있습니다. 이에 대해 노동자에게는 일방적이고 무조건적인 계약해제권이 있습니다.

■ ■ 해 설 ■ ■

(i) 시용기간 중 사용자에 의한 노동계약 해제

노동계약법 제21조에 따르면, 시용기간 내에 노동자가 노동계약법 제39조 및 제40조 1호, 2호에 규정된 사유(➔Q9-2 참조)에 해당하는 경우를 제외하고 사용자는 노동계약을 해제해서는 안 됩니다.

시용기간 내에 노동계약을 해제할 경우 사용자는 노동자에게 계약해제이유를 설명할 필요가 있습니다.

실무상 사용자에 의한 노동계약 해제이유로 많이 쓰이는[1] 것으로는

---

1 노동계약법 제40조 1호, 2호에 규정된 사유에 따라 노동계약을 해제할 경우, 사용자는 '업무종사불가' 또는 '업무상 부적임'에 관한 증거를 갖춰야 하는데 짧은 시용기간 내에 사용자가 연수 또는 근무부서의 조정을 거치고 평가판정작업까지 완료하는 것은 상당히 어려운 일입니다(➔Q2-2 참조).

"시용기간 내에 사용자의 채용조건에 부합하지 않는 것이 증명된 경우[2] (노동계약법 제39조 1호)"입니다.

단, 일부 사용자는 노동계약에서 '시용기간'만을 규정하고 '채용조건'에 대해서는 관련 규정 또는 증거자료 등이 없음에도 불구하고 노동계약법 제39조 1호 규정을 근거로 노동자를 해고하고 뒤늦게 위법해고로 인정되어[3] 법정 경제보상금(➔Q9-5 참조) 기준의 2배를 노동자에게 배상금으로 지급하라는 명령을 받는 경우가 있습니다(노동계약법 제87조).

노동계약법 제39조 1호 규정을 적용한 경우에서 사용자에 의한 노동계약의 위법해제로 인정되는 상황을 피하기 위해서는 아래에 열거하는 4가지 요건에 부합해야 합니다.

① 사용자의 채용조건에 관한 증거가 있어야 함

사용자는 채용조건에 관한 약정 또는 규정의 유무와 이러한 약정 또는 규정에 관해 노동자가 인지하고 있었음을 증명해야 합니다.

사용자가 정한 채용조건은 관련 법률법규의 규정을 위반해서는 안 되며, 여성노동자나 신체장애자의 차별로 이어지는 조건[4]을 정할 수 없습니다.

채용조건은 가능한 한 구체적이며 명확하고 측정가능해야 하며, 사용자는 노동자의 입사 시에 채용조건, 시용기간 중의 평가판정표(인사고과표 등), 시용기간 만료 후의 평가판정표 등의 서류를 제시하고 평가항목, 평가기준, 평가방법 등에 대해 설명하고 제시한 서류마다 노동자의 서명을 받아야 합니다.

---

2 '사용자의 채용조건에 부합하지 않는 것'과 '업무상 부적임'은 서로 다른 증명사항이기 때문에 양자를 혼동하지 않도록 주의해야 합니다.

3 노동계약법 제48조에 따르면 사용자가 법을 위반해서 노동자를 해고한 경우, 노동자가 노동계약의 계속이행을 요구할 때는 사용자는 계속해서 이행해야 하며 노동자가 노동계약의 계속이행을 요구하지 않고 또는 노동계약의 계속이행이 이미 불가능해졌을 때는 사용자는 노동계약법 제87조에 따라 배상금을 지불해야 합니다.

4 취업촉진법(2015년 개정시행) 제27조, 제29조 등.

② 사용자의 채용조건에 부합하지 않는 것에 관한 증거가 있어야 함

사용자는 관련 약정 또는 규정대로 '채용조건에 부합하는지 여부'를 인정한 증거를 모아야 합니다. 시용기간은 사용자 측 입장에서 노동자가 채용조건에 부합하는지 여부를 판단하는, 매우 중요한 기간임을 노사 양측이 모두 인식할 필요가 있습니다.

물론 시용기간은 노동자의 입장에서 자신에게 주어진 직무나 노동조건 등이 자신의 요구와 맞는지 여부를 판단하는 기간이기도 합니다.

③ 사용자에 의한 이유설명과 노동계약 해제통지[5]

사용자는 시용기간이 만료되기 전에, 노동자에게 '사용자의 채용조건에 부합하지 않는' 것에 관한 증거자료를 제시하고 설명함과 동시에 노동계약 해제통지서를 교부 또는 발송할 필요가 있습니다.

사용자는 시용기간이 끝난 후에, '시용기간 내에 채용조건에 부합하지 않는' 것을 이유로 노동계약을 해제할 수는 없기 때문에[6] 주의가 필요합니다.

실무상, 시용기간이 끝난 뒤 노동자를 정규직으로 받아들이는 절차(转正手续)를 거치지 않으면 해당 노동자는 여전히 시용기간 중에 있다고 이해하는 사용자가 있는데 이는 잘못된 인식입니다(➔Q2-2 참조).

④ 노동조합에 통지

사용자에게 노동조합이 결성되어 있는 경우는 사전에 해고이유를 노동조합에 통지할 필요가 있으며[7] 노동조합이 결성되어 있지 않은 경우에도 사용자소재지의 노동조합에 통지하는 게 무난합니다(➔Q8-1 참조).

---

5 노동분쟁심리해석(2001) 제13조에 따르면 사용자가 실행한 징계면직, 제명, 해고, 노동계약 해제, 노동보수 감액, 노동자 근속년수 계산 등의 결정으로 인해 발생한 노동분쟁은 사용자가 입증책임을 져야 합니다.

6 노동부판공청의 "시용기간 중 채용조건에 부합하지 않아 노동계약을 해제할 수 있는 것을 어떻게 확정하는지에 관한 질문"에 대한 답변(1995).

7 노동계약법 제43조.

(ⅱ) 시용기간 중 노동자에 의한 노동계약 해제

시용기간 내에 사용자에 의한 노동계약 해제권은 엄격히 제한되어 있지만 노동자에게는 일방적이며 무조건적인 해제권이 있어 시용기간 내에 노동자는 3일 전까지 사용자에게 통지함으로써 노동계약을 해제할 수 있습니다(노동계약법 제37조).

(ⅲ) 경제보상금 지급의무

사용자는 시용기간 중 노동계약법 제39조 규정에 따라 노동관계를 해제하는 경우를 제외하고 동법 제40조 1호, 2호에서 규정하는 사유에 따라 노동관계를 해제하는 경우에 노동자에게 법정 경제보상금을 지급할 필요가 있습니다.

지방규정 주목!

베이징 **베이징고급인민법원 해답(2017) 제11조**

Q 사용자가 노동계약법 제39조 1호 규정에 따라 노동계약을 해제한 경우, 어떻게 처리해야 하는가?

A 사용자는 노동자를 채용할 때 노동자에게 채용조건을 명확히 고지(告知)해야 하며 사용자는 노동계약을 해제할 때 노동자에게 해제이유와 법적 근거를 설명해야 한다.

사용자가 노동자에게 이미 분명히 채용조건을 고지한 것을 증명하고 노동자가 시용기간 중 채용조건에 부합하지 않는 것을 증명하는 증거를 제공한 경우, 사용자는 노동계약법 제39조 1호 규정에 근거해 노동계약을 해제할 수 있다.

노동자가 채용조건에 부합하는지 여부의 인정에 대해서 시용기간 중 인정기준은 시용기간 만료 후의 인정기준보다 낮게 설정할 수 있다. 노동자가 채용조건에 부합하지 않는 상황으로 주로 아래의 사유가 꼽힌다.

(ⅰ) 노동자가 신의성실의 원칙(诚实信用原则)을 위반하고 노동계약의 이행

에 영향을 미치는 본인의 기본정보에 대해 사실의 은폐 또는 허위가 있었을 경우. 여기에는 ① 위조 학력증서, 위조 신분증, 위조 여권 등 중요한 개인증명서류를 허위로 제공한 경우나 ② 이력, 지식, 기능(技能), 실적(业绩), 건강 등 개인상황의 설명(情况说明)이 사실과 현저히 다른(重大出入) 경우가 포함된다.

(ⅱ) 시용기간 중 업무상 실수(失误)가 있었을 경우. 업무상 실수에 대한 인정은 노동법관련규정, 사용자의 규칙제도 및 노사 양측 간의 계약내용을 그 판단기준으로 한다.

(ⅲ) 노사 쌍방 간에 약정한 시용기간 내에 노동자가 사용자의 채용조건에 부합하지 않는다고 평가판정 받은 기타 사유에 해당하는 경우

Q 2-4 시용기간 중 의료기간 처리

Q 노동자가 시용기간 중 병에 걸리거나 산재 이외로 다친 등의 이유로 의료기간에 들어갔습니다. 사용자는 해당 노동자와 노동계약을 해제할 수 있습니까?

A 시용기간 중 사용자에 의한 노동계약의 해제권은 관련 규정에 따라 엄격하게 제한되어 있습니다. 노동자가 시용기간 중 업무상 원인 이외의 이유로 의료기간(의료요양기간)에 들어갔을 경우, 사용자는 해당 의료기간 내에 노동계약을 해제해서는 안 됩니다. 단, 사용자가 일방적으로 노동관계를 해제할 수 있는 법정사유가 발생한 경우, 사용자는 해당 노동자를 해고할 수 있습니다.

■ ■ 해 설 ■ ■

(ⅰ) 시용기간 중 사용자에 의한 노동계약 해제

시용기간 내에 노동자가 노동계약법 제39조 및 제40조 1호, 2호에 규정된 사유(➔Q9-2 참조)에 해당하는 경우를 제외하고 사용자는 노동계약을 해제해서는 안 되며(노동계약법 제21조) 시용기간 중 사용자에 의한 노동계약의 해제권은 엄격히 제한되어 있습니다.

노동자가 "시용기간 중 사용자의 채용조건에 부합하지 않는 것이 증명된 경우"나 "사용자의 규칙제도에 현저히 위반한 경우" 등 노동계약법 제39조에 규정된 사유에 해당하는 경우, 사용자는 노동자가 노동계약법 제42조[1] 3호에 규정한 "질병 또는 산재 이외로 부상을 입어 규정된 의료기간 내에 있는 경우"에 해당[2]되더라도 노동계약을 해제할 수 있습니다.

노동자가 시용기간 중 업무상원인 이외의 이유로 의료기간에 들어간 경우에도 노사 양측 간의 합의에 의해 언제든지 노동계약을 해제할 수 있습니다(노동계약법 제36조).

(ⅱ) 시용기간 중 의료기간 처리

실무상 노동자가 시용기간 중 업무상원인 이외의 이유로 의료기간에 들어갈 경우 시용기간은 의료기간과 상관없이 계속해서 경과하는 것인지, 아니면 일단 시용기간이 중지되고 의료기간이 끝나 노동자가 복직한 후에 계속해서 시용기간을 계산하는 것인지 하는 의문이 나오고 있습니다.

무엇보다 시용기간은 사용자와 노동자 쌍방이 각각의 입장에서 서로 고찰하기 위해 설정된 기간입니다. 시용기간은 의료기간과 상관없이 계속 경과되어 종료된다고 하면 사용자의 입장에서는 노동자가 사용자의 채용조건에 부합하는지 여부를 판단하기 위해 설정한 시용기간의 의미가 없어집니다.

따라서 일부 지방규정은 다음과 같이 의료기간 내 시용기간의 중지나 병가기간은 시용기간으로 계산하지 않는 등의 규정을 마련하고 있습니다.

실무적 대응책으로는 노동계약 또는 사내규칙제도 등을 통해 노동자가 시용기간 중 의료기간에 들어갔을 경우의 시용기간 처리에 대해 미리 규정해 두면 좋을 것입니다.

---

1 사용자에 의한 노동계약 해제불가사유.

2 노동계약법 제42조에 따르면 노동자가 질병 또는 산재 이외로 부상을 입어 규정된 의료기간 내에 있는 경우, 노동계약법 제40조의 규정(사용자에 의한 노동계약 예고해제)에 따라 노동계약을 해제할 수 없습니다.

지방규정 주목!

장 쑤 **장쑤성노동계약조례(2013년 개정시행) 제15조**

→ 시용기간은 노동계약기간에 포함된다.

노동자가 시용기간 중 병에 걸려 또는 산재 이외의 부상으로 업무를 중지하고 치료를 받아야 하는 경우, 규정된 의료기간 내에 있을 때는 시용기간을 중지한다.

저 장 **저장고급인민법원 해답(2016) 제2조**

Q 노동자가 시용기간 중 병가를 낼 경우, 병가기간을 시용기간에 계상하지 않을 수 있는가?

A 시용기간은 사용자와 노동자 양측이 서로 고찰하는 기간이다. 노동자가 시용기간 중 병가를 내는 것은 이러한 고찰목적의 수행에 영향을 주기 때문에 해당 병가기간은 시용기간에 계상하지 않을 수 있다.

Q 2-5 시용기간 중 여직원 임신

Q 여직원이 시용기간 중 임신사실이 밝혀졌을 경우, 또는 여직원이 임신사실을 알면서 입사시 사용자에게 고지하지 않고 시용기간 중 임신사실이 밝혀진 경우, "시용기간 중 임신은 채용조건에 부합하지 않는다"는 이유로 사용자가 일방적으로 노동계약을 해제할 수 있습니까?

A 시용기간 중 여직원의 임신사실 판명은 노동계약법 제39조 1호에 정한 "시용기간 중 사용자의 채용조건에 부합하지 않는 것이 증명된" 경우에 해당하지 않으므로 사용자는 임신사실의 판명을 이유로 일방적으로 노동계약을 해제할 수 없습니다. 단, 여직원이 응모한 직장 · 근무부서가 「여직원노동보호특별규정」의 부록에 정해진, 여직원이 임신 또는 수유기간 중 종사가 금지 또는 제한된 노동범위에 속하는 경우는 제외될 수 있습니다.

■ ■ 해 설 ■ ■

(ⅰ) 시용기간 중 여직원의 임신사실이 밝혀진 경우의 해고

시용기간 중 사용자에 의한 노동계약의 해제권은 관련 규정에 따라 엄격하게 제한되어 있으며(➔Q2-3 참조) 노동계약법 제42조 4호 규정에 따라 '여직원이 임신, 출산, 수유기간에 있을 경우', 사용자는 노동자가 노동계약법 제39조[1]에 규정된 사유에 해당하지 않는 경우, 노동계약을 일방적으로 해제할 수 없습니다(➔Q9-2 참조).

1 사용자에 의한 일방적인 노동계약 해제사유.

시용기간 중 여직원의 임신사실 판명은 노동계약법 제39조에 정한 "시용기간 중 사용자의 채용조건에 부합하지 않는 것이 증명된 경우"나 "사용자의 규칙제도를 현저히 위반한 경우" 등의 사유에는 해당하지 않기 때문에 사용자는 여직원의 임신사실 판명을 이유로 일방적으로 노동계약을 해제할 수 없습니다.

여직원의 특별보호에 관한 규정인 「부녀권익보장법」(2005년 개정시행) 제27조에 따르면 사용자는 여직원이 스스로 노동계약의 종료를 요구한 경우를 제외하고 여직원의 결혼, 임신, 출산휴가, 수유 등의 사유로 여직원에게 감봉, 해고, 일방적인 노동계약 해제 등의 조치를 취해서는 안 됩니다.[2]

(ⅱ) 여직원 입사 시 임신사실 고지의무

여직원은 입사면접 시, 사용자의 질문에 거짓말을 해서는 안 되나 사용자에게 스스로 임신사실을 고지할 의무는 없습니다.

사용자도 여직원이 입사시에 임신사실을 사용자에게 고지하지 않았다는 것을 이유로 일방적으로 노동계약을 해제할 수 없습니다.

실무적으로 입사서류 또는 노동계약 등에서 여직원에게 일정기간 동안 결혼과 출산을 하지 않을 것을 서약하게 하거나 또는 출산제한에 관한 조항을 약정하는 경우가 있는데 이는 여직원의 합법적인 권리를 제한하는 것이므로 무효로 인정될 가능성이 높습니다.

단, 사용자가 모집한 직장·근무부서가 여직원이 임신 또는 수유기간 중 종사를 금지 또는 제한하는 노동범위에 속할 경우,[3] 사용자는 그 모

---

2 여직원노동보호특별규정(2012) 제5조에도 동일 규정이 마련되어 있습니다.

3 「여직원노동보호특별규정」의 부록에 여직원이 임신 또는 수유기간 중에 종사가 금지된 노동범위 내역이 열거되어 있습니다. 예를 들면 여직원이 임신기간 중에 종사가 금지된 노동범위로 ① 작업장소의 공기 중 유독물질 농도가 국가의 직업위생기준을 초과하는 작업, ② 항암제, 헥세스트롤의 생산, 마취 가스에 접촉하는 등의 작업, ③ 소정의 기준에 해당하는 높은 곳의 작업, 냉수작업, 저온작업, 고온작업, 소음작업, 강도 높은

집요강, 입사서류 및 노동계약 등에서 입사 후 임신사실이 판명된 여직원에 대해서는 해고할 수 있는 취지의 관련 내용을 미리 명기해 놓을 수 있습니다.

사용자가 모집한 직장·근무부서가 여직원이 임신 또는 수유기간 중에 종사가 금지 또는 제한된 노동범위에 속하는 경우라도 상기와 같이 노사 쌍방 간 사전에 약정이 없는 경우, 사용자는 바로 노동계약을 해제할 수 없으며 임신사실이 밝혀진 여직원을 위해 근무부서를 조정하고 업무상 부적임하다는 평가과정을 거치는 등의 노력의무와 인사고과과정의 이행책임을 져야 합니다.

앞서 말한 의무와 책임을 이행하지 않고 여직원이 임신 또는 수유기간 중 종사가 금지 또는 제한된 노동범위에 속한다는 것을 이유로 직접 해고한 경우에는 위법해고로 인정되어[4] 법정 경제보상금(➔Q9-5 참조) 기준의 2배를 노동자에게 배상금으로 지급하라는 명령을 받을 가능성이 있습니다(노동계약법 제87조).

지방규정 주목!

광 둥 **광둥성「여직원노동보호특별규정」실시변법(2017) 제7조**

➔ 사용자는 여직원과의 노동계약 또는 고용계약에서 여직원의 결혼, 출산 등의 합법적인 권익을 제한하는 것을 약정해서는 안 된다. 사용자는 성별을 이유로 임금조정, 승진 등에서 여직원을 차별 또는 제한해서는 안 된다.

육체노동 등이 있습니다.

4 노동계약법 제48조에 따르면 사용자가 법을 위반해서 노동자를 해고한 경우, 노동자가 노동계약의 계속이행을 요구할 때는 사용자는 계속해서 이행해야 하며 노동자가 노동계약의 계속이행을 요구하지 않고 또는 노동계약의 계속이행이 이미 불가능해졌을 때는 사용자는 노동계약법 제87조에 따라 배상금을 지불해야 합니다.

제3장

노동보수와 복리처우

Q 3-1 월 임금의 지급기한

Q 월 임금제를 채택한 사용자는 매달 며칠까지 임금을 지급해야 합니까?

A 사용자는 노사 간 약정한 날에 임금을 지급해야 합니다. 일부 지방규정은 월 임금의 지급기한을 정하고 있으므로 해당 지방의 범위 내에서는 노사 양측 간에 임금지급일을 약정할 때 지방의 관련 규정을 적용할 필요가 있습니다.

■ ■ 해 설 ■ ■

「임금지급잠정규정」 제7조에 따르면 임금은 반드시 사용자와 노동자가 약정한 날에 지급되어야 하고 임금지급일이 법정공휴일 또는 휴일과 겹치는 경우에는 임금지급일 직전의 근무일에 지급되어야 합니다.

또 임금은 최소한 매달 한 번 지급되어야 하고 주급제, 일당제, 시급제를 실행하는 경우는 주 단위, 일 단위, 시간 단위로 임금을 지급할 수 있습니다.

다만 일부 지역규정은 월 임금의 지급기한을 정하고 있으므로 사용자가 해당 지방에 소재하는 경우에는 해당 지방의 관련 규정을 적용할 필요가 있습니다.

지방규정 주목!

광 둥 **광둥성임금지급조례(2016 개정시행) 제12조***

→ 사용자와 노동자는 노동계약에서 임금의 지급주기 및 지급일을 명확하게

약정해야 한다. 사용자는 약정한 기일에 따라 노동자에게 임금을 지급해야 하며 임금지급일이 법정공휴일 또는 휴일과 겹치는 경우는 임금지급일 직전의 근무일에 지급해야 한다.

* '광둥성임금지급조례의 개정에 관한 의견모집안(征求意见稿)(2015)' 단계에서는 "노사 쌍방 간에 약정한 월 임금의 지급기한은 다음달의 10일을 지나서는 안 된다"라는 개정의견이 있었지만 해당 의견은 2016년 9월에 개정시행된 '광둥성임금지급조례'에서 결과적으로 채택되지 않았다.

동 조례 제45조 (저자 발췌 정리)

→ 임금체불(拖欠), 임금 가로채기(克扣) 때문에 인력자원사회보장부문에 의해 블랙리스트(黑名单)에 올라간 사용자에 대해서는 그 신용상실기록을 기업신용정보공시시스템(企业信用信息公示系统) 등에 기록하고 정부에 의한 조달프로젝트(采购), 입찰실시(招投标), 생산허가(生产许可), 대출 및 대부(融资贷款), 시장진출허가(市场准入) 등 다방면에 걸쳐 엄격히 제한한다.

선전시직원임금지급조례(2009 개정시행) 제11조

→ 임금지급주기가 1개월을 넘지 않을 경우, 약정한 임금지급일은 해당 지급주기가 종료된 후 7일이 지나서는 안 된다. 임금지급주기가 1개월 초과 1년 미만일 경우 약정한 임금지급일은 해당 지급주기가 끝난 후 1개월을 지나서는 안 된다. 임금지급주기가 1년 또는 1년 이상일 경우 약정한 임금지급일은 해당 지급주기가 끝난 후 6개월을 지나서는 안 된다. 임금지급일이 법정공휴일 또는 휴일과 겹치는 경우는 임금지급일 직전의 근무일에 지급해야 한다.

베이징

베이징고급인민법원 회의회보(2009) 제18조

→ 임금의 정산지급주기가 끝난 뒤 사용자는 노동자와 약정한 기일 내에 임금을 지급해야 하며, 늦어도 지급을 약정한 날로부터 7일이 지나서는 안 된다. 임금지급일이 법정공휴일 또는 휴일과 겹치는 경우는 임금지급일 직전

의 근무일에 지급해야 한다.

상하이 **상하이시기업임금지급변법(2016) 第6조**

→ 기업은 매달 최소한 한번 임금을 지급해야 하며 임금지급의 구체적인 기일은 기업과 노동자가 약정한다. 임금지급일이 법정공휴일 또는 휴일과 겹칠 경우, 은행이체로 임금을 지급할 때는 임금이체를 지연해서는 안 되며, 현금으로 임금을 지급할 때는 임금지급일 직전의 근무일에 지급해야 한다. 연봉제를 실시하는 노동자 또는 고과주기에 따라서 임금을 정산지급하는 노동자에 대해서는 기업은 매월 최저임금을 밑돌지 않는 기준으로 임금을 선지급하고 연말 또는 고과주기가 끝날 때에 정산해야 한다.

장 쑤 **장쑤성임금지급조례(2010 개정시행) 第14조**

→ 사용자는 노동자와 약정한 기일에 임금을 지급해야 한다. 임금지급일을 약정하지 않은 경우, 사용자가 규정하는 기일에 따라 임금을 지급한다.
임금지급일이 법정공휴일 또는 휴일과 겹칠 경우 임금지급일 직전의 근무일에 지급해야 한다.

Q 3-2 최저임금기준에는 노동자개인이 납부해야 할 사회보험 및 주택적립금이 포함되는가?

Q 최저임금기준에는 사용자가 원천징수할 노동자개인이 납부하는 사회보험 및 주택적립금 부분이 포함됩니까?

A 최저임금기준에 사용자가 원천징수할 노동자개인이 납부하는 사회보험 및 주택적립금 부분이 포함되는지 여부에 대해 각 지방의 처리 방식은 통일되지 않아 사용자소재지의 관련 규정에 주의할 필요가 있습니다.

■■ 해 설 ■■

(i) 최저임금에 관한 규정

최저임금규정 제3조에 따르면 '최저임금기준'은 노동자가 법정 근무시간 또는 법에 의해 체결한 노동계약에 약정된 근무시간에서 정상적인 노동을 제공한 것을 전제로 사용자가 법에 의해 지급해야 할 최소한의 노동보수를 가리킵니다(1항).

'정상적인 노동'은 노동자가 법에 의해 체결한 노동계약의 약정에 따라 법정 근무시간 또는 노동계약에 약정된 근무시간에서 종사하는 노동을 가리키며 노동자가 법에 따라 취득한 연차유급휴가, 귀향휴가, 경조휴가, 출산휴가 등 국가가 정하는 휴가기간 및 법정 근무시간 내에서 법에 의해 참가하는 사회활동기간[1]은 정상적인 노동을 제공한 것으로 간

1 '사회활동기간'은 ① 법에 의한 선거권 또는 피선거권의 행사, ② 인민대표대회 대표가 법에 의한 직책이행, ③ 정부, 당파 및 노동조합 등이 소집한 회의에 참석, ④ 인민배심원으로 심판활동에 참가 등의 기간을 말합니다.

주됩니다(동조 2항).

또한 노동법의견(1995) 제54조에 따르면 '최저임금'이란 노동자가 법정 근무시간 내에 통상적인 노동의무를 이행하는 것을 전제로 사용자가 지급하는 최저 노동보수를 가리키고 최저임금에는 시간외근무수당, 통화 형식으로 지급하는 주택수당 및 사용자가 지급하는 식사수당, 야근, 고온, 저온, 갱내, 유독, 유해 등의 특수한 노동환경 및 노동조건에서 지급하는 수당, 국가의 법률, 법규, 규칙이 정하는 사회보험복지급부는 포함되지 않습니다.[2]

월 최저임금기준을 확정 및 조정할 때는 현지 취업자 및 그 부양인구의 최저생활비용, 도시주민소비가격지수, 직원개인이 납부하는 사회보험료와 주택적립금, 직원 평균임금, 경제발전수준, 취업현황 등의 요소를 참고해야 합니다(최저임금규정 제6조 1항).

노동계약법 제85조에 따르면 사용자가 노동자에게 현지의 최저임금기준을 밑도는 임금을 지급하는 경우에는 사용자는 그 차액분을 지급해야 하며 기한이 지나도 지급하지 않은 경우는 지급해야 하는 금액의 50% 이상 100% 이하 기준으로 노동자에게 배상금을 추가로 지불하도록 노동행정부문이 사용자에게 명령합니다(➔Q3-3 참조).

(ⅱ) 최저임금기준에는 사용자가 원천징수할 노동자개인이 납부하는 사회보험 및 주택적립금 부분이 포함되는가—각 지방의 서로 다른 처리방식

사용자와 노동자가 참가해야 할 사회보험 납부비용에는 사용자가 부담해야 할 부분과 사용자가 노동자를 위해 원천징수할 노동자개인이 납부하는 부분이 포함되어 있습니다.

최저임금기준에 사용자가 원천징수할 노동자개인이 납부하는 사회보험 및 주택적립금 부분이 포함되는지 여부에 대해 아래 표와 같이 각 지

2 최저임금규정 제12조 1항에서도 동일한 규정을 마련하고 있습니다.

방의 처리방식은 통일되어 있지 않은 것이 현 상황입니다.

각 지방의 서로 다른 처리방식

적용지역	최저임금기준에 사용자가 원천징수할 노동자 개인이 납부하는 사회보험료 포함 여부	최저임금기준에 사용자가 원천징수할 노동자개인이 납부하는 주택적립금 포함 여부
베이징[1] (北京)	노동자개인이 납부해야 하는 각종 사회보험비용 및 주택적립금은 최저임금기준의 구성부분이 아니며 사용자는 규정에 따라 별도 지급해야 한다.	
상하이[2] (上海)	노동자개인이 법에 따라 납부해야 하는 사회보험비용 및 주택적립금은 최저임금의 구성부분이 아니며 사용자가 별도 지급한다.	
안후이[3] (安徽)	사용자와 노동자개인이 법에 따라 납부해야 하는 사회보험비용 및 주택적립금은 최저임금에 계상하지 않는다.	
장쑤[4] (江苏)	포함된다(현지정부부문에 대한 전화조회결과를 토대로 함).	노동자가 최저임금(하한)에 근거해 납부하는 주택적립금은 최저임금의 구성부분이 아니며 사용자는 규정에 따라 별도 지급해야 한다.
광저우[5] (广州)	사용자가 원천징수하는 사회보험 개인부담분의 비용은 노동자의 최저임금에 포함된다.	포함된다(명문규정은 없지만 실무상 '포함된다'라고 해석됨).
선전[6] (深圳)	노동자개인이 납부해야 할 사회보험료 및 주택적립금 부분은 노동자의 최저임금에 포함된다(현지정부부문에 대한 전화조회결과를 토대로 함).	
허베이[7] (河北)	최저임금기준으로 계상하는 항목에는 규정에 따라 노동자개인이 납부해야 할 양로보험, 실업보험, 의료보험 및 주택적립금이 포함되며 규정에 따라 사용자가 노동자를 위해 납부해야 할 양로보험, 산재보험, 실업보험, 의료보험, 생육보험 및 주택적립금은 포함되지 않는다.	

1. 베이징시 2018년 최저임금기준 조정에 관한 통지(京人社劳发[2018] 130호, 2018년 9월 1일 시행) 제1조
2. 상하이시 인력자원 및 사회보장국에 의한 상하이시 최저임금기준 조정에 관한 통지([2018] 6호) 제1조
3. 안후이성최저임금규정(2017) 제10조
4. 장쑤성 인력자원 및 사회보장청에 의한 장쑤성최저임금기준 조정에 관한 통지(苏人社发[2018] 173호, 2018년 8월 1일 시행) 제2조
5. 광저우시중급인민법원 민사재판의 몇 가지 문제에 대한 해답(2010년 4월) 제3부분 제20조
6. 선전시직원임금지급조례(2009 개정시행) 제3조에 따르면 법률, 법규, 규칙의 규정에 따라 사용자가 부담하거나 직원에게 지급하는 사회보험비용, 복리비 등은 임금에 포함되지 않는다고 되어 있습니다.
7. 허베이성 인사청의 2016년 최저임금기준 조정에 관한 통지(冀人社字[2016] 108호) 제3조

최저임금기준은 시간외근무수당의 계산기수와 사회보험의 납부기수 등 사용자의 비용(成本)과 밀접한 관련이 있습니다. 상기와 같이 최저임금의 구성부분에 대한 각 지방의 처리방식이 일치하지 않으므로 사용자 소재지의 관련 규정과 실무관행에 특별히 유의할 필요가 있습니다.

Q 3-3 지급기한을 넘긴 노동보수의 지급과 노동보수 지급거부

Q 지급기한이 지나 노동보수를 지급할 경우와 노동보수의 지급을 거부할 경우는 사용자가 져야 할 법적 책임에 차이가 있습니까?

A 사용자가 지급기한이 지나 노동보수를 지급할 경우 노동행정부문은 사용자에게 기한을 지정해 지급하도록 명령할 수 있으며 사용자가 기한이 지나도 지급하지 않을 경우 노동행정부문은 사용자에게 미지급임금의 50% 이상 100% 이하 기준으로 배상금을 노동자에게 추가로 지급하도록 명령할 수 있습니다.

사용자가 노동보수의 지급을 거부할 경우, 그 금액이 비교적 크고 노동행정부문이 지급명령을 해도 지급하지 않을 경우 사용자 및 주요한 관리책임자 등은 형사책임을 추궁받을 가능성이 있습니다.

■ ■ 해 설 ■ ■

(i) 사용자가 지급기한이 지나 노동보수를 지급할 경우

① 임금지급일의 연장에 관한 규정

사용자는 생산경영이 어려움에 빠져 약정된 임금지급일에 임금을 지급할 수 없는 경우, 필요한 절차를 거쳐 임금지급일을 연장할 수 있습니다.

일부 지방의 관련 규정은 다음 표와 같습니다.

일부 지방 관련 규정

적용지역	연장사유	연장절차	연장기간
선전[1] (深圳)	사용자의 사정(因故)으로 임금지급일에 임금을 지급할 수 없는 경우	-	5일

	생산경영상의 어려움으로 5일이상 연장이 필요한 경우	노동조합 또는 노동자본인의 서면동의를 얻는다.	최장 15일을 넘지 않는다.
주하이[2] (珠海)	생산경영이 확실히 어려움에 빠져 임금조달이 영향을 받아 일시적으로 기일 내에 임금지급이 불가능한 경우	노동조합 또는 직원대표와 합의를 본다. 노동보장부문에 보고한다.	15일 이내에 연장 가능.
베이징[3] (北京)	생산경영이 어려움에 빠져 일시적으로 기일 내에 임금지급이 불가능한 경우	노동자에게 상황을 설명한다. 노동조합 또는 직원대표와 합의를 본다.	최장 30일을 넘지 않는다.
상하이[4] (上海)	확실히 생산경영이 어려움에 빠져 임금조달이 영향을 받아 일시적으로 기일 내에 임금지급이 불가능한 경우	노동조합 또는 직원대표와 합의를 본다. 노동자 전원에게 연장기간을 고지한다.	1개월 이내에 연장 가능.
장쑤[5] (江苏)	생산경영이 확실히 어려움에 빠져 자금조달이 심각한 영향을 받아 약정한 기일 내에 임금지급이 불가능한 경우	노동자에게 서면으로 상황을 설명한다. 노동조합 또는 직원대표대회(직원대회)의 동의를 얻는다.	최장 30일을 넘지 않는다.

1. 선전시직원임금지급조례(2009 개정시행) 제12조
2. 주하이시기업임금지급조례(2010 개정시행) 제12조
3. 베이징시임금지급규정(2007 개정시행) 제26조
4. 상하이시기업임금지급변법(2016) 제10조
5. 장쑤성임금지급조례(2010 개정시행) 제40조

② 사용자의 법적 책임에 관한 규정

사용자가 노동보수의 지급을 연체하거나 노동보수를 금액대로 지급하지 않을 경우 노동자는 법에 따라 현지의 인민법원에 지급명령을 내리도록 신청할 수 있고, 인민법원은 법에 의해 지급명령을 내려야 합니다(노동계약법 제30조 2항 ➔Q3-5 참조).

노동계약법 제85조에 따르면 사용자가 노동계약의 약정 또는 국가의 규정에 근거해 노동자에게 지체없이 전액으로 노동보수를 지급하지 않을 경우, 현지 최저임금기준을 밑도는 임금을 노동자에게 지급하는 경우나 시간외근무를 안배했으나 시간외근무수당을 지급하지 않는 경우 등에는 노동행정부문은 기한을 정해 노동보수, 시간외근무수당을 지급

하도록 명령하며 노동보수가 현지 최저임금기준보다 낮을 경우, 사용자는 그 차액분을 지급해야 하며 기한이 지나도 지급하지 않을 경우에는 지급해야 할 금액의 50% 이상 100% 이하 기준으로 노동자에게 배상금을 추가로 지급하도록 사용자에게 명령한다고 규정되어 있습니다.

(ⅱ) 사용자가 노동보수의 지급을 거부할 경우

형법 제276조-1(노동보수지급거부죄)에 따르면 재산이전, 도닉(逃匿) 등 방법으로 노동자의 노동보수 지급을 회피하고 또는 지급능력을 가졌음에도 불구하고 노동자의 노동보수를 지급하지 않고 미지급금액이 비교적 크고 정부관련부문으로부터 지급명령을 받아도 지급하지 않는 경우는 형사책임을 져야 합니다(➔Q3-4 참조).

지방규정 주목!

광 둥 **선전경제특구 기업임금관리잠정규정(1992) 제76조**

➔ 사용자가 노동자의 임금을 기일 내에 지급하지 않은 경우, 아래의 각항에 따라 처리한다.

사용자가 임금지급일이 지나 노동자의 임금을 지급한 경우 노동부문은 해당 사용자에게 약정한 임금지급일의 6일째부터 매일 임금체불액의 1%를 기준으로 노동자의 손해를 배상하라고 명령한다.

사용자가 노동자의 임금을 기일 내에 지급하지 않고 임금체불기간이 30일(30일째는 포함하지 않음)을 넘었을 경우, 앞항의 규정대로 처리하는 것 외에, 노동부문은 사용자의 주요한 책임자에게 임금체불액의 5%~10%의 벌금, 직접적인 책임자에게 임금체불액의 1%~5%의 벌금에 처한다.

선전시직원임금지급조례(2009 개정시행) 제56조

➔ 사용자가 다음 중 어느 하나의 사유에 해당할 경우, 노동보장부문은 기한

을 정해 시정명령을 내린다. 기한이 지나도 시정되지 않을 경우, 정상참작해 3만 위안 이상 5만 위안 이하의 벌금에 처할 수 있다.

(一) 노동자에게 지급한 임금이 최저임금기준보다 낮은 경우

(二) 노동자임금 가로채기, 또는 이유 없이 노동자의 임금을 지급하지 않은 경우

(三) 현물 등 현금 이외의 형식으로 노동자의 임금을 지급한 경우

장 쑤 **장쑤성임금지급조례(2010 개정시행) 제36조**

→ 사용자가 기일 내에 노동자에게 임금을 전액 지급하지 않을 경우, 임금체불이 발생한 날부터 5일 이내에 현급(县级) 인력자원사회보장행정부문에 서면으로 보고하고 처리방안을 제출해야 한다.

Q 3-4 노동보수지급거부죄의 입건기준

Q 노동보수지급거부죄의 입건기준을 알려주세요.

A 노동보수지급거부죄의 입건기준에 관련해서는 국가와 지방의 규정이 각각 있습니다. 국가기준을 밑돌지 않는 전제로 사용자소재지의 규정을 우선적으로 적용할 필요가 있습니다.

■■ 해 설 ■■

형법 제276조-1(노동보수지급거부죄)에 따르면 재산이전, 도닉(逃匿) 등 방법으로 노동자의 노동보수 지급을 회피하고 또는 지급능력을 가졌음에도 불구하고 노동자의 노동보수를 지급하지 않고 그 금액이 비교적 크고 정부관련부문에 의해 지급명령을 받아도 지급하지 않는 경우에는 3년 이하의 유기징역 또는 구류(拘役)에 처하고 벌금을 병과 또는 벌금만을 부과하고, 중대한 결과를 초래한 경우에는 3년 이상 7년 이하의 유기징역에 처하고, 벌금을 병과한다고 되어 있습니다(1항).

위 규정에 따라 노동보수지급거부죄는 다음의 3가지 조건을 동시에 충족해야 합니다.

① 재산이전, 도닉(은닉) 등 방법으로 노동자의 노동보수[1] 지급을 회피하고[2]

---

1 여기서 말하는 '노동보수'에는 임금, 상여, 수당, 보조금, 시간외근무수당 및 특수한 상황에서 지불되는 임금 등이 포함됩니다(최고법원해석(2013) 제1조).

2 최고법원해석(2013) 제2조에 따르면 '재산이전, 도닉(은닉) 등 방법으로 노동자의 노동보수 지급을 회피한' 것으로 인정해야 할 사유로서 재산의 은폐, 이전 및 처분행위, 도망, 은닉행위나 노동보수 관련서류의 은닉, 폐기, 위조행위 등이 있습니다.

또는 지급능력을 가졌음에도 불구하고 노동자의 노동보수를 지급하지 않는다.

② 노동보수의 미지급금액이 비교적 크다(아래 표 참조).

③ 정부관련부문[3]으로부터 지급명령을 받아도 지급하지 않는다.[4]

또 사용자가 노동보수지급거부죄를 범한 경우에는 사용자에게 벌금을 부과하고, 직접 책임을 지는 주요관리자와 기타 직접적인 책임자는 상기의 규정에 따라 처벌합니다(형법 제276조-1 제2항).

노동보수지급거부죄 입건기준—국가와 지방 규정

적용지역	'금액이 비교적 크다'의 기준
국가[1]	· 1명의 노동자에게 3개월분 이상의 노동보수 지급을 거부하고 그 금액이 5천 위안~2만 위안 이상인 경우 · 10명 이상의 노동자에 대한 노동보수 지급을 거부하고 그 금액이 누적 3만 위안~10만 위안 이상인 경우
광둥[2] (广东)	· 광저우(广州), 선전(深圳), 주하이(珠海), 불산(佛山), 중산(中山), 둥관(东莞)의 6개 도시에서 1명의 노동자에 대한 3개월분 이상의 노동보수 지급을 거부하고 그 금액이 누적 2만 위안 이상인 경우, 또는 10명 이상의 노동자에 대한 노동보수 지급을 거부하고 그 금액이 누적 10만 위안 이상인 경우 · 산터우(汕头), 사오관(韶关), 허위안(河源), 메이저우(梅州), 후이저우(惠州), 산웨이(汕尾), 장먼(江门), 양강(阳江), 담강(湛江), 무명(茂名), 조경(肇庆), 칭위안(清远), 차오저우(潮州), 지에양(揭阳), 윈푸(云浮)의 15개 도시에서 1명의 노동자에 대한 3개월분 이상의 노동보수 지급을 거부하고 그 금액이 누적 1만 위안 이상인 경우, 또는 10명 이상의 노동자에 대한 노동보수의 지급을 거부하고 그 금액이 누적 6만 위안 이상인 경우
장쑤[3] (江苏)	· 1명의 노동자에 대한 3개월분 이상의 노동보수 지급을 거부하고 그 금액이 1만 위안 이상인 경우 · 10명 이상의 노동자에 대한 노동보수의 지급을 거부하고 그 금액이 누적 6만 위안 이

3 '정부관련부문'이란 구체적으로 인력자원 및 사회보장부문 또는 노동법률법규의 규정과 관련된 집행권을 부여받은 정부의 기타 직능부문을 가리킵니다.

4 정부관련부문에 의한 지급명령은 사용자에게 송달해야 하며 행위자의 도닉 등에 의해 송달이 어려운 경우는 행위자의 주소지, 생산경영장소 등에 지급명령문서를 첨부하는 등의 방법으로 지급을 명령하고 촬영, 녹화 등 방법으로 이를 기록했을 때 '정부관련부문의 지급명령을 받은' 것으로 간주됩니다(최고법원해석(2013) 제4조 2항).

	상인 경우
저장[4] (浙江)	· 1명의 노동자에 대한 3개월분 이상의 노동보수 지급을 거부하고 그 금액이 1만 위안 이상인 경우 · 10명 이상의 노동자에 대한 노동보수의 지급을 거부하고 그 금액이 누적 8만 위안 이상인 경우
충칭[5] (重庆)	· 1명의 노동자에 대한 3개월분 이상의 노동보수 지급을 거부하고 그 금액이 1만 위안 이상인 경우 · 10명 이상의 노동자에 대한 노동보수의 지급을 거부하고 그 금액이 누적 6만 위안 이상인 경우

1. 최고법원해석(2013) 제3조
2. 광둥성고급인민법원에 의한 노동보수지급거부형사안건의 금액기준 확정에 관한 통지(粤高法发[2015] 4호) 제1조, 제2조
3. 장쑤성고급인민법원에 의한 '장쑤성에서의 노동보수지급거부죄 집행금액기준에 관한 의견'의 인쇄 · 발행에 관한 통지(苏高法[2014] 11호)
4. 저장성고급인민법원에 의한 '악의있는 임금체불범죄행위의 단속' 뉴스발표회(2013년 4월)
5. 충칭시고급인민법원에 의한 '노동보수지급거부안건 처리의 실시의견'의 인쇄 · 발행에 관한 통지(渝人社发[2014] 202호) 제3조

최고법원해석(2013) 제5조에 따르면 노동자의 노동보수 지급을 거부하고 본 해석 제3조 규정(상기표의 '국가'기준을 참조)에 일치하고 아래 사유 중 어느 하나에 해당하는 경우, 형법 제276조-1 제1항에 규정한 '중대한 결과를 초래한 경우'로 인정해야 합니다.

① 노동자 또는 그 부양가족의 기본적인 생활에 심각한 영향을 초래하고 중대한 질병을 지체없이 치료할 수 없게 되거나 부득이하게 학업을 중단하게 된 경우

② 노동보수의 지급을 요구한 노동자에 대해서 폭행을 가하거나 폭력으로 위협한 경우

③ 기타 중대한 결과를 초래한 경우

사용자의 행위가 중대한 결과를 초래하지 않고 공소를 제기하기 전에 노동자의 노동보수를 지급하고 법에 따라 응분의 배상책임을 부담한 경

우에는 처벌을 경감하거나 면제할 수 있습니다(형법 제276조-1 제3항, 최고법원해석(2013) 제6조).

또한 노동보수지급거부죄의 입건기준에 관해서는 상기 표에서 정리했듯이 국가와 지방의 규정이 각각 있으며 국가기준을 밑돌지 않는 전제하에서 사용자소재지의 규정을 우선적으로 적용할 필요가 있습니다.

Q 3-5 사용자에 의한 노동보수지급의무 불이행 시 노동자의 직접제소권

Q 사용자가 노동자의 임금지급을 지연한 경우, 노동자는 직접 인민법원에 소송을 제기해 체불임금의 지급을 청구할 수 있습니까?

A 노동분쟁은 우선 노동계약 이행지 또는 사용자소재지의 노동분쟁중재위원회에 노동중재신청을 하고 당사자가 중재판단(仲裁裁决)에 불복할 경우에는 인민법원에 소송을 제기하는 순서로 처리하는 것이 원칙이나, 노동보수의 체불에 관한 사건에 있어서 관련 규정에서 규정한 요건에 부합하는 경우, 당사자는 노동분쟁처리에서의 노동중재절차를 거치지 않고 인민법원에 직접 소송을 제기할 수 있습니다.

■ ■ 해 설 ■ ■

(i) 노동분쟁사건처리에 있어서의 '중재전치(仲裁前置)'

사용자는 노동계약의 약정 및 국가규정에 따라 노동자에게 지체없이 노동보수 전액을 지급할 의무를 지고 있습니다(노동계약법 제30조 1항).

노동법 제79조[1]에 따르면 노동분쟁이 발생한 후 당사자는 사용자에게 노동분쟁조정(调解)위원회가 설치되어 있는 경우 해당 조정위원회에 조정을 제기(신청)할 수 있으며, 조정이 성립되지 않아 당사자 일방이 중재를 요구하는 경우 노동분쟁중재위원회에 중재를 신청할 수 있습니다.

당사자 일방 또는 쌍방이 조정을 원치 않는 경우 등에는 직접 노동분쟁중재위원회에 중재를 신청할 수 있습니다.

당사자가 중재판단(仲裁裁决)에 대해 불복할 경우에는 인민법원에 소

1 노동쟁의조해중재법 제5조에도 동일한 규정이 마련되어 있습니다.

송을 제기할 수 있습니다.[2]

위와 같이 노동분쟁은 우선 노동계약의 이행지 또는 사용자소재지의 노동분쟁중재위원회에 노동중재를 신청하고 당사자가 중재판단에 대해 불복할 경우는 인민법원에 소송을 제기하는 절차로 처리하는 것이 원칙입니다(➔Q11-10 참조).

단, 사용자가 노동보수의 지급을 연체하거나 노동보수 전액을 지급하지 않은 경우, 노동자는 법에 의해 현지의 인민법원에 지급명령(支付令)을 내리도록 신청할 수 있고, 인민법원은 법에 의해[3] 지급명령을 내려야 합니다(노동계약법 제30조 2항).

(ⅱ) 노동보수 미지급에 기인하는 노동분쟁사건의 특별처리

노동자가 사용자의 임금미불증서를 증거로 인민법원에 직접 소송을 제기하고 해당 소송청구가 노동관계의 기타 분쟁에 연루되지 않으면 노동보수지급지연의 분쟁으로 간주해 인민법원은 일반 민사분쟁으로 수리할 수 있습니다(노동분쟁심리해석(二) 제3조).

당사자가 노동분쟁조정위원회의 주재하에 노동보수의 분쟁에 대해서만 조정합의[4]에 이르렀지만, 사용자가 조정합의에 의해 확정된 급부의무를 이행하지 않고 노동자가 인민법원에 직접 제소할 경우, 인민법원은 일반 민사분쟁으로 수리할 수 있습니다(노동분쟁심리해석(二) 제17조 2항).

즉, 노동보수의 미지급에 기인하는 노동분쟁사건에서 ① 사용자의 임

---

2 중재판단이 최종적인 판단으로 되는 노동분쟁은 Q11-9를 참조하십시오.

3 민사소송법 제214조에 따르면 채권자와 채무자 사이에 기타 채무분쟁이 없는 경우와 지불명령을 채무자에게 송달하는 것이 가능한 경우에 채권자는 금전급부사항에 관하여 관할권을 가진 기층인민법원에 지불명령의 발행을 신청할 수 있습니다.

4 노동분쟁조정위원회의 주재하에 당사자 간에 달성한 조정합의는 노동계약과 비슷한 구속력을 가지며 인민법원에 의한 재판에서의 근거로 삼을 수 있습니다(노동분쟁심리해석(二) 제17조 1항).

금미불증서를 증거로 인민법원에 직접 소송을 제기하고 해당 소송청구가 노동관계의 기타 분쟁에 연루되지 않을 경우, ② 사용자가 노동분쟁조정위원회의 주재하에 당사자 간에 조정합의가 이루어져 확정된 급부의무를 이행하지 않을 경우, 당사자는 노동분쟁처리에서의 노동중재절차를 거치지 않고 인민법원에 직접 소송을 제기할 수 있으며 인민법원은 일반 민사분쟁으로 수리할 수 있습니다.

지방규정 주목!

광 둥 **광둥고급인민법원 지도의견(2002) 제4조**

➔ 당사자가 노동분쟁의 처리절차를 단축하기 위하여 노동보수분쟁을 채무분쟁으로, 산재사고분쟁을 손해배상분쟁으로 변경하는 등, 급부내용에 관한 노동분쟁사건의 원인을 변경하고 인민법원에 직접 소송을 제기할 경우, 인민법원은 '노동법' 제79조 규정에 근거하여 이를 수리하지 않고 당사자에 대해 우선적으로 노동분쟁중재위원회에 중재를 신청하도록 고지해야 한다.

노동자와 사용자가 양측 간의 노동분쟁에 대해 명확한 배상 또는 보상합의에 이른 후 해당 합의내용에 근거한 금전의 지급을 이유로 분쟁이 발생해 노동자가 채무분쟁으로 인민법원에 소송을 제기한 경우, 인민법원은 이를 수리할 수 있다.

선전중급인민법원 재판지침(2015) 제8조

➔ 당사자가 노동분쟁의 처리절차를 단축하기 위하여 노동보수분쟁을 채무분쟁으로, 산재사고분쟁을 손해배상분쟁으로 변경하는 등, 급부내용에 관한 노동분쟁사건의 원인을 변경하고 인민법원에 직접 소송을 제기할 경우, 인민법원은 '노동법' 제79조의 규정에 근거하여 이를 수리하지 않고 당사자에게 우선적으로 노동분쟁중재위원회에 중재를 신청하도록 고지해야 한다.

노동자와 사용자가 양측 간의 노동분쟁에 대해 명확한 배상 또는 보상합의에 이른 후 해당 합의내용에 근거한 금전의 지급을 이유로 분쟁이 발생해 노동자가 채무분쟁으로 인민법원에 소송을 제기한 경우, 또는 노동자가 사용자의 임금미불증서를 증거로 인민법원에 직접 소송을 제기하고 해당 소송청구가 노동관계의 기타 분쟁에 연루되지 않을 경우, 일반 민사분쟁으로 이를 수리할 수 있다.

저 장 **저장고급인민법원 의견(2009) 제27조**

→ 인민법원이 독촉(督促)절차의 종료를 재정(裁定)한 후, 노동자는 노동분쟁 사항에 대해서 먼저 노동분쟁중재위원회에 중재를 신청해야 한다. 다만 노동분쟁심리해석(二) 제3조, 제17조 2항의 규정에 해당하는 경우 또는 사용자에 의한 노동보수의 체불을 증명할 증거가 있고 소송청구가 노동관계의 기타 분쟁에 연루되지 않을 경우, 노동자는 인민법원에 직접 소송을 제기할 수 있으며 인민법원은 일반 민사분쟁으로 수리해야 한다.

장 쑤 **장쑤고급인민법원 지도의견(2011) 제23조 2항**

→ 당사자 간에, 노동분쟁조정(调解)조직의 주재하에 노동보수의 분쟁에 대해서만 조정합의에 이르렀지만, 사용자가 해당 조정합의에 의해 확정된 급부의무를 이행하지 않아 노동자가 인민법원에 직접 소송을 제기한 경우 일반 민사분쟁으로 수리한다.

Q 3-6 월임금에 시간외근무수당이 포함된다는 약정은 유효한가?

Q 노사 양측이 월 임금에 시간외근무수당이 포함된다고 약정한 경우, 해당 약정은 유효합니까?

A 노동법 제41조 규정에 의해 1개월의 시간외근무시간이 36시간을 넘지 않는 범위 내에서 노사 양측이 월 임금에 시간외근무수당이 포함된다고 약정한 경우, 해당 월 임금 중 통상근무시간의 임금이 최저임금기준보다 낮지 않은 한, 해당 약정은 유효하다고 인정됩니다. 단, 시간외근무시간의 관리가 철저하지 못하고 사용자가 시간외근무시간을 증명하지 못할 경우에는 노동자가 소정의 시간외근무시간을 초과했다고 사용자에게 주장한 것에 대해 별도 시간외근무수당을 지급하도록 명령받을 가능성이 있습니다.

■■ 해 설 ■■

(ⅰ) 노사 간에 약정이 있는 경우

노동법 제41조의 규정에 따르면 노동시간의 연장이 필요한 경우에는 노동자의 신체건강을 보장하는 전제하에 1일 3시간을 넘지 않는 범위에서 근무시간을 연장할 수 있지만 1개월에 36시간을 초과해서는 안 됩니다.

즉, 노사 양측이 1개월의 시간외근무시간이 36시간을 넘지 않는 범위에서 월 임금에 시간외근무수당이 포함된다고 약정한 경우, 해당 월 임금 중 통상근무시간의 임금이 최저임금기준보다 낮지 않는 한, 해당 약정은 유효하다고 인정됩니다.

(ⅱ) 노사 간에 약정이 없는 경우

노사 양측이 노동자의 월 임금에 초과근무수당이 포함되는지 여부는 약정하지 않았지만 월 임금 중에 통상근무시간의 임금과 시간외근무임금이 포함된 것을 증명하는 증거가 사용자에게 있는 경우, 월 임금에는 시간외근무수당이 포함된 것으로 인정할 수 있습니다. 다만 환산 후, 통상근무시간의 임금이 사용자소재지의 최저임금기준보다 낮은 경우는 제외됩니다(최고법원회의회보(2011) 제57조).

(ⅲ) 실무상 유의점

사용자와 관리직, 기술직 등의 노동자 사이에 해당 노동자의 월 임금에는 예를 들면 30시간분(소정의 시간외근무시간)의 시간외근무수당이 포함되어 '소정의 시간외근무시간'의 범위에는 월 임금만을 지급하고 시간외근무수당은 별도로 지급하지 않는다고 약정한 경우에 다음과 같은 문제가 발생할 가능성이 있으므로 주의가 필요합니다.

① 실제 1개월의 시간외근무시간이 '소정의 시간외근무시간'을 넘었을 경우에는 어떻게 처리해야 하는가?

1개월의 시간외근무시간이 '소정의 시간외근무시간'을 넘은 만큼 별도로 시간외근무수당을 지급할 필요가 있습니다.

② 실제 1개월의 시간외근무시간이 '소정의 시간외근무시간'을 넘지 않았지만 사용자에 의한 시간외근무시간의 관리가 철저하지 않아 사용자가 실제 시간외근무시간에 대해 증명할 수 없는 경우, 노동자로부터 '소정의 시간외근무시간'을 넘었다고 주장된 시간만큼 따로 시간외근무수당을 지급해야 하는가?

노동자로부터 '소정의 시간외근무시간'을 넘었다고 주장된 시간만큼 별도 시간외근무수당을 지급하라고 명령받을 가능성이 있으므로 사용자는 시간외근무시간의 관리기록부를 작성해 월 임금의 구성항목과 그 금액, 통상근무시간의 임금(시간외근무수당의 계산기수) 및 통상근무시간과 시간외근무시간의 명세 등의 내용을 기록하고 매달 노동자에게 임금을 지급할 때 내용을 확인시키고 노동자에게 서명받는 것이 바람직합니다.

③ 노사 쌍방 간에 약정한 월 임금 중 통상근무시간의 임금이 최저임금기준보다 낮을 경우 어떻게 처리해야 하는가?

노사 쌍방 간에 약정한 월 임금 중 통상근무시간임금이 최저임금기준보다 낮을 경우, 사용자소재지의 최저임금기준에 따라 노동자에게 차액분을 지급할 필요가 있습니다.

지방규정 주목!

광 둥 **광둥고급인민법원 지도의견(2008) 제27조**

→ 사용자는 노동자와 서면을 통해 실제로 지급된 임금에 시간외근무수당이 포함되는지 여부를 약정하지 않았지만 이미 지급한 임금에 통상근무시간의 임금과 시간외근무임금이 포함된 것을 증명할 증거가 사용자에게 있을 경우, 사용자가 지급한 임금에는 시간외근무수당이 포함되었다고 인정할 수 있다. 단, 계산한 후 통상근무시간의 임금이 현지의 최저임금기준보다 낮을 경우는 제외한다.

선전중급인민법원 재판지침(2015) 제62조

→ 노사 양측이 노동계약을 체결할 때 약정한 임금에 '시간외근무수당이 이미 포함되어 있다'라고 명기하거나 서면을 통해 실제로 지급하는 임금에 시간외근무수당이 포함되는지 여부를 약정하지 않았으나 이미 지급한 임금에 통상근무시간의 임금과 시간외근무임금이 포함된 것을 증명할 증거가 사용자에게 있을 경우, 노동자의 시급(时薪) 계산식은 아래와 같다.

시급 = 약정한 임금 ÷ (21.75일 × 8시간 + 임금에 포함되었다고 약정한 평일(근무일)의 시간외근무시간수 × 150% + 임금에 포함되었다고 약정한 휴일의 시간외근무시간수 × 200% + 임금에 포함되었다고 약정한 법정공휴일의 시간외근무시간수 × 300%)

상기 계산식을 통해 산출된 노동자의 시급이 현지의 최저임금기준보다 낮을 경우, 해당 약정은 무효하다. 노동자의 임금은 최저임금기준을 기본임금으로 해야 하며 법정 근무시간을 초과한 시간은 시간외근무시간이며 시간외근무수당은 최저임금을 기준으로 법률이 규정한 기준에 따라 계산해야 한다.

장 쑤 **장쑤고급인민법원 지도의견(2011) 제8조**

→ 고급관리직과 사용자 사이에 시간외근무수당에 관한 분쟁이 발생해 사용자가 비정시근무제(不定时工作制)의 심사 · 비준(审批) 절차를 밟지 않았지만 고급관리직 업무의 성질, 근무부서가 비정시근무제의 특징에 부합하고 표준근무시간제(标准工时制)에 따라 시간외근무수당을 계산하는 것이 명백하게 불합리하거나 표준근무시간제에 따라 근무시간을 계산할 수 없는 경우, 고급관리직에 대해 비정시근무제를 실행한 것으로 인정할 수 있으며 해당 고급관리직에 의한 시간외근무수당의 지급청구는 인정하지 않는다.

Q 3-7 시간외근무수당의 계산기수, 계산방법과 중재시효

Q 시간외근무수당의 계산기수는 어떻게 확정합니까? 시간외근무수당에 관한 중재시효는 어느 정도 깁니까?

A 사용자는 노동자와 시간외근무수당의 계산기수를 약정할 수 있습니다. 단, 노사 양측이 약정한 시간외근무수당의 계산기수는 사용자소재지의 최저임금기준보다 낮아서는 안 됩니다.

노동관계의 존속기간에 시간외근무수당의 체불에 기인해 분쟁이 발생한 경우에는 1년의 중재시효기간의 제한을 받지 않습니다. 단, 노동관계가 종료된 경우에는 노동관계의 종료일부터 1년 이내에 노동중재를 신청해야 합니다.

■ ■ 해 설 ■ ■

(i) 시간외근무수당의 계산기수

① 노사 간에 약정이 있는 경우

노사 양측이 통상근무시간의 월 임금을 약정한 경우, 해당 월 임금을 시간외근무수당의 계산기수로 확정합니다. 다만, 노사 쌍방 간에 약정한 시간외근무수당의 계산기수는 사용자소재지의 최저임금기준보다 낮아서는 안 됩니다(➔Q3-6 참조).

노동자가 정상적인 노동을 제공한 상황에서 사용자로부터 실제로 지급된 임금이 노동계약에서 약정한 임금기준을 초과할 경우, 노사 양측 간에 임금기준의 변경에 대해 합의한 것으로 볼 수 있으며, 실제로 지급한 임금을 시간외근무수당의 계산기수로 할 필요가 있습니다. 또 사용자가 실제로 지급한 임금이 노동계약에서 약정한 임금기준보다 낮을 경우, 노사 양측이 임금기준의 변경에 합의한 것으로 볼 수 있을 때는 실제로 지급한 임금을 시간외근무수당의 계산기수로 할 필요가 있습니다(베이징고급인민법원해답(2017) 제22조(2)).

② 노사 간에 약정이 없는 경우

노사 양측이 통상근무시간의 월 임금을 약정하지 않았을 경우, 시간외근무수당의 계산기수 확정에 대해 아래의 2가지 견해가 있습니다(최고법원회의회보(2011) 제57조).

하나는 노동자의 시간외근무수당의 계산기수는 노동자가 받아야 할 임금이며 시급 또는 작업량에 따른 임금 및 상여, 수당, 보조금 등의 금전수입을 포함해야 한다는 견해입니다.

또 하나는 노동계약법 제18조 규정(노동계약의 약정이 불명확한 경우의 처리방법)에 따라 통상근무시간의 월 임금을 확정하고 해당 월 임금을 시간외근무수당의 계산기수로 해야 한다는 견해입니다.

위 두 번째 견해에 따르면 노동계약법 제18조에 의해서도 여전히 통상근무시간의 월 임금을 확정할 수 없는 경우, 시간외근무수당의 계산기수는 노동자가 실제로 수령한 월 수입에서 상여, 복지급부 등 항목을 공제한 후의 통상근무시간의 월 임금에 따라 이를 확정할 수 있습니다.

다만 지방규정(아래 '지방규정' 참조)에 특별규정이 있는 경우, 해당 지방에 소재하는 사용자는 그 규정에 따를 필요가 있습니다.

(ⅱ) 시간외근무수당의 계산방법

노동법 제44조, 임금지급잠정규정 제13조에 따르면 법정 표준근무시간 이외에 노동자에게 근무시간의 연장(잔업)을 안배하는 경우에는 아래 기준에 따라 임금을 지급해야 합니다.

평일 1일당 시간외근무수당 계산식:

월 임금 ÷ 21.75 × 150%

평일 시간당 시간외근무수당 계산식:

월 임금 ÷ 21.75 ÷ 8시간 × 150%

주말(토 · 일) 1일당 시간외근무수당 계산식:

월 임금 ÷ 21.75 × 200%

주말(토 · 일) 시간당 시간외근무수당 계산식:

월 임금 ÷ 21.75 ÷ 8시간 × 200%

법정공휴일 1일당 시간외근무수당 계산식:

월 임금 ÷ 21.75 × 300%

법정공휴일 시간당 시간외근무수당 계산식:

월 임금 ÷ 21.75 ÷ 8시간 × 300%

위 계산식에서 인용한 21.75(일)는 1년 365일에서 주말(토 · 일) 휴일 104일을 공제한 후의 일수(日数)를 12개월로 나눠서 산출한 월 임금의 계산일수(日数)이며(21.75(일) = (365일 - 104일(주말)) ÷ 12개월), 국가가 규정한 법정공휴일인 11일[1]은 노동법 제51조 규정(법정휴일의 임금지급)에 따라 사용자는 임금을 지급해야 하기 때문에 월 임금의 계산일수를 산출할 때 해당 11일은 365일에서 공제해서는 안 됩니다.

국가가 규정한 법정공휴일에 노동자에게 시간외근무를 안배한 경우에는 해당 법정공휴일에 노동자가 수령해야 할 임금과는 별도로 사용자는 노동자의 시간외근무시간에 따라 300%분의 시간외근무수당을 지급해야 합니다. 즉, 법정공휴일은 유급휴가이므로 법정공휴일의 시간외근무수당에는 노동자의 통상근무시간임금이 포함되지 않습니다.

1 전국연간공휴일 및 기념일휴가변법(2013년 개정시행) 제2조에 따르면 공휴일은 신정(元旦) 1일, 춘절(春节) 3일, 청명절(清明节) 1일, 노동절(劳动节) 1일, 단오절(端午节) 1일, 중추절(中秋节) 1일, 국경절(国庆节) 3일이라고 명시되어 있습니다.

(ⅲ) 시간외근무수당의 중재시효

① 중재시효

노동쟁의조해중재법 제27조 1항에 따르면 노동분쟁의 중재신청의 시효기간은 1년이며 중재시효기간은 당사자가 그 권리가 침해당한 것을 알거나 알 수 있었던 날로부터 기산합니다.

노동관계의 존속기간에 시간외근무수당의 체불에 기인해 분쟁이 발생했을 경우에는 1년의 중재시효기간의 제한을 받지 않습니다. 다만 노동관계가 종료된 경우, 노동관계종료일로부터 1년 이내에 노동중재를 신청해야 합니다(동조 4항).

사용자가 중재단계에서 시효의 항변을 제출하지 않고 중재기관이 중재판단을 내린 뒤 소송단계에서 '중재시효의 초과'를 이유로 항변을 제출한 경우에는 인민법원은 이를 인정하지 않기 때문에(최고인민법원 2015년 전국민사심판업무회의회보 제54조) 주의가 필요합니다.

② 증명책임

노동쟁의조해중재법 제6조는 노사 간의 분쟁사실에 관한 증거를 보유·관리하는 사용자에게 그 제공의무를 지우고, 이를 거부할 경우 사용자에게 불리한 판단을 내릴 취지를 규정하고 있습니다.

또한 임금지급잠정규정 제6조 3항의 규정에 따라 사용자는 노동자에게 임금을 지급한 금액, 시간, 수령자의 이름과 그 서명을 서면으로 기록하고 2년 이상 보존함으로써 심사에 대비해야 합니다.

즉, 사용자는 노동자와 시간외근무수당의 지급에 기인해 분쟁이 생겼을 경우, 2년의 보존기간 내에는 사용자가 노동보수의 지급에 관한 증명책임을 져야 합니다.

노동자가 과거 2년을 초과하는 기간의 시간외근무수당의 지급을 주장하려면 노동자 스스로 시간외근무의 사실존재여부에 대해 증명책임을 져야 하며, 해당 증명책임을 이행할 수 없는 경우에는 노동자가 입증불능의 불리한 결과를 지게 됩니다.

다만 노동자가 시간외근무의 사실존재에 대한 증거를 사용자가 가지고 있음을 증명할 증거를 가지고 있고 사용자가 이를 제공하지 않을 경우는 사용자가 불리한 결과를 지게 됩니다(노동분쟁심리해석(三) 제9조).

시간외근무수당의 계산기수 **지방규정 주목!**

광 둥 **광둥고급인민법원 지도의견(2008) 제28조**

→ 노동자의 시간외근무수당의 계산기수는 통상근무시간의 임금이다. 노사 양측이 상여, 수당, 보조금 등의 항목은 통상근무시간의 임금에 포함되지 않는다고 약정한 경우는 그 약정에 따른다. 단, 노사 쌍방이 약정한 통상근무시간의 임금이 현지의 최저임금기준보다 낮은 경우는 제외한다.

선전중급인민법원 재판지침(2015) 제61조

사용자가 '노동법' 제44조의 규정*에 따라 노동자에게 시간외근무수당을 지급해야 하는 경우, 노동자의 시간외근무수당의 계산기수는 통상근무시간의 임금으로 해야 한다. 노사 양측이 상여, 수당, 보조금 등의 항목은 통상근무시간의 임금에 포함되지 않는다고 약정한 경우는 그 약정에 따른다. 다만, 노사 쌍방 간에 약정한 통상근무시간의 임금이 현지의 최저임금기준을 밑도는 경우는 제외한다.

노사 양측이 노동계약에서 시간외근무수당의 계산기수를 약정한 경우, 또는 임금명세표에서 시간외근무수당의 계산기수를 확인할 수 있고 사용자도 확실히 해당 계산기수에 근거하여 노동자의 시간외근무수당을 지급했고 동시에 이를 바탕으로 임금명세표를 작성하고 해당 임금명세표에 대해 노동자의 확인과 서명을 거친 경우, 노사 양측 간의 약정이 최저임금기준을 밑돌지 않을 때는 노사 양측 간에 시간외근무수당의 계산기수에 대해 이미 약정한 것으로 인정할 수 있다. 사용자가 해당 계산기수에 따라 노동자의 임금을 계산, 지급하는 것이 법률에 규정된 시간외근무수당의 계산기준에 부합할 경우, 사용자는 이미 시간외근무수당을 전액 지급한 것으로 인정해야 한다.

* 노동법 제44조는 시간외근무수당의 지급비율기준(평일근무일은 150%, 주말휴일은 200%, 법정공휴일은 300%)을 정하고 있습니다.

베이징 **베이징고급인민법원 해답(2017) 제22조 (1), (3) (저자 발췌 정리)**

➔ 노사 양측이 노동계약에서 시간외근무수당의 계산기수에 대해 약정한 경우는 그 약정에 따른다.

노동계약에서 임금의 액수를 명확히 약정하지 않은 경우, 또는 계약의 약정이 불명확한 경우 실제로 지급한 임금을 시간외근무수당의 계산기수로 삼아야 한다. 사용자가 매달 직원에게 직접 지급하는 임금, 상여, 수당, 보조금 등은 모두 실제로 지급한 임금에 포함된다. 시간외근무수당의 계산기수에는 '기본급', '직장수당' 등 모든 임금항목을 넣어야 하고 '기본급', '직장수당' 또는 '직무급'의 단독의 한 항목을 시간외근무수당의 계산기수로 할 수는 없다. 실제로 지급한 임금을 시간외근무수당의 계산기수로 할 경우, 시간외근무수당(전월분(前月)), 식사보조금 등은 공제해야 하고 시간외근무수당의 계산기수 범위에 계상해서는 안 된다.

상하이 **상하이고급인민법원 조연지도(2010) 제2조 3항**

시간외근무수당의 계산기수 확정에 관한 문제 (저자 발췌 정리)

➔ 노사 쌍방이 약정한 '통상근무시간의 임금' 기준이 명백히 불합리하거나 사용자가 통상근무시간(正常工作时间)의 임금액을 감액하여 계산하는 목적을 달성하기 위해, 본래라면 통상근무시간의 임금으로 계상해야 할 항목을 고의적(恶意)으로 특별상여금(非常规性奖金), 복지급부 등의 항목으로 배분한 것을 증명할 증거가 있는 경우는 실제수입 × 70%의 기준을 참조해서 적절히 조정을 할 수 있다.

앞서 서술한 원칙에 따라 확정된 시간외근무수당의 계산기수는 모두 현지의 최저월임금기준보다 낮아서는 안 된다.

상하이시기업임금지급변법(2016) 제9조 1항, 2항

→ 사용자가 노동자에게 시간외근무를 안배할 경우, 규정에 따라 시간외근무수당을 지급해야 한다. 노동자가 법에 의해 경조사휴가, 귀성휴가, 병가 등 휴가를 취득하는 기간에 사용자는 규정에 따라 휴가 중의 임금을 지급해야 한다.

시간외근무수당과 휴가 중 임금의 계산기수는 노동자가 해당 근무부서(직장)에서 정상적으로 출근할 시의 월 임금이며, 연말상여금, 출퇴근교통비보조, 식사보조, 주택보조, 야근수당, 여름고온수당, 시간외근무수당 등 특수한 상황에서 지급되는 임금은 포함되지 않는다.

시간외근무수당의 중재시효 　　지방규정 주목!

광 둥 　　**광둥고급인민법원 지도의견(2008) 제29조 2항**

→ 노동자가 2년전에 소급해 시간외근무수당의 지급을 요구할 경우 원칙적으로 노동자가 입증책임을 진다. 2년을 초과한 부분의 시간외근무수당의 액수를 확실히 조사 · 증명할 수 없는 경우, 2년을 초과한 부분의 시간외근무수당의 지급요구는 일반적으로 보호되지 않는다.

광둥고급인민법원 의견(2018) 제28조 1항

→ 노동인사쟁의중재사건처리(办案)규칙(2017년 7월 1일 시행) 제30조의 규정에 근거해 중재기관이 사건을 수리할 때 주동적으로 중재시효를 심사하지 않는다. 사건을 수리한 후, 당사자가 중재시효의 항변을 제출하지 않을 경우 중재기관은 주동적으로 심사하지 않는다. 단, 사건이 허위중재(虚假仲裁)에 연루되고, 고의적(恶意)으로 결탁(串通)하여 국가, 집체(集体) 혹은 제3자의 합법적인 권익을 침해하는 경우는 제외한다. 당사자가 중재단계에서 시효의 항변을 제출하지 않고, 소송단계에서 중재시효의 항변을 제출한 경우에는 인민법원은 이를 인정하지 않는다. 단, 새로운 증거에 기초해 상대방당사자의 중재청구권이 시효기간을 이미 지났음을 증명할 수 있는 경

우는 제외한다.

베이징 **베이징고급인민법원 회의회보(2009) 제17조**

→ 사용자는 임금의 지급주기에 따라 임금지급기록표를 편제하고 심사에 대비해 적어도 2년간 보관해야 한다. 노사 양측 간에 노동보수문제에 기인해 분쟁이 발생한 경우, 2년의 보관기간 내에는 사용자가 입증책임을 진다. 2년을 초과하는 기간에 대해서는 '주장한 사람이 입증책임을 진다'라는 증명책임의 분배원칙을 적용해야 한다. 여기서 말하는 '2년'은 노동자가 중재를 신청한 날부터 과거 2년간을 말한다.

Q 3-8 업무정지 · 가동정지기간의 임금지급

Q 사용자 측의 사정 등 노동자 이외의 원인으로 업무정지 또는 가동정지를 결정한 경우, 해당 업무정지 또는 가동정지기간의 노동자의 임금과 복리후생처우는 어떻게 되는 건가요?

A 노동자 이외의 원인으로 업무정지 또는 가동정지(이하 '가동중단'이라고도 함)가 된 경우, 업무정지 또는 가동중단기간의 길이, 노동자가 해당 업무정지 또는 가동중단기간에 정상적으로 노동[1]을 제공했는지 여부에 따라 사용자가 노동자에게 지급하는 임금기준은 다릅니다.

■ ■ 해 설 ■ ■

사용자 측의 사정 등 노동자 이외의 원인으로 업무정지 또는 가동중단을 결정한 경우, 업무정지 또는 가동중단기간의 노동자의 임금과 복리후생처우 지급기준은 아래 표에서 정리한 대로 업무정지 또는 가동중단기간의 길이, 노동자가 해당 업무정지 또는 가동중단기간에 정상적으로 노동을 제공했는지 여부에 따라 사용자가 노동자에게 지급하는 임금기준은 다릅니다.

---

1 최저임금규정 제3조 2항에 따르면 '정상적인 노동'은 노동자가 법에 의해 체결한 노동계약의 약정에 따라 법정 노동시간 또는 노동계약에 약정된 노동시간에 종사하는 노동을 가리키며 노동자가 법에 의해 취득한 연차유급휴가, 귀향휴가, 경조휴가, 육아(출산)휴가 등 국가가 정한 휴가기간 및 법정 노동시간 내에서 법에 따라 참가하는 사회활동기간(➔Q3-2 참조)은 정상적인 노동을 제공한 것으로 간주됩니다.

노동자 이외의 원인으로 인한 업무정지/가동중단기간 중 임금지급기준

	업무정지/가동정지기간이 하나의 임금지급주기 내에 있는 경우	업무정지/가동정지기간이 하나의 임금지급주기를 넘고 노동자가 정상적인 노동을 제공한 경우/ 사용자가 노동자에게 업무를 안배한 경우	업무정지/가동정지기간이 하나의 임금지급주기를 넘고 노동자가 정상적인 노동을 제공하지 않은 경우/ 사용자가 노동자에게 업무를 안배하지 않은 경우
국가[1]	노동계약에서 약정한 기준에 따라 노동자 임금을 지급해야 함	노동자의 노동보수는 현지 최저임금기준보다 낮아서는 안 됨	국가 관련규정에 따름
광둥[2] (广东)	통상근무시간에 따라 임금을 지급해야 함(하나의 임금지급주기는 최장 30일)	노동자가 제공한 노동에 근거해 노사 양측이 새로 약정한 기준에 의해 임금지급 가능	업무재개/가동재개 또는 노동관계를 해제할 때까지 현지 최저임금기준의 80%보다 낮지 않은 한도에서 생활비 지급
선전[3] (深圳)	통상근무시간에 상응하는 노동자본인임금의 80%에 따라 임금을 지급(업무정지/가동정지기간이 1개월 이내일 경우)	-	최저임금기준의 80%보다 낮지 않은 한도에서 임금을 지급(업무정지/가동정지기간이 1개월을 초과할 경우)
베이징[4] (北京)	정상적인 노동을 제공한 것으로 보고 노동자에게 임금을 지급해야 함	노동자가 제공한 노동을 토대로 노사 양측이 새로 약정한 기준에 따라 임금 지급이 가능하나 베이징시의 최저임금기준보다 낮아서는 안 됨	베이징시의 최저임금기준의 70%보다 낮지 않은 한도에서 기본생활비를 지급해야 함
상하이[5] (上海)	(노사 양측 간의)약정에 따라 임금을 지급	노동자가 제공한 노동을 토대로 노사 양측 간의 새로운 약정에 따라 임금지급이 가능하나 상하이시의 최저임금기준보다 낮아서는 안 됨	-
장쑤[6] (江苏)	정상적인 노동을 제공한 것으로 보고 임금 지급	노동자가 제공한 노동에 근거해 노사 양측이 새로 약정한 기준에 따라 임금 지급 가능	현지의 최저임금기준의 80%보다 낮지 않는 한도에서 생활비 지급
랴오닝[7]	계약에서 약정한 기준에	노동자가 제공한 노동을	-

(辽宁)	따라 임금을 지급	토대로 노사 양측이 새로 약정한 기준에 따라 임금지급이 가능하나 노동자가 정상적인 노동을 제공한 경우 현지 최저임금기준보다 낮아서는 안 됨	
산둥[8] (山东)	정상적인 노동을 제공한 것으로 보고 임금 지급	노사 양측이 새로 약정한 기준에 따라 임금을 지급하나, 현지 최저임금기준보다 낮아서는 안 됨	현지 최저임금기준의 70%보다 낮지 않는 한도에서 기본생활비 지급
톈진[9] (天津)	노동계약에서 약정한 임금기준에 따라 노동자의 임금 지급	노동자의 합의를 얻어 노동계약을 변경하고 임금기준을 조정할 수 있으나, 톈진시의 최저임금기준보다 낮아서는 안 됨	-

1. 임금지급잠정규정 제12조
2. 광둥성임금지급조례(2016년 개정시행) 제39조
3. 선전시직원임금지급조례(2009년 개정시행) 제28조
4. 베이징시임금지급규정(2007년 개정시행) 제27조
5. 상하이시기업임금지급변법(2016) 제12조
6. 장쑤성임금지급조례(2010년 개정시행) 제31조
7. 랴오닝성임금지급규정(2006) 제35조
8. 산둥성기업임금지급규정(2006) 제31조
9. 톈진시임금지급규정(2004) 제27조

실무상, 대부분의 사용자가 월임금제도를 실시하고 있기에 노동자 이외의 원인에 의한 업무정지 또는 가동중단기간이 1개월을 넘지 않을 경우 위의 표에서 명시한 지방 중 선전시를 제외하고[2] 사용자는 노동계약

2 입법법 제74조에 따르면 경제특구의 인민대표대회 상무위원회는 전국인민대표대회에 의한 수권(授权)결정에 근거하여 법규를 제정하고 경제특구범위 내에서 실시할 수 있으며 동법 제90조 2항에 따르면 경제특구법규에 법률, 행정법규 및 지방성법규에 대한 변칙규정을 둔 경우 해당 경제특구에서는 경제특구의 법규규정을 적용합니다.

에서 약정한 임금기준에 근거하여 노동자에게 임금을 지급할 필요가 있습니다.

노동자 이외의 원인에 의한 업무정지 또는 가동중단기간이 1개월을 초과할 경우 사용자가 노동자에게 업무를 안배했을 때는 현지 최저임금기준보다 낮지 않은 한도에서 노사 양측이 임금기준을 새롭게 약정하는 것을 인정하고 있습니다.

단, 사용자가 노동자에게 업무를 안배하지 않았을 때는 현지 최저임금기준보다 낮은 임금 또는 생활비의 지급이 허용됩니다.

또한 사용자소재지의 관련 규정에 근거하여 노동계약 또는 사내규칙제도에서 사용자 측의 사정으로 인한 업무정지 또는 가동중단기간에 노동자의 임금 또는 생활비의 지급기준 등에 대해 미리 약정해 두면, 실제로 사용자 측의 사정으로 업무정지 또는 가동중단을 결정할 때, 노동자와 새롭게 협의를 진행하는 수고가 절약됩니다.

지방규정 주목!

광 둥 **광둥고급인민법원 의견(2018) 제5조 (저자발췌정리)**

→ 노동자 측 원인이 아닌 이유로 사용자의 생산경영이 심각한 위기에 빠져 채무변제능력을 상실할 가능성이 있으며 사용자에 의한 가동정지 혹은 가동제한을 초래하게 된 경우, 사용자는 노동계약법 제40조 3호*의 규정에 근거하여 노동계약을 해제(→Q9-2 참조)할 수 있고 경제보상금을 지급하며, 또는 노동자와 가동정지 혹은 가동제한의 기한에 대해 협의를 통해 약정할 수 있다. 가동정지 혹은 가동제한의 기한이 합리적인 기한 혹은 노사 간에 약정한 기한을 초과하여 노동자가 노동계약법 제38조 1항 1호**의 규정에 근거하여 노동계약의 해제(→Q9-3 참조)와 경제보상금의 지급을 주장할 경우, 이를 인정해야 한다.

* 노동계약의 체결 시에 근거한 객관적 상황에 중대한 변화가 생기고 노동계약

의 이행이 불가능해져 사용자와 노동자가 협의를 거쳐도 노동계약내용의 변경에 대해서 합의에 이르지 못할 경우

** 사용자가 노동계약의 약정에 따른 노동보호 또는 노동조건을 제공하지 않은 경우

Q 3-9 태풍 등 기상이변에 기인한 휴가기간 중 임금지급과 근무일대체

Q 사용자소재지 정부의 '관할지역범위 내에서의 태풍 등 기상이변에 기인하는 가동중단/생산정지/휴학'에 관한 통지에 따라 지정일 또는 지정시간대에 가동/생산정지를 결정하고 노동자에게 휴가를 안배했으나 해당 휴가기간 중 임금공제나 해당 휴가기간에 상응하는 근무일을 대체하는 것은 가능합니까?

A 현행 법률법규에서는 태풍 등 기상이변에 기인한 휴가기간의 처리방식에 관한 규정을 마련하지 않았기 때문에 사용자소재지정부의 통지에 명확한 규정이 있는 경우에는 그 내용에 따라 처리하는 것이 무난합니다. 해당 통지에도 명확한 규정이 없을 때는 국가와 사용자소재지의 관련 규정(➔Q3-8 참조)을 참조해서 적절히 처리할 필요가 있습니다.

■■ 해 설 ■■

태풍 등 기상이변에 기인하는 휴가기간 내의 임금지급과 근무일대체 등의 처리방식에 대해 현행 법률법규는 관련 규정을 두고 있지 않습니다.

사용자소재지 정부의 '관할지역범위 내 태풍 등 기상이변에 기인하는 가동중단 · 생산정지 · 휴학'에 관한 통지에 업무정지 또는 가동중단기간의 임금지급, 해당 정지기간에 상응하는 근무일의 대체에 관한 내용이 있는 경우는 그 내용에 따라 처리하면 무난하지만, 정부의 통지에 태풍 등 기상이변에 기인하는 휴가기간 내의 임금지급과 근무일의 대체 등의 처리방식을 규정한 사례는 없습니다.

사용자소재지 정부의 통지에도 관련 규정이 없는 경우는 국가와 사용자소재지의 관련 규정을 참조해 적절히 처리할 필요가 있습니다.

(ⅰ) 태풍 등 기상이변에 기인하는 휴가기간 내의 임금지급

업무정지 또는 가동중단의 원인에 관해 관련 규정(➔Q3-8 참조)에서는 "사용자 측의 원인에 의한 업무정지 또는 가동중단"이라고 명확히 하지 않고 '노동자 이외의 원인에 의한 업무정지 또는 가동중단'으로 규정하고 있습니다.

'태풍 등 기상이변에 기인하는 업무정지 또는 가동정지'는 사용자 측의 원인에 의한 것은 아니지만 "노동자 이외의 원인에 의한 업무정지 또는 가동정지"에 해당하는 것으로 해석할 수 있습니다.

노동자본인 이외의 원인에 의해 사용자가 업무정지 또는 가동정지를 결정하게 된 경우, 업무정지 또는 가동정지기간 내의 노동자 임금 및 복리후생처우의 지급기준은 Q3-8에서 정리한 것처럼, 업무정지 또는 가동중단기간이 하나의 임금지급주기 내에 있을 시(월임금제의 경우는 1개월이내) 노동계약에서 약정한 기준에 따라 또는 노동자가 정상적인 노동을 제공한 것으로 간주하고 임금을 지급해야 합니다.

따라서 Q3-8에서 정리한 관련 규정을 참조하여 적용할 경우, 사용자는 태풍 등 기상이변에 기인하는 휴가기간에 정상적인 노동을 제공하지 않은 노동자에게 해당 휴가기간에 상응하는 임금을 지급할 필요가 있습니다.

(ⅱ) 태풍 등 기상이변에 기인한 휴가기간에 상응하는 근무일의 대체와 임금지급

태풍 등 기상이변에 기인하는 휴가기간에 상응하는 근무일의 대체와 임금지급문제에 관해서는 아래 2가지 경우로 나눠서 구체적으로 검토할 필요가 있습니다.

① 노동자가 출근한 경우

사용자가 생산계획달성 등의 이유로 사용자소재지정부의 관련 통지에 따르지 않고 일부 노동자(출근필수노동자 포함) 또는 전체 노동자를 출근시킨 경우(이하 '출근노동자'라 함), 다음과 같은 문제가 있습니다.

i) 출근노동자에게 휴일출근에 따른 시간외근무수당을 지급해야 하는가?

ii) 출근하지 않은 노동자(이하 '미출근노동자'라 함)를 토요일 또는 일요일에 출근시킬 경우, 해당 출근일에 출근노동자도 출근했을 때의 임금지급기준을 어떻게 설정해야 하는가?

② 노동자가 출근하지 않은 경우

사용자가 사용자소재지정부의 관련 통지에 따라 노동자에게 휴가를 안배한 경우는 다음과 같은 문제가 있습니다.

i) 생산계획달성 등의 이유로 휴가기간에 상응하는 근무일의 대체가 가능한가?

ii) 근무일의 대체를 실시한 경우 임금지급기준을 어떻게 설정해야 하는가?

현재 상기의 문제에 관해서 실무상 유력하게 주장되는 처리방법은 아래 표와 같습니다.

유력설이 주장하는 처리방법

항목	업무/가동정지일(평일)의 임금지급기준	근무일(주말) 대체실시 가능여부	근무대체일의 임금지급기준
출근노동자[1]	1배 (시간외근무에 해당되는지 여부에 관해 관련법규에	가능 (단, 시간외근무이므로 노동자는 주말출근을	2배 (시간외근무이므로 시간외근무수당을

	명확한 규정이 없어 시간외근무로 인정할 수 없다고 해석됨. 다만, 8시간 초과근무의 경우는 제외)	거부할 수 있다고 해석됨)	지급해야 한다고 해석됨)
미출근노동자	1배 (본사례 해설(i)의 내용 참조)	가능 (1주일 근무시간이 40시간을 넘지 않으므로 노동자는 주말출근을 거부할 수 없다고 해석됨)	1배 (1주일 근무시간이 40시간을 넘지 않으므로 근무대체일에 시간외근무수당을 지급할 필요는 없다고 해석됨)

1. 사용자가 산재보험에 가입하지 않고 산재보험료의 납부의무를 이행하지 않은 경우, 출근노동자 근무중에 산업재해가 발생할 시에는 사용자가 산재보험조례 등 관련 법규에서 규정한 기준에 따라 해당 노동자에게 산재보험급부책임을 져야 합니다.

지방규정 주목!

광 둥 **광둥성기상재해방어조례(2015) 제20조**

태풍에 의한 황색, 주황색, 적색 또는 호우에 따른 적색경보가 발령 중인 기간 내에 출근필수의 직원을 제외하고 사용자는 근무지, 업무의 성질, 방재 · 피난의 필요성 등의 상황에 따라 직원의 출근시간을 늦추고 정시 전에 퇴근시키거나 업무를 중단하도록 조치를 취하고 동시에 출근직원 및 날씨 원인으로 근무지에 남는 직원을 위해 필요한 위험회피조치를 강구해야 한다.

또한 '광둥성임금지급조례 개정에 관한 의견모집안(征求意见稿)(2015)' 단계에서는 '태풍에 의한 황색, 주황색, 적색 또는 호우에 따른 적색경보가 발령 중인 기간 내에 사용자는 근무지, 업무의 성질, 방재 · 피난의 필요성 등의 상황에 따라 직원의 출근시간을 늦추고 정시 전에 퇴근시키거나 업무를 중단하도록 조치를 취한 경우, 통상근무시간의 임금을 지급해야 한다'라는 개정의견이 있었으나 해당 의견은 2016년 9월에 개정시행된 '광둥성임금지급조례'에 결과적으로 채택되지 않았다.

Q 3-10 노동자에 의한 연말상여금 지급청구권

Q 사용자가 연말상여금을 지급하지 않았다며 노동자가 퇴사 후 사용자에게 연말상여금의 지급을 청구할 수 있습니까?

A 현행 법률법규에서는 사용자가 노동자에게 연말상여를 지급해야 한다고 규정하지 않았기 때문에 연말상여금의 지급여부 및 연말상여금의 지급금액은 사용자가 자사의 사정 등을 토대로 이를 결정할 수 있습니다. 다만, 노사 양측이 노동계약 또는 사내규칙제도 등에서 연말상여금을 지급한다고 명확하게 규정한 경우, 노동자는 퇴사한 후에도 사용자에게 연말상여금의 추후지급을 청구할 수 있습니다. 또한 노사 양측이 노동계약 또는 사내규칙제도 등에서 연말상여금을 지급한다고 규정하지 않아도 사용자에게 매년 연말상여금을 지급한 관례가 있는 경우에는 노동자에 의한 연말상여금의 지급청구를 인정할 가능성이 있으므로 주의가 필요합니다.

■■ 해 설 ■■

(i) 임금의 구성항목

「임금총액의 구성에 관한 규정」(1990) 제4조에 따르면 임금총액은 다음에 열거한 6가지 항목으로 구성됩니다.

① 시간당임금(시급)

② 성과에 따른 임금

③ 상여금

④ 수당 및 보조금

⑤ 시간외근무수당

⑥ 특수상황에 지급하는 임금

또한 국가통계국에 따른 '임금총액의 구성에 관한 규정'의 약간의 구체적인 범위에 대한 해석(1990)에 따르면 상여에는 연말상여(연말배당) 등이 포함됩니다.

또한 임금지급잠정규정 제5조의 규정에 따르면 노동자의 임금은 법정 통화로 지급해야 하며 통화 대신 현물 또는 유가증권으로 지급하면 안 됩니다.

(ⅱ) 실무상 유의점

① 노사 쌍방 간에 약정이 있는 경우

현행 법률법규에서는 사용자가 노동자에게 연말상여금을 지급해야 한다고 규정하고 있지 않기 때문에 연말상여금의 지급여부 및 연말상여금의 지급금액은 사용자가 자사의 사정 등을 토대로 이를 결정할 수 있습니다.

따라서 사용자는 노동계약 또는 사내규칙제도 등에서 '회사는 연말상여금을 지급한다'와 같이 사용자가 연말상여금의 지급을 약속한 것으로 인정되는 내용을 규정하기보다는 "회사는 해당연도의 생산경영실적과 재직자의 업무수행능력, 근무태도, 기여도 및 업적고과결과 등을 토대로 연말상여금의 지급여부를 결정하는 권한을 가진다"라는 규정을 마련해 두는 것이 바람직합니다.

또 노동계약 또는 사내규칙제도 등에서 연말상여금의 지급조건, 지급대상자 및 지급금액의 결정방법과 기준 등을 구체적으로 규정하고 노동자에 대한 고지(告知)의무를 이행하는 것이 중요합니다(➔Q11-1 참조).

더욱이 노동계약 또는 사내규칙제도 등에서 "사내규칙제도의 중대한 위반행위를 저질러 노동계약이 해제된 자, 노동자의 개인적인 사유로 퇴직한 자는 해당연도의 연말상여금을 받을 수 없다"는 규정을 포함시킴으로써 사후 발생할 수 있는 연말상여금의 지급청구에 관한 노동분쟁에 대비할 수 있습니다.

단, 이러한 규정, 특히 노동자에게 과실이 없이 노동계약을 해제한 경우의 연말상여금 지급여부에 관한 규정은 지역에 따라 사용자가 자신의 법정책임을 면제하고 노동자의 권리를 배제하는 규정이라고 하여 무효로 인정될 가능성이 있기 때문에 해당 지역의 관련 규정 또는 재판실무에 각별히 주의할 필요가 있습니다.

② 노사 쌍방 간에 약정이 없는 경우의 사법(司法) 판단

사용자에게 매년 연말상여금을 지급해 온 관례가 있는 경우는 이러한 관례를 이유로 노동자에 의한 연말상여금의 지급청구가 인정된 사례가 있습니다.[1]

또 노사 양측이 노동관계를 합의해제한 경우에서 분기별상여(季度奖), 연말상여(年终奖) 등 지급주기가 만료되지 않았을 경우, 노동자의 실제 재직기간을 토대로 환산해서 상여금을 정산해야 한다는 사례도 있습니다.[2]

지방규정 주목!

광 동 **광저우중급인민법원 해답(2010) 제13조(제3부분: 노동분쟁안건)**

Q 사용자가 연말상여금 문제에 대해서 예를 들어 3월에 재직하는 직원이 전년도의 연말상여금을 수령할 수 있다고 규정한 경우, 3월 이전에 이직한 노동자가 전년도 연말상여금의 지급을 주장했을 때는 인정해야 하는가?

A 연말상여금 문제에 관해 노사 양측 간에 약정이 있는 경우는 그 약정에 따른다. 노사 양측 간에 약정이 없을 경우, 연말상여금은 실질적으로 노동자

1 선전시중급인민법원민사판결서(2016) 粤03民终 1075호.

2 광저우시중급인민법원민사판결서(2014) 穗中法民一终字 제6212호, 6213호.

에 대한 격려금이며 사용자가 그 경영상황에 따라 연말상여금의 지급여부 및 그 지급방법을 결정하는 것은 해당 사용자의 경영자주권(自主权)의 합리적인 범위에 속하므로 존중되어야 한다.

선전시직원임금지급조례(2009개정시행) **제14조 2항**

→ 노동관계가 해제 또는 종료될 때 직원의 월별상여(月度奖), 분기별상여(季度奖), 연말상여금(年终奖) 등의 지급주기가 만료되지 않은 임금은 직원의 실제 근무시간을 토대로 환산해 지급한다.

Q 3-11 월임금 등의 감액여부

Q 노동자가 노동계약 또는 사내규칙제도의 규정을 위반하고 사용자에게 손실을 입혔을 경우, 사용자는 해당 노동자의 월임금 등에서 관련 손실을 공제할 수 있습니까? 공제가 가능하다면 매달 공제비율이 얼마나 됩니까?

A 노동자가 노동계약 또는 사내규칙제도의 규정을 위반하고 사용자에게 손실을 초래한 경우, 사용자는 노동자에 대한 손해배상책임을 추궁할 수 있고, 국가와 사용자소재지의 공제비율 등에 관한 규정에 따라 해당 노동자의 월임금 등에서 관련 손실을 공제할 수 있습니다.

■ ■ 해 설 ■ ■

(ⅰ) 노동자의 배상책임

노동자가 노동계약법의 규정을 위반하고 노동계약을 해제하거나 노동계약에 약정된 비밀유지(保密)의무 혹은 경업(竞业)금지에 관한 규정을 위반해 사용자에게 손실을 초래한 경우, 배상책임을 져야 합니다(노동계약법 제90조).

'노동법' 관련 노동계약 규정을 위반한 경우의 배상변법(1995) 제4조에 따르면 노동자가 규정 또는 노동계약의 약정을 위반하여 노동계약을 해제하고 사용자에게 손실을 끼친 경우, 노동자는 사용자에게 입힌 아래 손실을 배상해야 합니다.

① 사용자가 해당 노동자를 채용하기 위해 지급한 비용

② 사용자가 해당 노동자에게 지급한 연수비용(노사 양측 간에 별도 약정이 있는 경우는 그 약정에 따름)

③ (사용자의) 생산, 경영 및 업무에 끼친 직접적인 경제손실

④ 노동계약에서 약정한 기타 배상비용

또한 임금지급잠정규정 제16조에 따르면 노동자 본인의 원인으로 사용자에게 경제손실을 초래한 경우, 사용자는 노동계약의 약정에 따라 해당 노동자에 대해 경제손실배상을 요구할 수 있으며 노동자 본인의 임금에서 해당 경제손실을 공제할 수 있습니다.

다만 매달 공제되는 부분은 노동자의 월임금의 20%를 넘지 못하며 공제한 뒤 나머지 임금이 현지의 최저임금기준을 밑돌 경우에는 최저임금기준에 따라 지급할 필요가 있습니다.

(ⅱ) 실무상 유의점

위처럼 노동자가 사용자에게 손실을 끼친 경우 손해배상책임은 노동계약 또는 사내규칙제도의 규정대로 처리하게 됩니다.

따라서 노동자가 노동계약 또는 사내규칙제도의 규정을 위반하고 사용자에게 손실을 초래한 경우의 처리방법을 노동계약 또는 사내규칙제도에서 명확히 규정해 놓으면 사후에 발생할 수 있는 경제손실배상에 관한 노동분쟁에 대비할 수 있습니다.

노동계약 또는 규칙제도 등에서 경제손실배상에 관한 내용을 약정할 때는 다음과 같이 몇 가지 상황으로 나눠서 처리할 수도 있습니다.

① 노동자에게 과실이 없는 경우 또는 노동자의 과실로 사용자에게 경미한 손실을 초래한 경우

➔ 해당 노동자에 대한 경제손실배상청구를 하지 않는다.

② 노동자의 중대한 과실로 인해 사용자에게 손실을 끼친 경우

→ 해당 노동자에게 경제손실의 일정비율에 따라 배상청구를 하고 월임금 등의 구체적인 공제비율 또는 기준을 미리 약정한다.

③ 노동자가 고의로 사용자에게 손실을 끼친 경우

→ 해당 노동자에게 경제손실전액을 배상청구하고 월임금 등의 구체적인 공제비율 또는 기준을 미리 약정해 사안 및 필요에 따라 형사책임을 추궁한다.

다만, 노동계약 또는 사내규칙제도의 규정은 국가와 사용자소재지의 관련 규정을 준수해야 하며, 사용자가 자신의 법정책임을 면제하고 노동자의 권리를 배제하는 규정은 무효로 인정될 가능성이 높기 때문에[1] 주의해야 할 필요가 있습니다.

노동계약 또는 사내규칙제도에 규정이 없는 경우, 사용자는 경제손실의 상황, 노동자의 과실정도, 노동자의 월임금 등 요인을 종합적으로 감안해 노동자가 져야 할 책임을 결정할 수 있습니다.

또한 사용자가 실제로 노동자의 월임금 등에서 사용자의 경제손실을 공제할 때는 해당 노동자에게 사전에 서면을 통해 공제결정과 그 이유, 공제금액 등을 통지할 필요가 있습니다.

지방규정 주목!

광 둥 **광둥성노동보장감찰조례(2013년 5월 시행) 제51조**

→ 사용자의 규칙제도(規章制度)에서 벌금(罰款)내용을 규정하고, 또는 사용자가 노동자의 임금을 공제하는 규정이 법률, 법규에 근거하지 않는 경우, 인력자원사회보장행정부문이 시정을 명령하고 경고(警告)에 처한다.

사용자가 노동자에게 벌금을 실시하고 또는 법률, 법규에 근거규정이 없이 노동자의 임금을 공제할 경우, 인력자원사회보장행정부문이 기한을 정해

1 노동계약법 제26조 1항 2호.

시정을 명령한다. 기한을 초과해도 시정하지 않을 경우, 벌금당한 또는 임금을 공제당한 인원의 수량에 따라 매인 2천 위안 이상 5천 위안 이하를 기준으로 벌금에 처한다.

광둥성임금지급조례(2016년 개정 시행) **제15조**

→ 노동자의 과실로 인해 사용자에게 직접적인 경제손실을 초래하고 법에 의해 배상책임을 져야 할 경우, 사용자는 해당 노동자의 임금에서 배상비용을 공제할 수 있다. 다만 사전에 공제이유와 금액을 서면으로 통지해야 한다. 서면으로 통지하지 않을 경우 공제해서는 안 된다. 배상비용을 공제한 후 월임금의 나머지 임금은 현지의 최저임금기준보다 낮아서는 안 된다.

광둥고급인민법원 해답(2017) **제5조**

Q 노동자의 과실로 인해 사용자에게 손실을 초래한 경우 사용자는 노동계약을 해제한 뒤 해당 노동자에 대한 배상책임을 요구할 수 있는가?

A 노동자가 노동관계 존속기간에 고의 또는 중대한 과실로 인해 사용자에게 직접적인 경제손실을 초래하여 사용자가 노동계약을 해제 한 후 노동자에게 일괄배상을 요구할 경우 이를 인정한다. 노동자가 부담해야 할 배상금액은 노동자의 과실(过错) 정도 등 구체적인 상황을 토대로 정상참작해 확정(酌情确定)하고 사용자가 부담해야 할 경영리스크까지 노동자에게 전가해 부담하게 해서는 안 된다.

선전노동관계촉진조례(2008) **제16조**

→ 사용자가 규칙제도(规章制度)에 따라 노동자에게 경제적 처분(经济处分)을 실시할 경우, 개별항목의 처분금액과 당월의 누계처분금액은 해당 노동자 당월임금의 30%를 초과해서는 안 되며, 동일위반행위에 대해서 두 번 이상 처분해서는 안 된다. 처분을 실시한 후의 월임금이 선전시정부가 공포한 최저임금기준을 밑돌아서는 안 된다.

선전시직원임금지급조례(2009 개정시행) 제34조 1항 1호

→ 사용자는 직원의 임금에서 이하 비용을 공제할 수 있다.

(1) 직원본인의 원인으로 인해 사용자에게 미친 경제손실을 배상하는 비용

선전중급인민법원 재판지침(2015) 제99조

→ 노동자가 노동계약의 이행 중에 사용자에게 손실을 입히고 사용자가 노동계약을 해제할 때 노동자에게 일괄배상을 요구할 경우 이를 인정해야 한다. 단, 배상금액은 인민법원이 노동자의 과실 정도, 사용자에게 끼친 손실의 크기 등 구체적인 상황을 토대로 정상참작해 확정(酌情确定)한다.

베이징 베이징시임금지급규정(2007년 개정시행) 제11조

→ 사용자는 무단으로 노동자의 임금을 공제해서는 안 된다. 법률, 법규, 규칙제도에 규정된 사항뿐만 아니라 사용자에 의한 노동자의 임금공제는 집단계약, 노동계약의 약정 또는 해당 사용자의 규칙제도의 규정에도 부합해야 한다.

노동자본인의 원인으로 인해 사용자에게 경제손실을 초래하고 사용자가 앞항 규정에 따라 노동자의 임금을 공제할 경우 공제한 뒤 나머지 임금은 베이징시의 최저임금기준보다 낮아서는 안 된다.

상하이 상하이시기업임금지급변법(2016) 제22조

→ 노동자본인의 원인으로 인해 기업에 경제손실을 입히고 기업이 법에 따라 해당 노동자에 대한 배상을 요구하고 임금에서 배상비용을 공제할 필요가 있을 경우, 공제되는 부분은 노동자의 당월임금의 20%를 넘어서는 안 되고 공제한 후 나머지 임금은 상하이시가 정한 최저임금기준보다 낮아서는 안 된다.

장 쑤 장쑤성임금지급조례(2010년 개정시행) 제12조 2항

→ 노동자가 아래 특수사유 중 어느 하나에 해당하지만 정상적인 노동을 제공

한 경우, 사용자가 노동자에게 지급하는 임금은 현지의 최저임금기준보다 낮아서는 안 되며 그 중 비전일제(非全日制) 노동자의 임금은 현지 최저시급기준보다 낮아서는 안 된다.

(4) 사용자에게 경제손실을 초래하고 사용자가 노동계약의 약정 및 법에 의해 제정한 규칙제도의 규정에 따라 임금에서 배상비용을 공제할 필요가 있는 경우

제(4)호에 규정한 사유는 경제손실이 발생한 후, 노사 쌍방 간에 별도 약정이 있는 경우를 제외한다(동조 3항).

참고자료

중국 주요도시 최저임금기준

(2018년 12월 시점)

도시명	월최저임금(위안)	최저시급(위안)	실시일
다롄(大连)	1620 (일부지구: 1520)	16 (일부지구: 15)	2018.1.1
베이징(北京)	2120	24	2018.9.1
톈진(天津)	2050	20.8	2017.7.1
칭다오(青岛)	1910 (일부지구: 1730)	19.1 (일부지구: 17.3)	2018.6.1
시안(西安)	1680 (일부지구: 1580, 1480, 1380)	16.8 (일부지구: 15.8, 14.8, 13.8)	2017.5.1
상하이(上海)	2420	21	2018.4.1
쑤저우(苏州)	2020	18.5	2018.8.1
항저우(杭州)	2010	18.4	2017.12.1
우한(武汉)	1750 (일부지구: 1500)	18 (일부지구: 16)	2017.11.1
청두(成都)	1780 (일부지구: 1650)	18.7 (일부지구: 17.4)	2018.7.1
충칭(重庆)	1800 (일부지구: 1700)	18 (일부지구: 17)	2019.1.1
샤먼(厦门)	1700	18	2017.7.1
선전(深圳)	2200	20.3	2018.8.1
광저우(广州)	2100	20.3	2018.7.1
주하이(珠海), 불산(佛山), 둥관(东莞), 중산(中山)	1720	16.4	2018.7.1
산터우(汕头), 후이저우(惠州), 장먼(江门), 조경(肇庆)	1550	15.3	2018.7.1

* Q3-2에서 정리한 것처럼 사용자는 본 참고자료의 최저임금기준에 사용자가 원천징수하는 노동자개인이 납부해야 하는 사회보험료 및 주택적립금이 포함되는지 여부도 주목할 필요가 있습니다.

제4장

유급휴가

Q 4-1 유급휴가 취득요건 및 일수

Q 노동자는 입사 후 언제부터 연차유급휴가를 취득할 수 있습니까? 연차유급휴가는 어떻게 계산됩니까?

A 노동자는 근속 만 1년이 되면 연차유급휴가를 취득할 수 있습니다. 누계 근무년수가 1년 이상 10년 미만일 경우에는 5일간, 10년 이상 20년 미만일 경우에는 10일간, 20년 이상은 15일간의 연차유급휴가를 취득할 수 있습니다.

■ ■ 해 설 ■ ■

(ⅰ) 유급휴가의 취득요건

노동자가 연속해서 1년 이상 근무한 경우, 연차유급휴가를 취득할 수 있습니다(직원연차유급휴가조례 (2008) 제2조, 기업직원연차유급휴가실시변법 (2008) 제3조). '노동자가 연속해서 1년 이상 근무한 경우'는 노동자가 동일한 일자리에서 연속 만 12개월 이상 근무한 경우와 노동자가 다른 일자리에서 연속 만 12개월 이상 근무한 경우를 포함합니다.[1]

(ⅱ) 유급휴가일수

노동자의 누계 근무년수가 만 1년 이상 10년 미만의 경우, 연차유급휴가는 5일, 만 10년 이상 20년 미만일 경우, 연차유급휴가는 10일, 만 20년 이상인 경우는 연차유급휴가가 15일입니다(직원연차유급휴가조례

---

1 인사부판공청에 의한 '기업직원연차유급휴가실시변법'관련 문제에 대한 답변서(人社厅函[2009] 149호, 2009년 4월 15일) 제1조.

(2008) 제3조 1항).

즉, 노동자의 누계 근무년수[2]에 의거해 연차유급휴가일수를 확정하지만 노동자가 동일 또는 다른 사용자 밑에서 근무하던 기간 및 법률, 행정법규 또는 국무원의 규정에 따라 근무한 것으로 간주되는 기간[3]은 누계 근무년수로 계상됩니다(기업직원연차유급휴가실시변법(2008) 제4조).

노동자가 법에 의해 취득하는 경조사휴가, 출산휴가 등 국가가 정한 휴가기간, 산재로 인한 유급휴직기간, 국가가 정한 법정공휴일, 휴일은 연차유급휴가일수로 계상되지 않습니다(직원연차유급휴가조례(2008) 제3조 2항, 기업직원연차유급휴가실시변법(2008) 제6조).

또한 노동계약 또는 사용자의 규칙제도에서 상기 법정 유급휴가일수를 웃도는 기준으로 연차유급휴가일수를 규정한 경우 사용자는 해당 규정에 따라 집행해야 합니다(기업직원연차유급휴가실시변법(2008) 제13조).

(ⅲ) 유급휴가를 취득할 수 없는 경우

노동자는 다음 사유 중 어느 하나에 해당하는 경우, 해당연도의 연차유급휴가를 취득할 수 없습니다(직원연차유급휴가조례(2008) 제4조).

① 노동자가 법에 의해 겨울 · 여름휴가를 취득하고 그 휴가일수가 연차유급휴가일수보다 많을 경우

② 노동자의 사용휴가(事假)가 누계 20일 이상이고 사용자가 규정에 따라 임금을 감액하지 않은 경우

③ 누계 근무년수가 만 1년 이상 10년 미만인 노동자가 병가(病假)를 누계 2개월 이상 사용한 경우

---

2 노동자의 누계 근무년수는 사용자의 사회보험료 납부기록, 노동계약 등 증빙자료를 근거로 확정할 수 있습니다.

3 ① 법에 의한 선거권 또는 피선거권의 행사, ② 인민대표대회대표가 법에 의한 직책의 이행, ③ 정부, 당파 및 노동조합 등이 소집한 회의에 참석, ④ 인민배심원으로서 심판활동에 참가 등 사회활동기간은 정상적인 노동을 제공한 것으로 간주됩니다.

④ 누계 근무년수가 만 10년 이상 20년 미만인 노동자가 병가를 누계 3개월 이상 사용한 경우

⑤ 누계 근무년수가 만 20년 이상인 노동자가 병가를 누계 4개월 이상 사용한 경우

노동자가 해당연도의 연차유급휴가를 모두 사용하고 해당연도 내에 상기 ②~⑤에 규정한 사유 중 어느 하나에 해당하는 경우에는 차년도(下一年度)의 연차유급휴가를 취득할 수 없습니다(기업직원연차유급휴가실시변법(2008) 제8조).

(ⅳ) 미사용분 연차유급휴가일수의 계산

노사 양측 간의 노동계약이 해제 또는 종료될 시, 해당연도 내에 노동자가 소정의 연차유급휴가의 전부를 사용하지 않은 경우에는 노동자의 해당연도의 근무기간에 따라 미사용분의 소정 연차유급휴가일수를 계산해 미사용분 연차유급휴가의 임금보수를 정산해야 합니다(기업직원연차유급휴가실시변법(2008) 제12조 1항).

미사용분 소정 연차유급휴가일수의 계산방법:

(해당연도 현 사용자 소속 근무일수 ÷ 365일) × 노동자본인이 1년간에 사용해야 할 연차유급휴가일수 − 노동자가 해당연도에 이미 사용한 연차유급휴가일수

계산 후 1일이 안 되는 부분은 미사용분 연차유급휴가의 임금보수를 지급하지 않아도 됩니다(동항).

(ⅴ) 실무상 유의점

유급휴가는 노동자의 근속기간(만 12개월 이상)을 그 취득요건으로 삼

고 있기 때문에 사용자는 노동자에게 타사에서의 사회보험료 납부기록, 노동계약 등 증빙자료의 제출을 요구하고 진위를 확인한 후에 대응하는 것이 바람직합니다.

또한 미사용분의 연차유급휴가는 그 일수에 따라 노동자에게 금전보상을 지급해야 하므로(➔Q4-2 참조) 노동자의 연차유급휴가 신청 및 사용상황 등을 관리하는 기록부를 마련하여 연차유급휴가의 안배와 사용 등에 관해 그때마다 노동자의 서명확인을 받는 것이 중요합니다.

지방규정 주목!

광 둥 **선전중급인민법원 재판지침(2015) 제109조**

➔ 기업직원연차유급휴가실시변법 제3조에 규정된 '근속년수 만 12개월 이상'은 노동자가 현 직장에서 만 12개월 이상 근속한 경우와 노동자가 다른 직장에서 만 12개월 이상 근속한 경우를 포함한다. 단, 노동자가 새로운 직장에 입사할 때, 연속근무가 끊어지는 기간이 존재하는 경우를 제외한다.

앞 항의 규정에 따라 노동자가 만 12개월 이상 근속한 경우, 해당연도의 연차유급휴가일수는 만 12개월 이상 연속근무한 후 나머지 달력날짜(剩余日历天数)에 따라 환산해 확정해야 한다.

베이징 **베이징고급인민법원 해답(2017) 제18조 (저자 발췌 정리)**

➔ 기업직원연차유급휴가실시변법(2008) 제3조에서 규정한 '근속 만 12개월 이상'은 노동자가 취직 후, 동일 또는 2사(社) 이상의 사용자 밑에서 연속해서 중단하지 않고 만 12개월 근무한 적이 있는 경우를 가리킨다.

Q 4-2 미사용분 연차유급휴가의 금전보상과 중재시효

Q 사용자는 무엇을 기준으로 노동자의 미사용분 연차유급휴가를 보상하나요? 미사용분 연차유급휴가의 금전보상에 관한 중재시효는 어떻게 계산합니까?

A 사용자는 노동자가 본인 이외의 이유로 인해 연차유급휴가를 사용하지 않은 유급휴가일수에 대해 노동자의 1일분임금의 300% 기준에 따라 연차유급휴가의 임금보수를 지급해야 합니다. 이러한 금전보상에 관한 중재시효는 1년이며 중재시효의 기산일은 각 지방에 따라 서로 다르기 때문에 주의해야 합니다.

■ ■ 해 설 ■ ■

(i) 미사용분 연차유급휴가의 금전보상의무

직원연차유급휴가조례(2008) 제5조 3항에 따르면 사용자가 업무상의 필요로 인해 직원에게 연차휴가를 안배하지 못할 경우에는 직원본인의 동의를 거쳐 연차유급휴가를 안배하지 않을 수 있으며 직원의 미사용분 연차유급휴가일수에 대해 사용자는 해당 직원의 1일분 임금수입의 300% 기준에 따라 연차유급휴가의 임금보수를 지급해야 합니다.

앞에 서술한 연차유급휴가의 임금보수에는 사용자가 직원에게 지급하는 통상근무기간의 임금수입(工资收入)이 포함되어 있기 때문에[1] 사용자는 미사용분의 연차유급휴가일수에 대해 금전보상할 때 이미 지급한 임금(즉 100%분)을 먼저 공제할 수 있습니다.

---

1 기업직원연차유급휴가실시변법(2008) 제10조 1항.

사용자는 직원을 위해 연차유급휴가를 마련했지만 직원본인이 자신의 사정으로 연차유급휴가를 사용하지 않는 취지를 서면으로 신청한 경우에 사용자는 통상근무기간의 임금만 지급하면 됩니다(기업직원연차유급휴가실시변법(2008) 제10조 2항).

(ⅱ) 금전보상의 계산방법

미사용분 연차유급휴가의 임금보수 중 일액임금수입(日工资收入)을 계산할 때 직원본인의 월임금을 월차급여계산일수(月计薪天数, 즉 21.75일)로 나누어 계산합니다(기업직원연차유급휴가실시변법(2008) 제11조 1항).

직원본인의 월임금은 사용자로부터 미사용분 연차유급휴가의 임금보수지급을 받기 전 12개월간의 시간외근무수당을 제외한 후 직원의 월평균임금을 말하며, 해당 사용자 소속 근무기간이 12개월이 안 될 때는, 실제 근무월수에 따라 월평균임금을 계산합니다(동조 2항).

직원은 연차유급휴가기간에 통상근무기간과 똑같은 임금수입을 취득할 수 있습니다(동조 3항).

(ⅲ) 중재시효

노사 간에 연차유급휴가에 관한 노동분쟁이 발생한 경우에는 노동분쟁처리에 관한 규정대로 처리해야[2] 하기 때문에 연차유급휴가에 관한 노동분쟁은 노동쟁의조해중재법 제27조 1항에서 규정한 1년 중재시효의 적용을 받게 됩니다. 1년의 중재시효기간은 당사자가 그 권리가 침해당한 것을 알거나 알 수 있었던 날로부터 기산합니다.

직원연차유급휴가조례(2008) 제5조 2항에 따르면 연차유급휴가는 원칙적으로 연도를 걸치지 않도록 안배해야 하기 때문에 사용자가 생산 또는 업무의 특성에 따라 연도를 걸쳐서 연차유급휴가를 안배할 필요성

2 기업직원연차유급휴가실시변법(2008) 제16조.

이 확실히 있는 경우에는 해당연도를 걸쳐서 안배할 수 있습니다. 단, 직원본인의 동의를 받아야 합니다.[3]

미사용분 연차유급휴가의 임금보수에 관해 노동중재를 신청하는 중재시효기간의 기산일은 다음과 같이 지방에 따라 서로 다르기 때문에 사용자소재지의 규정에 주의해야 할 필요가 있습니다.

지방규정 주목!

광 둥 **선전중급인민법원 재판지침(2015) 제111조**

→ 미사용분 연차유급휴가의 임금에 관한 노동중재신청의 시효기간은 3번째 연도(第三个年度)의 1월 1일부터 기산해야 한다. 단, 양측 간의 노동계약이 해제 또는 종료된 경우 노동계약의 해제일 또는 종료일부터 기산해야 한다.

베이징 **베이징고급인민법원 해답(2017) 제19조 (저자 발췌 정리)**

Q 노동자가 미사용분 연차유급휴가의 임금지급을 사용자에게 요구할 경우 어떻게 처리해야 하는가?

A 노동자가 미사용분 연차유급휴가의 임금 중 법정보상부분(200%분)의 지급을 사용자에게 청구한 사례의 중재시효기간은 '노동쟁의조해중재법' 제27조 1항에서 규정한 1년의 중재시효기간을 적용해야 한다. 연차유급휴가는 집중 또는 분산적인 안배와 연도를 걸쳐서 안배할 수 있다는 특징을 고려하면, 노동자가 취득해야 할 매년 미사용분의 연차유급휴가 임금보수의 청구에 관한 중재시효는 2번째 연도의 12월 31일부터 기산한다.

저 장 **저장고급인민법원 해답(2014) 제19조 (저자 발췌 정리)**

Q 노사 간에 미사용분 연차유급휴가의 임금에 관한 분쟁이 생겼을 경우 중재

---

3 기업직원연차유급휴가실시변법(2008) 제9조.

시효기간 및 그 기산일은 어떻게 확정하는가?

A 노동자가 미사용분 연차유급휴가의 임금지급을 사용자에게 청구할 경우 중재시효는 다음 연도(次年)의 1월 1일부터 기산한다. 노동자의 동의를 얻어 연도를 걸쳐서 연차유급휴가를 안배한 경우는 내후년(下一年度)의 1월 1일까지 순연해 기산한다. 노동계약이 해제 또는 종료된 경우에는 노동계약이 해제 또는 종료된 날부터 기산한다.

쓰 촨 **쓰촨고급인민법원 해답(2016) 제37조**

→ 노동자가 미사용분 연차유급휴가의 임금정산을 사용자에게 청구할 경우 중재시효는 1년의 시효규정을 적용해 다음 연도(次年)의 1월 1일부터 계산한다. 노동자의 동의를 얻어 연도를 걸쳐서 연차유급휴가를 안배한 경우는 내후년(下一年度)의 1월 1일까지 순연해 기산한다. 노동관계가 해제 또는 종료됐을 경우에는 해당연도의 미사용분 연차유급휴가의 정산임금에 관해 중재시효는 노동관계가 해제 또는 종료된 날부터 기산한다.

Q 4-3 출산휴가기간 중 여직원의 유급휴가

Q 여직원은 출산휴가기간 중 연차유급휴가를 취득할 수 있습니까?

A 여직원이 법에 의해 취득한 출산휴가는 연차유급휴가일수로 계상되지 않기 때문에 여직원은 출산휴가를 취득한 연도에도 연차유급휴가를 취득할 수 있습니다.

■ ■ 해 설 ■ ■

노동자가 법에 의해 취득하는 경조사휴가, 출산휴가 등 국가가 정한 휴가기간, 산재에 의한 유급휴직기간, 국가가 정한 법정공휴일, 휴식일은 연차유급휴가일수로 계상되지 않습니다(직원연차유급휴가조례(2008) 제3조 2항, 기업직원연차유급휴가실시변법(2008) 제6조).

또한 여직원이 출산휴가기간 중에 있는 것은 해당연도의 연차유급휴가를 취득할 수 없는 사유에 해당되지 않습니다(➔Q4-1 참조).

따라서 사용자는 여직원이 출산휴가기간 중에 있음을 이유로 여직원이 해당연도의 유급휴가를 취득할 수 없다고 주장할 수 없습니다. 출산휴가기간 중에 있는 여직원의 연차유급휴가일수를 계산할 때 사용자는 해당 직원이 취득한 출산휴가기간을 근무기간으로 간주해서 연차유급휴가일수를 계산해야 합니다.

또한 출산휴가기간 중에 있는 여직원이 해당연도의 연차유급휴가를 사용하려면 사용자로부터 연차유급휴가를 받아야 합니다. 즉, 여직원이 사용자의 승인을 거치지 않고 연차유급휴가를 사용할 수 있는 것이 아니라 사용자가 업무상의 필요성 등에 따라 안배한 휴가일정에 따를 필요가 있습니다.

또한 여직원이 출산휴가기간 중에 퇴사할 경우 해당 직원이 해당연도에 취득해야 하는 유급휴가는 기업직원연차유급휴가실시변법(2008) 제12조 2항의 규정에 따라 미사용분 연차유급휴가일수를 계산해야 합니다.

미사용분 연차유급휴가일수의 계산식:

(해당연도 현 사용자 소속 근무일수[1] ÷ 365일) × 노동자본인이 연간 사용해야 하는 연차유급휴가일수 − 노동자가 해당연도에 이미 사용한 연차유급휴가일수[2]

---

1 여직원이 이미 취득한 출산휴가기간을 '해당연도 현 사용자 소속 근무일수'에 계상해야 합니다.

2 계산 후 1일이 안 되는 부분에 대해서는 미사용분 연차유급휴가의 임금보수를 지급하지 않아도 됩니다(기업직원연차유급휴가실시변법(2008) 제12조 1항).

제5장

의료기간

Q 5-1 의료기간의 계산

Q 노동자가 질병 또는 업무외 원인으로 부상당한 경우, 의료기간은 어떻게 계산해야 합니까?

A 노동자가 질병 또는 업무외 부상으로 인해 업무를 정지하고 치료를 받아야 하는 경우, 노동자본인의 실제 누계근무년수와 현 사용자 소속 근무년수에 따라 3개월~24개월의 의료기간(의료요양기간)을 취득할 수 있습니다.

■ ■ 해 설 ■ ■

(i) 의료기간의 계산방법

노동자가 질병 또는 업무외 부상으로 인해 업무를 정지하고 치료를 받을 필요가 있을 경우, 의료기규정(1995) 제3조, 제4조에 따르면 노동자본인의 실제 누계근무년수와 현 사용자 소속 근무년수에 따라 3개월~24개월의 의료기간을 취득할 수 있습니다.

의료기간 관련 국가규정

노동자 누계근무년수	현사용자 소속 근무년수	의료 기간	의료 기간 계산 주기	의료기간 중 처우
10년 이하	5년 이하	3개월	6개월	의료기간 중 업무를 정지하고 치료에 걸린 기간의 합계가 6개월 이내인 자는 현행규정에 따라 병가임금을 지급
	5년 이상 10년 이하	6개월	12개월	
10년 이상	5년 이하	6개월	12개월	
	5년 이상 10년 이하	9개월	15개월	의료기간 중 업무를 정지하고 치료에 걸린 기간의 합계가 6개월을 초과하는 자는 현행규정에 따라 질병구제비를 지급
	10년 이상 15년 이하	12개월	18개월	
	15년 이상 20년 이하	18개월	24개월	
	20년 이상	24개월	30개월	

또한 의료기규정통지(1995)에 따르면 의료기간은 노동자가 병가를 낸 첫날부터 누적하여 계산하고 관련된 병가기간에는 공휴일, 법정공휴일이 포함됩니다(제1조).

예를 들면, 현 사용자 아래서 입사 1년차 대졸노동자가 2018년 3월 1일(병가취득시작일)부터 취득할 수 있는 의료기간은 3개월까지이며, 해당 노동자가 6개월이내에 즉 2018년 3월 1일부터 2018년 9월 1일까지 취득한 의료기간이 누계 3개월이 되면 의료기간은 만료된 것으로 봅니다.

(ⅱ) 특수질병 의료기간의 연장

특수질병(암, 정신병, 간질 등)을 앓은 노동자가 24개월의 의료기간 내에 완치못할 경우 기업 및 노동주관부문의 비준을 거쳐 의료기간을 적절히 연장할 수 있습니다.[1]

그러나 상기 특수질병을 이유로 적어도 24개월의 의료기간이 해당 노동자에게 주어진다는 이해는 올바르지 않습니다. 노동자가 특수질병에 걸린 경우, 노동자본인의 근무년수에 따라 취득할 수 있는 의료기간을 계산해야 합니다.

(ⅲ) 의료기간 내 치료가 종료된 경우

의료기규정(1995) 제6조에 따르면 노동자가 업무외 원인으로 신체장애를 앓는 경우 및 의사 또는 의료기관에 의해 난치병을 앓고 있다고 인정된 경우, 의료기간 내에 치료가 끝나고 이전 업무에 종사하지 못하고 사용자가 별도로 마련한 업무에도 종사할 수 없을 때는 노동감정위원회에 의한 노동능력의 감정을 받아야 합니다.

노동감정위원회에 의한 노동능력의 감정결과 1~4급으로 감정된 경우

---

1 의료기규정통지(1995) 제2조.

에는 노동관계를 종료해야 하고 퇴직절차를 거쳐 퇴직처우를 받게 되며 5~10급으로 감정된 경우에는 의료기간 내에 노동계약을 해제해서는 안 됩니다(➔Q5-3 참조).

(ⅳ) 의료기간 만료 후 처우

노동자가 질병 또는 업무외 부상으로 규정된 의료기간 만료 후에 이전 업무에 종사하지 못하고 사용자가 별도로 마련한 업무에도 종사할 수 없는 경우, 사용자는 노동계약의 예고해제를 실시할 수 있습니다(노동계약법 제40조 1호).

노동법의견(1995) 제35조에 따르면 노동자가 상기 사유에 해당하는 경우 노동감정위원회에 의한 노동능력의 감정을 받을 필요가 있으며, 감정의 결과 1~4급으로 감정됐을 때에 노동자는 직장을 떠나 노동관계를 해제해야 하고 질병 또는 업무외 부상으로 인한 퇴직절차를 밟고 상응하는 퇴직처우를 받게 되며, 5~10급으로 감정됐을 때는 사용자는 노동계약을 해제할 수 있고 규정에 따른 경제보상금 및 의료보조비를 지급해야 합니다(➔Q5-3 참조).

(ⅴ) 실무상 유의점

① 현 사용자의 근무년수에서 의료기간을 빼는 것은 가능한가?

근속년수이해문제(1996) 제3조에 따르면 의료기간 및 경제보상금을 계산할 때 '현 사용자 소속 근무년수'와 '동일 사용자 소속 연속근무시간'은 같은 개념이며, 노동자가 법에 의해 취득한 의료기간에 상응하는 기간을 근무기간(근무년수)에서 빼서는 안 됩니다.

② 의료기간의 계산주기가 끝난 뒤, 해당 계산주기에서 취득하지 않은 의료기간을 다음 의료기간에 이월하는 것은 가능한가?

의료기간의 계산주기가 끝난 뒤, 해당 계산주기에서 취득하지 않은 의료기간을 다음 의료기간의 계산주기 내에서 취득할 수는 없으며 노동자가 다시 질병과 산재 이외의 부상으로 인해 업무를 정지하고 치료 받을 때의 의료기간은 규정된 계산주기 내에서 새롭게 누계됩니다.

③ 관리기록부 작성

의료기간은 노동자의 실제 근무년수와 현 사용자 소속 근속년수, 2개의 기준을 토대로 산출되므로 사용자는 노동자의 근무년수와 병가취득 상황 등을 관리하는 제도를 구축하고 의료기간의 관리기록부 등을 작성해 수시로 체크할 수 있도록 하는 것이 바람직합니다.

지방규정 주목!

상하이　상하이시인민정부의 수정 후 '상하이시 노동자 노동계약이행기간 중 질병 또는 산재 이외 원인으로 부상한 경우 의료기간기준에 관한 규정'의 인쇄 · 발행 통지(2015) 제2조

→ 의료기간은 노동자의 현 사용자 소속 근무년수에 따라 설정한다. 노동자의 현 사용자 소속 근무 1년째 의료기간은 3개월이다. 이후 근무가 만 1년이 될 때마다 의료기간이 1개월씩 증가하는데 총 24개월을 넘지 않는다.

Q 5-2 의료기간 중 임금

Q 노동자가 질병 또는 업무외 원인으로 부상을 입어 의료기간에 들어간 경우, 해당 의료기간 내 사용자는 무엇을 기준으로 노동자에게 임금을 지급하면 됩니까?

A 질병 또는 업무외 부상으로 인한 의료기간 중 임금지급기준에 관해서는 국가와 지방규정이 있는 경우, 국가기준을 밑돌지 않는 전제로 사용자소재지의 규정을 우선적으로 적용할 필요가 있습니다.

■ ■ 해 설 ■ ■

의료기간 중 임금지급기준

적용지역	최저지급기준
국가[1]	병가임금 또는 질병구제비는 현지 최저임금기준보다 낮아도 괜찮지만 최저임금기준의 80%보다 낮을 수 없다.
광동[2] (广东)	병가임금은 현지 최저임금기준의 80%보다 낮을 수 없다.
선전[3] (深圳)	병가임금은 노동자본인의 통상근무시간의 임금 60%를 밑돌지 않는 한도에서 병가임금을 지급해야 하며, 최저임금기준의 80%보다 낮을 수 없다.
장쑤[4] (江苏)	병가임금은 현지의 최저임금기준 80%보다 낮을 수 없고 사용자는 최저임금기준의 80%를 임금으로 지급할 경우 노동자본인이 납부해야 할 부분의 사회보험료 및 주택적립금을 부담해야 한다.
베이징[5] (北京)	병가임금은 베이징시 최저임금기준의 80%보다 낮을 수 없다.

1. 노동법의견(1995) 제59조
2. 광둥성임금지급조례(2016 개정시행) 제24조
3. 선전시직원임금지급조례(2009 개정시행) 제23조
4. 장쑤성임금지급조례(2010 개정시행) 제27조, 제32조
5. 베이징시임금지급규정(2007 개정시행) 제21조

상기 표에서 정리한 것처럼 의료기간의 임금지급기준은 사용자소재지의 최저임금기준의 80%보다 낮아서는 안 되므로 해당 최저지급기준을 밑돌지 않는 한도에서 노동계약 등에서 구체적으로 규정해 놓는 것이 바람직합니다.

상하이시는 아래 표처럼 노동자의 근무년수에 따라 의료기간임금의 지급기준을 정하고 있어[1] 상하이시 소재 사용자의 경우에는 주의가 필요합니다.

항목	연속휴가 6개월 이내일 경우 병가임금 지급					연속휴가 6개월 초과할 경우 질병구제비 지급		
연속근무 년수	2년 미만	2년 이상 4년 미만	4년 이상 6년 미만	6년 이상 8년 미만	8년 이상	1년 미만	1년 이상 3년 미만	3년 이상
지급기준	본인 임금의 60%	본인 임금의 70%	본인 임금의 80%	본인 임금의 90%	본인 임금의 100%	본인 임금의 40%	본인 임금의 50%	본인 임금의 60%

지방규정 주목!

상하이　상하이시 노동 및 사회보장국에 의한 병가임금계산에 관한 공고(2004년 11월 시행) 제2조(병가임금기수의 확정)

➔ 소정의 근무일에 병가를 취득한 경우, 1일분 임금의 계산: 아래 원칙대로 확정된 계산기수에서 병가를 받은 당월 급여계산일수(计薪日)를 나누어 산출한다.

① 노동계약에 규정이 있는 경우 노동계약에 규정한 노동자본인의 근무부서(직무)에 상응하는 임금기준을 밑돌지 않는 한도에서 확정한다. 집단계약에서 확정된 기준이 노동계약에 규정한 기준을 넘는 경우 집단계약의 기

---

1 상하이시노동국에 의한 기업직원의 병가관리강화와 직원의 질병휴가기간의 생활보장에 관한 통지(沪劳保发(1995) 83호), 상하이시 노동 및 사회 보장국에 의한 병가임금계산에 관한 공고(2004년 11월 시행).

준대로 확정한다.

② 노동계약, 집단계약에서 규정하고 있지 않으면 사용자와 직원대표 사이에서 임금에 관한 단체협상을 거쳐 확정하고 협상결과를 토대로 임금에 관한 집단계약을 체결해야 한다.

③ 노사 양측간에 약정이 없는 경우, 병가임금의 계산기수는 노동자가 본인의 근무부서에서 정상적으로 출근할 시 월임금의 70%를 기준으로 확정된다.

위의 원칙대로 계산한 병가임금의 기수는 상하이시가 규정한 최저임금기준보다 낮아서는 안 된다. 법률, 법규에 별도 규정이 있는 경우에는 그 규정에 따른다.

Q 5-3 의료기간 중 노동계약기간만료

Q 의료기간 중 노동계약의 기간이 만료되는데 사용자는 노동계약을 해제할 수 있습니까? 노동자가 질병을 앓거나 업무 외 원인으로 인해 부상을 입은 상태에서 노동계약기간이 만료되어 노동계약을 종료하는 경우 사용자는 해당 노동자에 대해 의료보조비를 지급할 필요가 있습니까?

A 법정의료기간 중 노동계약의 기간이 만료될 경우 노동계약의 기간을 해당 의료기간이 종료될 때까지 연장해야 합니다. 다만 노동자가 노동계약의 합의해제를 신청한 경우 또는 노동계약법 제39조에 규정한 사유(사용자에 의한 일방적인 노동계약 해제사유) 중 어느 하나에 해당하는 경우 사용자는 노동계약을 합의해제 또는 해제할 수 있습니다.

노동자가 질병을 앓거나 업무외 원인으로 인해 부상을 입은 상태에서 노동계약기간이 만료되어 노동계약을 종료하는 경우 사용자는 해당 노동자에게 6개월분 임금을 밑돌지 않는 의료보조비를 지급해야 하고 중병 또는 난치병을 앓고 있는 경우에는 의료보조비를 적절히 증액해야 합니다.

■ ■ 해 설 ■ ■

(i) 노동계약 해제

노동계약법 제42조에 따르면 노동자가 질병 또는 산재 이외로 부상을 입어 규정된 의료기간 내에 있는 경우 사용자에 의한 노동계약의 예고해제(동법 제40조) 또는 정리해고(동법 제41조)는 금지되어 있습니다(→

Q9-2 참조).

노동자의 의료기간 중 노동계약기간이 만료될 경우 노동계약은 그 해당 사유가 없어질 때까지 연장된 후 종료합니다(노동계약법 제45조).

이 경우 사용자는 해당 노동자에게 "원래 노동계약의 조건으로 의료기간이 만료할 때까지 노동계약을 순연한다"는 취지의 서면통지만 해도 상관없습니다. 여기서 말하는 '노동계약의 순연'은 '노동계약의 갱신'에 해당하지 않기 때문에 주의가 필요합니다.

다만 노동자가 사용자의 규칙제도를 현저히 위반하는 등 노동계약법 제39조에 규정하는 사유 중 어느 하나에 해당하는 경우와 노동자본인이 노동계약의 합의해제를 신청한 경우 사용자는 의료기간 중에도 노동계약을 해제 또는 합의해제할 수 있습니다(➔Q9-2, Q9-3 참조).

또한 노동계약이 의료기간만료 시까지 순연된 사례에서 노동자가 의료기간 중에 치료를 종료했을 경우, 사용자는 치료종료일에 노동계약을 종료할 수 있습니다. 또 치료로 인해 업무를 정지하지 않아도 되는 노동자의 경우, 사용자는 노동계약기간 만료시에 서면으로 노동계약의 종료를 통지할 수 있습니다.

(ⅱ) 의료보조비 지급

노동계약제도 실행의 몇 가지 문제에 관한 노동부의 통지(劳部发[1996] 354호) 제22조에 따르면 노동자가 질병을 앓거나 업무외 원인으로 인해 부상을 입은 상태에서 노동계약기한이 만료되어 노동계약을 종료하는 경우 사용자는 해당 노동자에게 6개월분 임금을 밑돌지 않는 의료보조비를 지급해야 하고 중병 또는 난치병을 앓고 있는 경우에는 의료보조비를 적절히 증액해야 합니다.

구체적으로는 계약기간의 만료에 인해 노동계약을 종료할 때 노동자의 의료기간이 만료되거나 치료가 종료한 후 노동감정위원회에 의한 노동능력의 감정결과 5~10급으로 감정된 경우 사용자는 해당 노동자에 대해 6개월분 임금을 밑돌지 않는 의료보조비를 지급해야 하며 1~4급으로 감정된 경우, 노동자는 퇴직절차를 밟고 퇴직처우를 받아야 합니다(노동부판공청에 의한 劳部发[1996] 354호의 관련문제해석에 관한 통지(劳办发[1997] 18호).

지방규정 주목!

광 둥 **광둥고급인민법원 의견(2018) 제11조**

→ 노동자가 병을 앓거나 산재 이외로 부상을 입어 의료기간이 만료된 후, 노동능력감정위원회에 의한 노동능력의 감정결과 노동능력을 완전히 상실하였거나 혹은 노동능력을 대부분 상실하여 이전 업무에 종사할 수 없고, 사용자가 별도로 마련한 업무에도 종사할 수 없어 노동계약을 해제하는 경우, 사용자는 규정에 따라 경제보상금을 지급하고 6개월분의 임금을 밑돌지 않는 의료보조비를 지급해야 한다.

제6장

산업재해

Q 6-1 출퇴근 중 업무상 원인으로 타인에게 폭행을 당해 다친 경우

Q 노동자가 출퇴근 중 업무상 원인으로 타인에게 폭행을 당해 다친 경우 산재로 인정됩니까?

A 노동자가 출퇴근 중 업무상 원인으로 타인에게 폭행을 당해 다친 경우, 노동자가 부상당한 원인 등을 입증할 수 있으면 산재인정이 가능합니다.

■ ■ 해 설 ■ ■

(ⅰ) 산재인정

산재보험조례 제14조에 따르면 노동자가 다음 각 호에 열거한 상황 중 어느 하나에 해당하는 경우 산재(工伤)라고 인정해야 합니다.

① 근무시간 중 근무장소에서 업무상 원인에 의해 사고를 당해 다친 경우
② 근무시간 전후에 근무장소에서 업무관련준비 또는 정리업무에 종사하다 사고를 당해 다친 경우
③ 근무시간 중 근무장소에서 업무직책을 이행하기 위해 폭행 등 돌발적인 사고를 당해 다친 경우
④ 직업병에 걸린 경우
⑤ 업무외출 중 업무상 원인으로 다치거나 사고발생으로 인해 실종된 경우
⑥ 출퇴근길에 본인에게 주된 책임(主要责任)이 없는 교통사고 또는 도시궤도교통, 여객페리, 열차사고를 당해 다친 경우
⑦ 법률, 행정법규에서 산재로 인정해야 한다고 정한 기타 상황

또한 노동자가 근무시간 중에 직장에서 갑자기 발병해 사망 또는 48시간 이내에 구조 끝에 사망한 경우나, 긴급구조(抢险) 또는 구재(救灾) 등의 활동 중에 다친 경우는 산재로 간주할 수 있습니다(산재보험조례 제15조).

단, 고의로 범죄를 저지른 경우, 만취하거나 약물을 사용한 경우나 자학(自残) 또는 자살한 경우에는 상기 규정에 부합하는 경우라도 산재로 인정 또는 간주해서는 안 됩니다(산재보험조례 제16조).

(ⅱ) 인과관계에 관한 증명책임

'노동자가 출근길 업무상 원인으로 타인의 폭행을 당해 다친 경우'는 상기 규정사유 중 '근무시간 중 근무장소에서 업무직책을 이행하기 위해 폭행 등 돌발적인 사고를 당해 다친 경우'(제14조 3호)에 가깝지만 제14조 3호에 명시한 '근무시간 중'과 '근무장소에서'라는 요건이 결여되어 있고 제14조 3호에서 명시한 또 하나의 요건인 '업무직책을 이행하기 위해 폭행 등 돌발사고를 당해 다친'것에 대해서는 다음과 같은 해석이 있습니다.

노동 및 사회보장부판공청에 의한 '산재보험조례' 관련조항 해석에 관한 통지(2006)에 따르면 산재보험조례 제14조 3호에서 말하는 "업무직책을 이행하기 위해 폭행 등 돌발사고를 당해 다쳤다"는 것은 '폭행을 당해 다친 것'과 '업무직책의 이행' 사이에 인과관계가 있다고 이해해야 합니다.

상기 근무시간, 근무장소, 업무직책이행의 3개 산재인정요건 가운데 산재보험의 보상은 본질적으로 업무상 원인으로 부상당한 노동자에 대한 보상이라는 점에서 '업무직책의 이행'이 핵심적인 요건이며 다친 시간과 장소가 노동계약에서 약정한 근무시간, 근무장소에 해당하지 않아도 업무상 원인에 의한 부상이라면 이를 산재로 인정해야 한다는 게 통설입니다.

또한 사용자가 정한 근무시간과 근무장소 이외에 업무직책을 이행하기 위해 폭행을 당해 다친 것의 인과관계는 노동자가 이를 증명해야 합니다. 노동자가 제출한 증거에 대해서, 사용자 또는 사회보험행정부문에 '노동자의 부상은 업무상 원인에 의한 것이 아니다'라는 반증이 없는 경우는 산재로 인정해야 합니다.

(ⅲ) 산재보험배상책임과 제3자의 권리침해에 인한 손해배상책임의 경합

① 사용자가 노동자를 위해 산재보험에 가입한 경우

제3자의 원인으로 노동자에게 산재가 발생한 경우, 노동자 또는 기타 권리자(직계친족)는 제3자에 대해 민사배상책임을 청구할 수 있으며 산재보험처리담당기구 및 사용자에게 '산재보험조례'의 규정에 따라 상응하는 산재보험급여책임을 청구할 수도 있습니다.

② 사용자가 노동자를 위해 산재보험에 가입하지 않은 경우

제3자의 원인으로 노동자에게 산재가 발생한 경우, 노동자 또는 기타 권리자(직계친족)는 제3자에 대해 민사배상책임을 청구할 수 있고 또는 사용자에게 '산재보험조례'의 규정에 따라 산재보험급여책임을 청구할 수 있습니다.

즉, 제3자의 원인으로 인한 산재일 경우, 노동자는 노동법률관계에 기초한 산재보험배상청구권과 민사법률관계에 기초한 권리침해에 따른 손해배상청구권을 행사할 수 있습니다.

③ 산재보험배상청구권과 권리침해에 따른 손해배상청구권의 이중청구를 인정해야 하는가?

최고법원규정(2014) 제8조 3항에서는 제3자의 원인에 의해 노동자에게 산재가 발생한 경우 사회보험처리담당기구가 노동자 또는 그 근친자(近亲属)가 이미 제3자에 대한 민사소송을 제기했다는 이유로 산재보험급부항목의 지급을 거부할 경우, 제3자가 이미 지급한 의료비용을 제외

하고 인민법원은 이를 인정하지 않는다고 명시합니다. 즉, 노동자 측에 의한 의료비용의 이중청구는 인정되지 않는다고 명확히 규정하고 있는 것인데, 이중청구의 가능성이 있는 비용으로서는 신체장애보조기구관련비용, 생활간병비용, 입원기간의 식사비용과 교통비, 재활(康复)치료비용, 부양가족구제금, 장례비용 등이 있으며 이들 비용의 이중청구를 인정해야 할지 여부의 문제가 있습니다.

이 문제의 처리방법에 관한 각 지방의 규정이 약간 다를 수 있으므로 사용자소재지의 규정에 충분히 유의해야 합니다. 예를 들면, 상하이시의 경우에는 상기 비용항목에 관한 이중청구를 모두 인정하는 것은 적절하지 않고 동일한 비용항목에 대해서 산재보험배상청구권과 제3자의 권리침해에 인한 손해배상청구권 중 각자 계산법에 의해 산출된 높은 쪽 금액을 기준으로 노동자 측이 얻어야 할 배상금액을 확정하는 처리방법이 비교적 합리적이라고 명시합니다.[1] 또한 광둥성의 경우는 의료비용, 보조기구비용 및 장례비용의 이중청구를 인정하고 있지 않습니다.[2]

지방규정 주목!

상하이 **상하이고급인민법원 산재인정해답(2010) 제2조**

→ '업무직책을 이행하기 위해서 폭행 등 돌발적인 사고를 당해 다친 경우'의 산재인정문제와 관련해서

Q 노동자가 업무상 원인으로 발생한 언쟁, 싸움 등으로 다친 경우, '산재보험

1 상하이시고급인민법원 민사심판제일정에 의한 산재보험배상과 제3자의 권리침해에 따른 손해배상의 경합사건심리의 몇 가지 문제에 관한 해답(2010년 7월 1일) 제1조, 제2조, 제3조.

2 광둥고급인민법원 좌담회회보(2012) 제6조: 제3자의 권리침해로 인해 노동자에게 산재가 발생하고 제3자가 권리침해에 따른 배상책임을 이미 부담한 경우, 노동자 또는 근친자(近亲属)가 사용자에게 재차 산재보험급부항목의 지급을 청구했을 시에 사용자가 부담하는 산재보험급부항목의 지급책임에서 의료비용, 보조기구비용 및 장례비용을 공제해야 한다.

조례' 제14조 3호의 규정을 적용할 수 있는가?

A 노동자가 업무상 원인으로 발생한 언쟁, 서로 밀치거나 싸움 등으로 다친 경우, '산재보험조례' 제14조 3호 규정을 적용할 때 행정기관은 다음의 3가지 요소를 고려해 산재로 인정할 수 있다. ① 노동자 사이에서 발생한 분쟁이 업무상 원인으로 발생했는지 여부 ② 다친 노동자의 분쟁과정에 있어서의 행위가 업무직책의 이행으로 볼수 있는지 여부, 명백하게 지나친 행위 또는 분명한 과실이 있었는지 여부 ③ 분쟁은 근무시간 중에 근무장소에서 발생했는지 여부.

장 쑤　장쑤성고급인민법원 행정심판정의 산재인정행정사건심리지침(2011) (발췌)

* '산재보험조례' 제14조 1호의 '근무시간 중 근무장소에서 업무상 원인에 의해 사고를 당해 다쳤다'는 것에 대한 이해문제

근무시간, 근무장소, 업무상 원인의 인정에 대해서는 우선 근무시간, 근무장소, 업무상 원인의 3가지 요소인 산재인정기준에 있어서의 우선순위를 확정해야 한다. 3가지 요소 중 업무상 원인이 핵심적인 요소이며 통상적으로 근무장소, 근무시간은 업무상 원인임을 판단하기 위한 보조적인 요소이다. 산재보험보상은 본질적으로 업무상 원인으로 다친 노동자에 대한 보상이라는 점에서 업무상 원인이 핵심적인 요소이며 노동계약에서 약정한 근무시간, 근무장소가 아니더라도 업무상 원인에 의한 부상만으로도 산재로 인정해야 한다.

* 업무직책을 이행하다 폭행을 당해 다친 것이 업무상 원인인지에 관한 증명책임의 문제

근무시간 중에 근무장소에서 당한 폭행 등의 돌발적인 사고로 다친 경우 업무상 원인으로 추정할 수 있다. 사용자는 이에 대한 이의가 있는 경우 업무상 원인이 아닌 부상이라는 주장을 증명해야 한다. 근무시간 외, 근무장소 이외에서 다친 경우는 부상을 입은 직원이 업무상 원인에 의한 부상이라는 것을 증명해야 한다.

Q 6-2 노동자가 외출활동에 참여해 다친 경우

Q 노동자가 다른 직원과 함께 외출활동에 참여해 다친 경우, 해당 노동자는 '업무로 인한 외출기간 중 업무상 원인에 따른 부상'으로 산재인정을 받을 수 있습니까?

A 사용자가 조직한 또는 사용자의 파견을 받아 기타 단위가 조직한 외출활동의 내용, 목적 및 참여대상 등을 통해 노동자 간의 교류를 촉진시키고 사용자의 업무효율을 향상시키는 것에 유익한 활동이며 '업무로 인한 외출기간 중'으로 인정할 수 있는 경우, 노동자가 해당 외출활동에 참여해 다쳤을 때는 '업무로 인한 외출기간 중에 업무상 원인으로 다친' 것으로 인정할 수 있습니다.

■ ■ 해 설 ■ ■

(i) '업무로 인한 외출기간 중'의 인정

산재보험조례 제14조 5호에 따르면 노동자가 업무로 인한 외출기간에 업무상 원인으로 다치거나 사고발생으로 행방불명된 경우 산재로 인정해야 합니다.

노동자가 사용자가 조직하거나 사용자의 파견을 받아 기타 단위가 조직한 활동에 참여해 다친 경우, 사회보험행정부문이 산재로 인정했을 때 인민법원은 이를 받아들여야 합니다(최고법원규정(2014) 제4조 2호).

또 사회보험행정부문이 아래에 열거한 사유를 '업무로 인한 외출기간'으로 인정한 경우, 인민법원은 이를 받아들여야 합니다(동 규정 제5조).

① 노동자가 사용자의 파견을 받거나 업무상의 필요에 따라 근무장소 이외에서 업무직책과 관련된 활동(예: 국제전시회, 미팅참석 등)에 종사한 기간

② 노동자가 사용자의 파견을 받아 외출학습(예: 연수, 유학 등) 또는 회의에 참석한 기간

③ 노동자가 업무상의 필요로 외출해서 기타 활동(예: 식사모임, 단체여행, 체육활동 등)에 참여한 기간

다만 업무로 인한 외출기간 중에 업무 또는 사용자의 파견을 받아 외출해 학습, 회의에 참여한 것과 무관한 개인활동에 종사하다가 다쳤을 경우에는 산재로 인정되지 않습니다.

요컨대 산재보험조례 제14조 5호에 규정한 '업무로 인한 외출기간 중'의 인정은 ① 노동자의 외출이 사용자의 파견을 받아 업무상 원인에 의한 외출에 속하는지 여부, ② 사고로 인한 부상이 업무상 원인에 의한 것인지 여부가 고려되어야 합니다.[1] 답이 'Yes'인 경우는 '산재', 'No'인 경우는 '산재가 아니다'로 인정할 수 있습니다.

(ⅱ) 사법 판단

최고법원규정(2014) 제4조 2호에서는 노동자가 사용자가 조직한 또는 사용자의 파견을 받아 기타 단위가 조직한 활동에 참여해 다친 경우는 산재로 인정해야 한다고 명확히 규정하고 있으며 일반적으로 사용자가 조직한 외출활동에는 식사모임, 단체여행 등이 포함되지만 노동자가 이들 외출 활동에 참여해 다친 경우, 산재로 인정해야 합니다.[2]

일부 외출활동은 사용자 이외의 사람 또는 단위의 명의로 조직됐지만 실제로는 노동자 간의 교류를 도모하고 사용자의 업무효율의 향상에 유

1 산재보험조례 집행 시 몇 가지 문제에 관한 의견(人社部发[2013] 34호, 2013년 4월) 제1조.

2 광둥성고급인민법원 행정판결서(2015) 粤高法行终字 제529호.

익한 활동인 만큼 사용자가 조직한 활동으로 간주해야 하며, 노동자가 해당 활동에 참여해 다친 경우도 산재로 인정해야 합니다.[3]

따라서 노동자가 참여한 활동기간이 '업무로 인한 외출기간 중'에 속하는지 여부를 제대로 판단하려면 해당 활동의 조직자 외에 그 내용, 목적, 참여대상 등 여러 요소를 감안해 이뤄져야 합니다.

3 광둥성선전시중급인민법원 행정판결서(2015) 深中法行终字 제372호.

Q 6-3 노동자가 출퇴근길 교통사고 등으로 다친 경우

Q 노동자가 출퇴근길 교통사고 등으로 다친 경우, 산재로 인정받을 조건에는 어떠한 것이 있습니까?

A 노동자가 출퇴근길에 교통사고 등으로 다친 경우, 산재로 인정받을 조건은 ① 합리적인 출퇴근시간과 출퇴근경로 이용, ② 노동자 본인의 주된 책임(主要责任)이 없는 교통사고라는 점을 들 수 있습니다.

■ ■ 해 설 ■ ■

(ⅰ) 출퇴근길 교통사고의 산재인정 3요소

산재보험조례 제14조 6호에 따르면 노동자가 출퇴근길에 본인에게 주된 책임이 없는 교통사고 또는 도시궤도교통, 여객페리, 열차사고를 당해 다친 경우 산재로 인정해야 합니다.

인력자원 및 사회보장부 판공청의 산재보험관련규정의 처리의견에 관한 서한(통지)(2011)에 따르면 산재보험조례 제14조 6호의 올바른 이해는 아래와 같습니다.

① '출퇴근길'이란 합리적인 출퇴근시간과 합리적인 출퇴근경로를 가리킨다.[1]

② '교통사고'란 도로교통안전법 제119조에 규정한 "차량이 도로 위에서 과

1 산재보험조례 집행 시 몇가지 문제에 관한 의견(2) (人社部发[2016] 29호, 2016년 3월) 제6조에 따르면 직원이 출퇴근을 목적으로 합리적인 시간 내에 근무지와 거주지 사이의 합리적인 경로를 왕복하는 것은 '출퇴근길'로 간주됩니다.

실(过错) 또는 예상밖의 사고로 발생한 사상(人身伤亡) 또는 재산손실사건"을 가리킨다.

③ '(노동자)본인에게 주된 책임이 없는' 사고인정은 공안기관교통관리부문, 교통운수부문, 철도부문 또는 사법기관 등이 발행한 관련 법률문서를 근거로 한다.

(ⅱ) '출퇴근길'의 인정기준

최고법원규정(2014) 제6조에 따르면 사회보험행정부문이 다음과 같은 상황을 '출퇴근길'이라고 인정한 경우 인민법원은 이를 받아들여야 합니다.

① 합리적인 시간 내에 근무지(工作地)와 주소지(住所地), 경상거주지(经常居住地), 회사숙소까지의 합리적인 경로를 왕복

② 합리적인 시간 내에 근무지와 배우자(配偶), 부모, 자녀거주지 사이의 합리적인 경로를 왕복

③ 일상업무와 생활에 필요한 활동에 종사하고 합리적인 시간 내에 합리적인 경로를 이용한 출퇴근길

④ 합리적인 시간 내에 기타 합리적인 경로를 이용한 출퇴근길

(ⅲ) '노동자 본인에게 주된 책임이 없는' 사고의 인정기준

도로교통사고처리절차규정(2017년 개정시행) 제60조에 따르면 아래 사유 중 어느 하나에 해당하는 경우는 공안기관교통관리부문에 의해서 '노동자 본인에게 주된 책임이 없는' 사고로 인정됩니다.

① 노동자 이외의 사람의 고의 또는 과실로 인해 도로교통사고가 발생한 경우

② 노동자를 포함한 2명 이상의 당사자의 과실로 인해 도로교통사고가 발생했지만 노동자에게는 주된 책임이 없으며 동등한 책임 또는 부차적인 책

임을 져야 한다고 인정된 경우

③ 노동자를 포함한 2명 이상의 당사자가 모두 과실이 없는 돌발적인 교통사고를 당한 경우

즉, 도로교통사고에 관해 공안기관교통관리부문으로부터 ① 노동자 측에 책임이 없거나 ② 노동자 측에는 부차적인 책임이 있거나 ③ 노동자 측에는 다른 자와 동등한 책임이 있다고 인정받은 경우는 모두 '노동자 본인에게 주된 책임이 없는' 사고로 인정받게 됩니다.

(ⅳ) 산재인정의 예외

노동자가 출퇴근길에 차량의 무면허운전, 미등록차량운전, 음주운전, 약물사용 또는 고의로 인해 사고를 내서 사상한 경우에는 상기 규정에 부합하는 경우라도 이를 산재로 인정할 수 없습니다.[2]

(ⅴ) 입증책임

노동자 또는 그 근친자가 산재라고 생각하고 사용자는 산재라고 인정하지 않는 경우에는 사용자가 입증책임을 져야 하기 때문에(산재보험조례 제19조 2항) 사용자는 사회보험행정부문에 의한 산재인정사실의 확인조사에 협조하는 동시에 스스로도 증거자료의 수집과 정리작업을 실시할 필요가 있습니다.

지방규정 주목!

장 쑤　장쑤성고급인민법원 행정심판정 산재인정행정사건 심리지침(2011) 제9조 3 (저자 발췌 정리)

2 최고인민법원 행정심판정의 "직원이 출퇴근길에 무면허운전으로 사상한 경우, 산재인정여부에 관한 문제"에 관한 답변(2010), 산재보험조례 제16조.

→ 출퇴근경로의 기준문제

출퇴근경로의 기준을 판단할 때 중국의 독특한 나라사정(国情)을 고려해야 한다. 중국인은 매우 가정적이며 장 보기, 자녀 통학은 가정생활에 있어서 필수불가결한 사항이다. 자녀를 등하교시키고 장을 보러 가는 것에 인한 출퇴근경로의 변경이 반드시 교통사고의 리스크를 증가시키는 것은 아니다. 그러므로 생활에 있어서 필수불가결한 자녀 통학과 장을 보기 위해 다닌 경로를 합리적인 출퇴근경로로 인정할 수 있다.

Q 6-4 퇴직 전 직업건강진단을 받지 않고 퇴직 후 직업병을 발견한 경우

Q 노동자가 퇴직전에 직업건강진단을 받지 않고 퇴직후에 직업병을 발견한 경우, 산재인정을 신청할 수 있습니까?

A 정년퇴직절차를 밟은 뒤 직업병의 위험에 접촉하는 업무에 종사하지 않은 정년퇴직자와 노동계약을 종료 또는 해제한 후, 직업병의 위험에 접촉하는 업무에 종사하지 않는 노동자는 퇴직후 직업병으로 진단, 감정된 날부터 1년 이내에 산재인정을 신청할 수 있습니다.

■ ■ 해 설 ■ ■

(i) 노동계약 해제불가사유와 순연

노동계약법 제42조 1호에 따르면 직업병의 위험성이 있는 작업에 종사한 노동자가 퇴직하기 전에 직업건강검진을 받지 않고 또는 직업병이 의심되는 환자가 검진기간 혹은 의학관찰기간 중에 있는 경우, 사용자는 노동계약의 예고해제(동법 제40조) 또는 정리해고(동법 제41조)를 실시할 수 없습니다(➔Q9-1, 9-2 참조).

사용자가 직업병의 위험성이 있는 작업에 종사하는 노동자에게 퇴직전의 직업건강진단을 실시하지 않고 퇴직시킨 경우 노동계약의 위법해제로 간주될 가능성이 있으므로 주의가 필요합니다.

또한 노동자의 검진기간 혹은 의학관찰기간 중에 노동계약기간이 만료된 경우 노동계약은 해당 사유가 없어질 때까지 연장된 후 종료됩니다(노동계약법 제45조).

다만, 노동자가 사용자의 규칙제도를 현저히 위반하는 등 노동계약법

제39조에 규정한 사유 중 어느 하나에 해당하는 경우, 사용자는 상기의 검진기간 혹은 의학관찰기간이라도 노동계약을 해제할 수 있습니다.

(ⅱ) 직업건강진단 실시의무

직업병의 위험성이 있는 작업에 종사하는 노동자의 경우, 사용자는 국무원 안전생산감독관리부문 및 위생행정부문의 규정에 따라 사용자의 비용부담으로 해당 노동자가 직장에 입사하기 전, 재직기간 중 및 퇴직 시에 직업건강진단을 실시해야 하며 검사결과를 노동자에게 서면으로 통지해야 합니다(직업병예방치료법(2016 개정시행) 제35조 1항).

사용자는 입사하기 전에 직업건강진단을 받지 않은 노동자를 직업병의 위험성이 있는 작업에 종사하게 해서는 안 되며 퇴직전에 직업건강진단을 받지 못한 노동자의 경우, 해당 노동자와 체결한 노동계약을 해제 또는 종료해서는 안 됩니다(동법 제35조 2항).

사용자직업건강감호감독관리변법(2012) 제15조에 따르면 노동자가 직업병의 위험성이 있는 직장을 떠나기 전 90일 이내에 받은 재직기간 중의 직업건강검진은 퇴직 시에 실시한 직업건강진단으로 간주됩니다.

또한 노동자가 정당한 이유 없이 퇴직전의 직업건강진단을 거부할 경우, 노동자가 스스로 그에 상응하는 불리한 결과를 져야 합니다. 사용자는 이후 발생할 수 있는 노동분쟁에 대비해 노동자에 의한 직업건강진단 거부에 관련한 증거서류를 보관해 두는 것이 바람직합니다.

(ⅲ) 산재인정 신청

노동자가 직업병예방치료법의 규정에 따라 직업병이라고 진단 또는 감정된 경우, 사용자는 직업병으로 진단 또는 감정된 날로부터 30일 이내에 사용자소재지의 사회보험행정부문에 산재인정신청을 해야 합니다(산재보험조례 제17조 1항).

사용자가 위 규정에 따라 산재인정신청을 하지 않을 경우 노동자 혹은 그 근친자, 노동조합은 직업병으로 진단, 감정된 날로부터 1년 이내에 사용자소재지의 사회보험행정부문에 산재인정신청을 직접 제기할 수 있습니다(동 조례 제17조 2항).

직업병의 위험성이 있는 작업에 종사하고 있었지만, 직업병에 걸린 줄 모르고 직장을 떠난 후에 직업병으로 진단 또는 감정을 받아 다음 사유에 해당하는 자는 직업병으로 진단, 감정된 날로부터 1년 이내에 산재인정을 신청할 수 있습니다.[1]

① 정년퇴직절차를 밟은 후 직업병의 위험에 접촉하는 업무에 종사하지 않은 정년퇴직자

② 노동계약이 기간만료로 인해 종료되고 또는 노동자본인의 신청으로 노동계약을 해제한 후 직업병의 위험에 접촉하는 업무에 종사하지 않은 자

불가항력, 사용자 측 원인, 당사자가 노동관계의 존재에 관해 중재를 신청하거나 민사소송을 제기한 경우 등, 노동자 또는 그 근친자(近亲属) 본인의 원인에 속하지 않는 사유로 산재인정의 신청기한을 초과한 경우, 도과(被耽误)한 시간은 산재인정신청기한에 계상하지 않는다고 되어 있습니다.[2]

지방규정 주목!

광 둥　　광둥성 노동 및 사회보장청의 광둥성산재보험제도 재정비관련문제에 관한 통지(粤劳社发[2008] 21호, 2008년 9월) **제2조(1)**

➔ 직업병이 발생한 사용자(법에 따라 취득한 직업병진단증명서 또는 직업병진단감정서에 기재된 사용자를 가리킴)가 광둥성행정구역 내에 소재하고 직원이

1 산재보험조례 집행 시 몇 가지 문제에 관한 의견(人社部发[2013]34호, 2013년 4월) 제8조 1항.

2 최고법원규정(2014) 제7조.

해당 사용자를 떠나 2년 이내에 직업병으로 진단, 감정된 경우, 그 직원이 직업병으로 진단, 감정된 날로부터 1년 이내에 산재인정을 신청했을 때, 노동보장행정부문은 이를 수리하고 산재로 인정해야 한다.

Q 6-5 '직원과실로 인한 산재책임은 직원본인이 진다'는 약정은 유효한가?

Q 사용자와 노동자 간에 노동계약을 체결할 때 "직원과실로 인한 산재책임은 직원본인이 진다"는 약정을 했습니다. 사용자는 해당 직원이 입사한 후에 산재로 인정된 경우, 이 약정을 이유로 사용자의 책임을 회피할 수 있습니까?

A 노사 양측 간에 노동계약을 체결할 시, "직원과실로 인한 산재책임은 직원본인이 진다"는 약정을 맺은 경우, 해당 약정은 법률규정을 위반했기 때문에 무효이며 사용자는 이러한 약정을 이유로 관련 책임을 회피할 수 없습니다.

■ ■ 해 설 ■ ■

(ⅰ) 노사 간 약정의 유효성

노동계약법 제26조 1항 2호에 따르면 사용자가 자신의 법정책임을 면제하고 노동자의 권리를 배제한 경우 노동계약 또는 그 일부는 무효가 됩니다.

따라서 노사 양측 간에 노동계약을 체결할 시 "직원과실로 인한 산재책임은 직원본인이 진다"라고 약정한 경우 해당 약정은 무효로 인정됩니다.

이러한 약정의 무효가 노동계약의 기타 부분의 효력에 영향을 미치지 않을 경우, 노동계약의 기타 부분은 여전히 유효합니다(노동계약법 제27조).

노사 양측 간의 약정이 유효한지 무효한지에 상관없이 노동자가 고의로 죄를 저지른 경우, 만취하거나 약물을 사용한 경우, 자학(自殘) 또는 자살한 경우는 모두 산재로 인정되지 않습니다(산재보험조례 제16조).

(ⅱ) 손해배상책임

상기 (ⅰ)의 규정에 따라 노동계약의 일부 조항이 무효라고 인정되고 이로 인해 노동자에게 손해를 끼친 경우 사용자는 배상책임을 져야 합니다(노동계약법 제86조).

(ⅲ) 산재보험 가입의무

사용자는 산재보험에 가입하고 전체 노동자를 위하여 노동자의 임금 총액에 사용자의 보험료납부비율을 곱해서 산출한 금액을 산재보험료로 기일내에 납부하여야 하며[1] 노동자는 산재보험급부항목의 지급을 받을 권리를 가지고 있습니다(산재보험조례 제2조, 제10조).

사용자가 산재보험에 가입해야 하나 가입하지 않은 경우, 노동자에게 산재가 발생하였을 때, 해당 사용자는 산재보험조례에 규정된 산재보험급부항목 및 기준에 따라 관련 비용을 지급해야 합니다(산재보험조례 제62조 2항).

따라서 노사 양측 간에 위 (ⅰ)과 같은 무효가 되는 약정을 한 경우에도 노동자는 여전히 법에 의해 산재보험급부항목의 지급을 받을 권리가 있습니다.

(ⅳ) 특수한 근무부서 직원의 경우

특수한 근무부서의 업무에 종사하려면 노동자가 관련 조작규정 등을 엄격히 지켜야 하는 등 노동자에 대해 엄격한 주의의무를 부과할 필요가 있는 경우, 사용자는 이하의 방법을 통하여 노동자의 주의의무를 항

1 노동자는 산재보험료를 납부할 필요가 없습니다(산재보험조례 제10조 1항).

상 환기시키고 산재발생의 리스크를 최소화함과 동시에 사용자의 책임을 경감할 수 있습니다.

① 노동계약 또는 사내규칙제도에서 특정 근무부서의 업무에 종사하는 노동자에게 관련 조작규정 등의 준수의무와 주의의무 및 위반 시의 책임 등을 미리 명확히 규정한다.

② ①의 사내규칙제도의 유효성을 확보하기 위해 노동자에 대한 고지(告知) 의무 등을 이행하고(➔Q11-1 참조), 입사 전 및 입사 후에 정기적으로 사내연수나 기술지도 등을 실시하고 산재발생방지에 노력하고 관련 증거자료를 보관한다.

③ 산재발생 시에는 관련법규 및 사내규칙제도의 규정에 따라 지체 없이 처리하고 조기에 적절히 해결한다.

Q 6-6 "사용자가 노동자에게 일정한 합의금을 지급한 후 발생하는 어떠한 문제에 대해서도 일절 책임을 지지 않는다"라는 약정은 유효한가?

Q 사용자가 업무상 원인으로 다쳐, 노사 양측 간의 합의하에 산재관련 협의서를 체결하고 그중 "사용자는 노동자에게 일정한 합의금을 지급한 후 발생하는 어떠한 문제에 대해서도 일절 책임을 지지 않는다"라는 내용을 약정한 경우, 해당 협의서는 유효합니까?

A 노사 양측 간의 합의하에 산재관련협의서를 체결하고 그중 "사용자는 노동자에게 일정한 합의금을 지급한 후 발생하는 어떠한 문제에 대해서도 일절 책임을 지지 않는다"라는 내용을 약정한 경우, 해당 협의서가 유효하다고 인정될 가능성, 해당 협의서의 취소를 명령받을 가능성 및 해당 협의서에서 약정한 합의금의 변경을 명령받을 가능성이 있으므로 구체적인 사안에 따라 신중하게 판단할 필요가 있습니다.

■ ■ 해 설 ■ ■

(i) 협의서가 유효로 인정될 가능성

노동분쟁심리해석(三) 제10조 1항의 규정에 따르면 노사 양측 간의 노동계약 해제 또는 종료 관련절차의 실시 및 임금보수, 시간외근무수당, 경제보상 또는 배상금의 지급 등에 관한 합의가 법률 및 행정법규의 강행규정을 위반하지 않고, 사기 혹은 협박 또는 노동자의 약점을 이용한 상황이 존재하지 않는 경우에는 유효로 인정해야 합니다.[1]

---

1 노사 양측 간의 관련 합의가 법률 및 행정법규의 강행규정을 위반한 경우, 사기 혹은 협박 또는 노동자의 약점을 이용한 상황이 존재하는 경우는 무효로 인정될 가능성이 있습니다.

실무상, 노동자가 장애등급감정을 받기 전에 노사 간 산재합의금에 관해 체결한 협의서는, 노사 양측이 각종 비용의 보상기준[2]을 합리적으로 약정하고 해당 협의서가 법률, 행정법규의 강행규정을 위반하지 않고, 쌍방의 자유의사에 반하는 사유 등이 존재하지 않은 경우 유효로 인정해야 한다고 판단한 판례가 있습니다.[3]

(ⅱ) 협의서의 취소를 명령받을 가능성

노동분쟁심리해석(三) 제10조 2항의 규정에 따르면 노사 양측 간의 노동계약 해제 또는 종료 관련절차의 실시 및 임금보수, 시간외근무수당, 경제보상 또는 배상금의 지급 등에 관한 합의가 중대한 오해 또는 명백히 공평성을 잃는 상황이 존재하며 당사자가 취소를 요구할 경우 인민법원은 이를 인정해야 합니다.

즉, 노사 양측 간에 합의한 산재합의금이 노동자가 받아야 할 산재보험의 처우기준을 크게 밑돌 경우, '명백히 공평성을 잃는 상황이 존재한다'고 인정되며 해당 합의가 노동자 측의 청구로 인해 취소될 가능성이 있습니다.

실무상 노동자가 장애등급감정을 받기 전에 노사 양측 간에 산재합의금에 관한 협의서를 체결하는 것은 노동자의 합법적인 권익을 해칠 가능성이 매우 높기 때문에 법에 따라 해당 협의서를 취소해야 한다고 판단한 판례도 있습니다.[4]

(ⅲ) 합의금의 변경을 명령받을 가능성

노동분쟁심리해석(2001) 제20조 2항에 따르면 노동보수, 양로금, 의

---

2 산재부상치료의 의료비용, 장애보조기구 관련비용, 생활간병비, 장애수당, 의료보조일시금, 장애보조일시금, 부양가족구제금, 업무상사망보조일시금 등.

3 둥관시중급인민법원 민사판결서(2015) 东中法民五终字 제1530호.

4 선전시중급인민법원 민사재정(裁定)서(2015) 深中法民终字 제2776호.

료비 및 산재보험처우, 경제보상금, 연수비 및 기타 관련 비용을 청구하는 사건은 급부금액이 부당한 경우, 인민법원은 이를 변경할 수 있습니다.

즉, 상기 (ⅱ)대로, 노사 양측 간에 합의한 산재합의금이 노동자가 받아야 할 산재보험의 처우기준을 크게 밑돌 경우에 "명백히 공평성을 잃는 상황이 존재한다"고 하여 해당 협의서가 노동자 측의 청구로 취소될 가능성이 있으며 또한 인민법원이 산재합의금의 인상, 또는 산재보험의 처우기준을 밑도는 차액분을 보전하라고 명령할 가능성도 있습니다.

(ⅳ) 실무상 유의점

위와 같이, 노동자가 산재인정 및 노동능력(장애등급)의 감정을 받기 전에 사용자와 산재합의금에 관한 협의서를 체결하고 노사 양측 간에 합의한 합의금이 산재보험의 처우기준을 크게 밑돌 경우, 인민법원이 협의서의 취소 또는 합의금의 인상 등을 명령할 가능성이 있기 때문에 구체적인 사안에 따라 신중하게 판단할 필요가 있습니다.

따라서 사용자가 노동자를 위해 산재보험에 가입한 경우에는 노사 양측 간에 산재보상에 관한 합의를 시작하는 조건으로, 사용자는 노동자 또는 그 근친자에 대해 산재인정 및 노동능력(장애등급)의 감정을 신청할 것을 서면으로 제안하고 노동자 또는 그 근친자가 이를 거부할 시, 해당 거부사실에 관련한 증거자료를 확보한 후에 노동자 측과 합의를 개시하는 것이 바람직합니다.

또 사용자가 노동자를 위해 산재보험에 가입하지 않은 경우에는 사전에 사용자소재지의 정부관련부문에 대해 문의하여 산재보험의 처우기준 등을 파악한 후에 노동자 측과 합의를 시작해야 할 것입니다.

지방규정 주목!

장 쑤　장쑤성노동분쟁중재위원회의 '장쑤성노동중재사건 검토회회보'의 인쇄 · 발행에 관한 통지(苏劳仲委[2017]1호) **제10조** (저자 발췌 정리)

Q 당사자 간에 산재처우의 보상에 대해서 합의에 이른 뒤 노동자가 중재신청을 제기할 경우 중재위원회는 어떻게 처리해야 하는가?

A 당사자 간 산재처우의 보상에 관해 합의에 도달한 경우는 2가지 경우로 나뉜다. 하나는 노동자가 산재를 입은 후, 노동행정부문에 의한 산재인정 및 노동능력의 감정(장애등급평가)을 거치지 않은 상황에서 노사 양측 간에 산재에 관한 보상합의에 이른 뒤에 노동자가 중재를 신청한 경우로, 이 경우 중재위원회는 산재인정서와 장애등급감정결론을 중재사건의 수리조건으로 해야 하고, 장애등급감정결론을 노동자에게 송달한 날을 중재시효의 기산일로 한다.

또 하나는 노동자가 산재를 입은 후, 이미 산재인정과 장애등급평가를 거친 상황에서 노사 양측 간에 산재에 관한 보상합의에 이른 뒤 노동자가 다시 중재를 신청한 사례로, 이 경우 중재위원회는 노사 양측이 합의에 이른 날을 중재시효의 기산일로 해야 한다. 중재위원회는 위 사건을 심리할 때 당사자 간 합의의 취소를 그 전제조건으로 해서는 안 되며 산재보험의 급부기준에 따라 사용자에게 노사 양측 간의 합의기준이 산재보험의 급부기준을 밑돌 경우의 차액분을 보전하도록 재결(裁决)해야 한다.

Q 6-7 상업보험에 가입한 경우 산재관련배상책임의 면제

Q 사용자가 노동자를 위해 산재보험료를 납부하지 않고 상업보험에만 가입했는데 노동자가 업무상 원인으로 사고를 당해 다쳤습니다. 이 경우, 사용자는 해당 노동자에게 상업보험에 가입한 것을 이유로 산재관련배상책임의 면제를 주장할 수 있습니까?

A 사용자가 노동자를 위해 산재보험료를 납부하는 것은 법정의무이며, 사용자는 노동자를 위해 상업보험에 가입한 것을 이유로 산재관련배상책임의 면제를 주장할 수 없습니다.

■ ■ 해 설 ■ ■

(i) 산재보험 가입의무

사회보험법 제33조에 따르면 노동자는 산재보험에 가입해야 하며 사용자만이 산재보험료를 납부한다고 명시되어 있습니다.

사용자는 산재보험에 가입하고 모든 노동자를 위해 노동자의 임금총액에 사용자의 보험료납부비율을 곱해서 산출한 금액을 산재보험료로 기일 내에 납부하여야 하고 노동자는 산재보험의 급여를 받을 권리를 가지고 있습니다(산재보험조례 제2조, 제10조).

즉, 사용자가 노동자를 위해 사회보험료를 납부하는 것은 사용자의 법정의무이며, 사용자가 노동자를 위해 상업보험의 가입절차를 밟아도 여전히 노동자를 위한 사회보험의 가입절차를 밟아야 합니다.

(ⅱ) 산재보험가입의무 불이행 시 사용자책임

사용자가 산재보험에 가입해야 함에도 불구하고 이에 가입하지 않은 경우, 노동자에게 산재가 발생하였을 때 해당 사용자는 산재보험조례에 규정된 산재보험급부항목 및 기준에 따라 관련 비용을 지급해야 합니다(산재보험조례 제62조 2항).

(ⅲ) 사용자가 부담해야 할 산재관련배상금에서 상업보험배상금을 공제할 수 있는가?

상기 (ⅰ)의 내용에 따르면 사용자가 노동자를 위해 불의의 사고(意外事故), 직업질병 등의 리스크에 대응하는 상업보험상품을 구입하는 것은 해당 노동자에 대한 복리후생의 일환으로 볼 수 있으며, 그렇다고 사용자의 사회보험료의 납부의무가 면제되는 것은 아닙니다.

또한 상기 (ⅱ)의 내용대로 사용자가 노동자를 위해 산재보험료를 납부하지 않은 경우, 상응하는 산재관련배상책임을 져야 합니다.

따라서 사용자가 부담해야 하는 산재관련배상금에서 노동자가 상업보험계약에 따라 이미 수령한 보험배상금을 공제해야 한다고 주장 또는 청구하는 경우, 인민법원은 이를 인정하지 않을 가능성이 높아 주의가 필요합니다.

또한 노동자가 업무직책의 이행 중에 제3자의 원인으로 재해를 입었을 경우, 산재보험배상책임과 제3자의 권리침해에 따른 손해배상책임의 관계에 대해서는 Q6-1의 내용을 참조하길 바랍니다.

지방규정 주목!

광 동 **광동고급인민법원 좌담회회보(2012) 제25조**

➔ 사용자와 노동자 사이에 사회보험의 가입절차를 밟지 않거나 또는 노동자에 대해 사회보험료를 직접 지급하겠다고 약정하고 노동자가 그 후 해당

약정을 철회하고 사용자에게 사회보험가입절차의 이행 및 사회보험료의 납부를 명확히 요구한 경우, 사용자가 합리적인 기간내에 관련 절차의 이행을 거부하고 노동자가 이를 이유로 노동계약의 해제와 사용자에 의한 경제보상금의 지급을 청구했을 때 이를 인정해야 한다.

베이징　베이징시고급인민법원, 베이징시노동인사분쟁중재위원회의 노동분쟁 사건의 몇 가지 난해한 문제에 관한 해답의견(의견모집안)(2013년 10월) 제53조

Q 사용자가 노동자를 위하여 상업보험에 가입한 경우, 사회보험에 가입하지 않아도 되는가?

A 상업보험과 사회보험은 성질이 다르고, 노동자를 위해 사회보험료를 납부하는 것은 사용자의 법정의무이다. 사용자가 노동자를 위해 상업보험에 가입했더라도 해당 노동자를 위해 사회보험료를 납부해야 하는 사용자의 의무가 면제되는 것은 아니다.

장 쑤　장쑤성고급인민법원의 현거시경제상황(当前宏观经济形势)에서 노동분쟁 사건의 적절한 심리에 관한 지도의견([2009] 10호, 2009년 2월) 제3조

→ 산재보험의 배상과 상업보험의 배상관계를 정확히 인정해야 한다. 사용자가 부담해야 하는 산재보험배상금에서 노동자가 생명보험 또는 기타 상업보험계약에 근거해 이미 수령한 배상금을 공제해야 한다고 주장할 경우 인민법원은 이를 인정하지 않는다.

저 장　저장성고급인민법원의 '노동분쟁사건의 난해한 문제에 대한 토론회보' 의 인쇄 · 발행에 관한 통지(浙高法[2001] 240호) 제19조

Q 사용자가 이미 노동자를 위해 상업보험에 가입했는데 노동자를 위해 사회보험에도 가입해야 하는가?

A 상업보험과 사회보험의 성질은 다르고, 노동자를 위해 사회보험료를 납부하는 것은 사용자의 법정의무이므로 사용자는 노동자를 위해 상업보험에 가입했더라도 이와는 별도로 노동자를 위해 사회보험에 가입해야 한다.

제7장

여직원

Q 7-1 출산휴가일수

Q 여직원이 임신한 경우, 출산휴가와 유산휴가는 며칠 취득할 수 있습니까?

A 여직원의 출산휴가일수와 유산휴가일수와 관련해서 국가와 지방의 규정이 있는 경우 국가기준을 밑돌지 않는 전제하에 사용자소재지의 규정을 우선적으로 적용할 필요가 있습니다.

■ ■ 해 설 ■ ■

출산휴가일수 관련 규정

적용지역	출산휴가일수	남성육아휴가
국가[1]	98일(출산 전 15일 포함) + 15일(난산[2]) + 15일(다태출산 1명당 15일 추가)	-
광둥[3] (广东)	98일(출산 전 15일 포함) + 80일(장려휴가[4]) + 30일(난산) + 15일(다태출산 1명당 15일 추가)	15일
베이징[5] (北京)	98일(출산 전 15일 포함) + 30일(장려휴가) + 15일(난산) + 15일(다태출산 1명당 15일 추가)	15일
상하이[6] (上海)	98일(출산 전 15일 포함) + 30일(장려휴가) + 15일(난산) + 15일(다태출산 1명당 15일 추가)	10일
장쑤[7] (江苏)	98일(출산 전 15일 포함) + 30일(장려휴가) + 15일(난산) + 15일(다태출산 1명당 15일 추가)	15일

1. 여직원노동보호특별규정(2012) 제7조 1항
2. 광저우시직원생육보험실시변법(2015) 제13조에 따르면 제왕절개 등은 '난산'에 해당합니다.
3. 광둥성직원생육보험규정(2015) 제16조, 광둥성인구 및 계획생육조례(2016 개정시행) 제30조, 광둥성 '여직원노동보호특별규정' 실시변법(2017) 제11조 1항
4. 2017년 3월 21일자로 폐지된 '선전시경제특구인구 및 계획생육조례' 제35조에서는 직원이 고령출산(晩育)으로 계획생육정책에 부합하는 경우, 국가, 광둥성 관련규정에 의해 휴가우대정책을 받으며 여성은 15일의 출산휴가를 추가할 수 있다고 명시되어 있습니다.

5. 베이징시인구 및 계획생육조례(2016 개정시행) 제18조
6. 상하이시인구 및 계획생육조례(2016 개정시행) 제31조 2항
7. 장쑤성인구 및 계획생육조례(2016 개정시행) 제27조 2항

인구 및 계획생육법(2015 개정)이 개정시행된 후, 전국 각 지방에서 실시하는 출산휴가일수는 늘어나는 경향입니다. 위의 표와 같이 각 지방의 실무운용은 서로 다르므로 사용자는 해당 소재지의 출산휴가일수에 따라 여직원의 출산휴가를 안배하고 국가와 현지의 정책이 변경되면 그에 맞춰 지체 없이 출산휴가일수를 조정할 필요가 있습니다.

여직원노동보호특별규정(2012) 제7조 2항에 의하면 여직원이 임신 후 4개월 미만에 유산할 시 15일의 출산휴가, 임신 만 4개월에 유산한 경우에는 42일의 출산휴가를 취득할 수 있다고 명시되어 있습니다.

단, 사용자소재지에 특별규정이 있는 경우는 그에 따라야 합니다.

지방규정 주목!

광 둥 **광둥성 '여직원노동보호특별규정' 실시변법(2017) 제11조 2항**

→ 여직원이 임신 후 4개월 미만일 때 임신상태가 끝난 경우, 의료기관의 의견에 따라 15일~30일의 출산휴가를 취득하고 임신 4개월 이상, 7개월 이하일 때 임신상태가 끝난 경우에는 42일의 출산휴가를 취득하며, 임신 만 7개월에서 임신상태가 끝난 경우, 75일의 출산휴가를 취득한다.

베이징 **베이징시기업직원생육보험규정(2005년 7월 시행) 제14조 2항**

→ 여직원이 임신 4개월 미만에 유산할 시 출산휴가는 15일~30일, 임신 만 4개월 이상일 때 유산할 시 출산휴가는 42일이다.

상하이 **상하이시여직원노동보호변법(2010 개정시행) 제14조 3호**

→ 임신 후 3개월 내에 자연유산하거나 또는 자궁외임신인 경우, 출산휴가는

30일이며, 임신 3개월 이상, 7개월 이하일 때 자연유산한 경우 출산휴가는 45일이다.

장 쑤 **장쑤성여직원노동보호특별규정(2018) 제12조 2-5호**

→ 임신 후 2개월 미만에 유산할 경우 20일을 밑돌지 않는 출산휴가를 취득하고 임신 2개월 이상 3개월 미만에 유산할 경우에는 30일을 밑돌지 않는 출산휴가를 취득하고, 임신 3개월 이상 7개월 미만에 유산, 임신상태가 끝난 경우에는 42일을 밑돌지 않는 출산휴가를 취득하며 임신 7개월 이상에서 임신상태가 종료된 경우에는 98일을 밑돌지 않는 출산휴가를 취득한다.

안후이 **안후이(安徽)성여직원노동보호특별규정(2016년 3월 시행) 제10조 4, 5, 6호**

→ 임신 4개월 미만에 유산할 경우 출산휴가는 15일, 만 4개월 이상 7개월 미만에 유산할 경우 출산휴가는 42일, 7개월 이상에서 임신상태가 끝난 경우 출산휴가는 98일이다.

Q 7-2 출산휴가기간 중 임금

Q 출산휴가기간 중, 사용자는 무엇을 기준으로 직원에게 출산휴가임금(출산수당)을 지급해야 합니까? 장려휴가기간 중에 직원은 출산수당을 취득할 수 있습니까?

A 사용자가 생육보험에 가입한 경우, 출산수당은 사용자의 전년도 직원평균월임금을 기준으로 생육보험기금이 이를 지급하고 사용자가 노동자를 위해 생육보험에 가입하지 않은 경우, 출산휴가 중의 처우는 여직원의 출산휴가 전 임금을 기준으로 하며 사용자가 이를 지급합니다. 각 지방의 규정이 서로 다르기 때문에 사용자소재지의 출산수당지급에 관한 규정에 주의할 필요가 있습니다.

■ ■ 해 설 ■ ■

여직원노동보호특별규정(2012) 제8조 1항에 따르면 여직원의 출산휴가기간 중 출산수당은, 이미 생육보험에 가입한 경우에는 사용자의 전년도 직원평균월임금을 기준으로 생육보험기금이 이를 지급하고, 생육보험에 가입하지 않은 경우에는 여직원의 출산휴가 전 임금을 기준으로 사용자가 이를 지급한다고 명시되어 있습니다.

여직원의 출산 또는 유산비용은 생육보험의 규정항목과 기준에 따라 생육보험에 가입한 경우에는 생육보험기금이 이를 지급하고 생육보험에 가입하지 않은 경우에는 사용자가 이를 지급할 필요가 있습니다(동조 2항).

국가와 일부 지방의 관련 규정에 따르면 출산수당의 지급기준과 방법은 다음 표에 정리한 것과 같습니다.

출산수당의 계산은 사용자가 사회보험기관에 신고한 직원 월임금과 관련되기 때문에 해당 임금(생육보험료 납부기수)에 따라 산출한 출산수당의 금액은 반드시 여직원의 출산휴가 전 임금에 상당하는 금액은 아닙니다.

출산수당 지급기준과 방법

적용 지역	사용자가 생육보험 가입	사용자가 생육보험 미가입	비고
국가	사용자의 전년도 직원평균월임금을 기준으로 생육보험기금이 지급	여직원 출산휴가 전 임금을 기준으로 사용자가 지급	-
광둥[1] (广东)	사용자의 전년도 직원평균월임금 ÷ 30 × 출산휴가일수	사용자소재지의 생육보험처우기준으로 지급(생육보험료 미납인 경우 포함)	· 출산수당이 여직원의 원래 임금기준[2]보다 낮은 경우, 사용자가 차액분 지급 · 80일 장려휴가기간 중 출산수당을 취득할 수 없으며 사용자가 규정에 따라 임금을 지급
상하이[3] (上海)	사용자의 전년도 직원평균월임금 ÷ 30 × 출산휴가일수	사용자소재지의 생육보험처우기준으로 지급(생육보험료 미납인 경우 포함)	· 출산수당이 여직원의 원래 임금보다 낮은 경우 사용자가 차액분을 지급 · 30일 장려휴가기간 중 출산수당 취득가능
베이징[4] (北京)	여직원 출산당월 생육보험료 납부기수 ÷ 30 × 출산휴가일수	여직원 출산휴가 전 임금 기준으로 사용자가 지급	· 출산수당이 여직원 본인의 임금보다 낮은 경우 사용자가 차액분 지급 · 30일 장려휴가기간 중 출산수당 취득가능
장쑤[5] (江苏)	사용자의 전년도 직원평균월임금 ÷ 30 × 128일	여직원 출산휴가 전 임금 기준으로 사용자가 지급	· 30일 장려휴가기간 중 출산수당 취득가능

1. 광둥성직원생육보험규정(2015) 제15조, 제16조, 제17조, 광둥성 '여직원노동보호특별규정' 실시변법(2017) 제13조
2. '여직원의 원래 임금기준'이란, 직원이 법에 의해 출산휴가를 취득하기 전 12개월 평균월임금을 가리키며 직원이 법에 의해 출산휴가를 취득하기 전의 근무기간이 12개월이 되지 않을 경우 해당 직원의 실제근무월수에 따라 계산합니다.
3. 상하이시인민정부에 의한 '여직원노동보호특별규정'을 철저히 실시함에 있어서 상하이시여직원의 생육보험처우조정에 관한 규정의 통지(2013) 제2조, 상하이시인민정부의 수정 후 '상하이시 계획생육장려 및 보조일부규정'의 인쇄 · 발행에 관한 통지(2016) 제2조 2항, 3항

4. 베이징시기업직원생육보험규정(2005) 제15조, 제23조, 베이징시인력자원 및 사회보장국에 의한 베이징시직원의 생육보험관련정책조정에 관한 통지(2016) 제1조
5. 장쑤성인력자원사회보장청과 재정청에 의한 출산수당의 계산·지급기준조정에 관한 통지(2016) 제1조, 제2조

상기와 같이 출산수당이 여직원의 원래 임금기준보다 낮은 경우, 차액분은 사용자가 이를 보전해야 합니다. 또한 출산수당이 여직원의 원래 임금기준보다 높을 경우에는 사용자는 관련 초과부분을 해당 직원에게 지급해야 합니다.

또한 여직원의 출산휴가 중에 사용자의 이유로 인해 소정의 출산수당이 지급되지 않은 경우, 해당 직원은 출산휴가가 끝난 후 1년 이내에 사용자소재지의 사회보험기관에 출산수당의 급여신청을 할 수 있습니다.

Q 7-3 여직원 임신, 출산, 수유기간 중 노동계약기간 만료

Q 여직원의 임신, 출산 또는 수유기간 중에 노동계약기간이 만료하는 경우에는 어떻게 처리하면 됩니까?

A 노동계약이 여직원의 임신, 출산, 또는 수유기간 중에 기간만료하는 경우, 노동계약기간은 여직원의 임신, 출산, 또는 수유기간이 종료될 때까지 연장해야 합니다. 단, 여직원 본인이 노동계약의 합의해제를 신청한 경우, 또는 노동계약법 제39조에 규정한 사유(사용자에 의한 일방적인 노동계약해제사유) 중 어느 하나에 해당되는 경우, 사용자는 노동계약을 합의해제 또는 해제할 수 있습니다.

■ ■ 해 설 ■ ■

(ⅰ) 노동계약 해제불가와 순연사유

노동계약법 제42조에 따르면 여직원의 임신, 출산, 수유기간 중에 사용자가 노동계약의 예고해제(동법 제40조) 또는 정리해고(동법 제41조)를 실시하는 것은 금지되어 있습니다(➔Q9-1, 9-2 참조).

또한 여직원노동보호특별규정(2012) 제5조에 따르면 사용자는 여직원의 임신, 출산, 수유를 이유로 임금을 인하하거나, 해당 직원을 해고하고 해당 직원과의 노동계약을 해제해서는 안 된다고 명시되어 있습니다. 여직원의 임신, 출산, 수유기간 중에 노동계약기간이 만료될 경우 노동계약은 해당 사유가 없어질 때까지 연장된 후 종료한다고 명시되어 있습니다(노동계약법 제45조).

이 경우, 사용자는 해당 직원에게 “원래의 노동계약 조건으로 임신,

출산, 수유기간이 만료할 때까지 노동계약을 순연한다"라는 취지의 서면통지만으로도 상관없습니다. 여기서 말하는 '노동계약의 순연'은 '노동계약의 갱신'이 아니기 때문에 노동계약을 변경 또는 재체결할 필요는 없습니다.

(ⅱ) 노동계약 해제사유

여직원이 사용자의 규칙제도에 현저히 위반하는 등 노동계약법 제39조에 규정하는 사유 중 어느 하나에 해당하는 경우 사용자는 여직원의 임신, 출산, 수유기간에도 노동계약을 해제할 수 있습니다(➔Q9-2 참조).

또한 여직원이 스스로 노동계약의 합의해제를 신청하고, 사용자가 이에 응할 경우, 법정 경제보상금을 지급하는 이외에 여직원이 임신, 출산, 수유기간 중에 수령해야 할 임금 또는 출산수당 등의 요소를 감안하여 노사 양측이 보상금에 대해 합의하고 노동계약을 해제할 수 있습니다.

또한 여직원이 스스로 노동계약의 해제를 신청한 경우 사용자는 노동자에 대해서 경제보상금을 지급할 필요가 없습니다(➔Q9-3 참조).

지방규정 주목!

광 둥　　광둥성 '부녀(妇女)권익보장법' 실시변법(2007 개정시행) **제18조 2항**

➔ 여직원의 임신기간, 출산기간, 수유기간 중에 노동(고용)계약의 기간이 만료될 경우, 법률이 규정하는 사유를 제외하고 사용자는 노동(고용)계약을 종료해서는 안 되며 노동(고용)계약 기간은 수유기간이 종료할 때까지 자동으로 연장되어야 한다.

선전중급인민법원 재판지침(2015) **제101조**

➔ 사용자가 '임신, 출산, 수유(三期)' 중의 여직원과 노동계약을 위법으로 해제하고 여직원이 노동계약의 계속이행을 요구한 경우 사용자에 의한 노동

계약의 해제결정을 취소하고, 노사 양측은 노동계약을 계속해서 이행해야 한다. 해당 여직원의 임금수입에 손실을 끼친 경우, 사용자는 노동계약을 위법으로 해제한 기간의 임금을 지급해야 한다. 사건처리 중에 노동계약기간이 만료되는 경우 사용자에 의한 노동계약의 해제결정을 취소함과 동시에 노사 양측 간 노동계약의 종료를 인정하고, 사용자가 여직원에 대해 노동계약 종료일까지의 임금 및 복리후생처우와 노동계약의 종료에 의한 경제보상금을 지급하도록 명령해야 한다.

여직원이 노동계약의 계속이행을 요구하지 않은 경우 또는 노동계약의 계속이행이 불가능한 경우 노사 양측 간의 노동계약은 해제된 것으로 인정하고 '노동계약법' 제48조 및 제87조의 규정에 따라 사용자가 노동계약의 위법해제에 따른 배상금을 지급해야 한다.

불산지도의견(2011) **제26조**

➔ 노동계약의 기간이 만료되고 노동자에게 '노동계약법' 제42조*에 규정하는 사유 중 하나가 발생한 경우 동조 2호에서 규정하는 노동능력을 상실한 노동자와의 노동계약 종료에 대해서는 국가의 산재보험관련규정이 적용되지만 이 밖의 사유의 경우 노동계약은 해당사유가 없어질 때까지 연장된 후 종료되어야 한다. 노동자가 사용자에게 순연한 기간에 있어서 서면노동계약의 미체결을 이유로 2배임금의 지급을 요구한 경우 이를 인정하지 않는다.

* 사용자에 의한 노동계약해제불가사유(➔Q9-2 참조)

저 장 **저장성여직원노동보호변법**(2017년 6월 시행) **제9조**

➔ 사용자는 노동계약 또는 고용계약에서 여직원의 결혼제한, 출산제한 또는 출산휴가단축 등 여직원의 합법적인 권익을 침해하는 내용을 약정해서는 안 된다.

사용자는 여직원의 결혼, 임신, 출산, 수유 등의 사유를 이유로 임금을 인하하고 승진을 제한하고 해당 직원을 해고하거나 해당 직원과의 노동계약 또는 고용계약을 일방적으로 해제해서는 안 된다. 법률, 법규에 별도 규정이 있는 경우는 제외한다.

노동계약 또는 고용계약의 기간이 만료됐지만, 임신, 출산, 수유기간이 끝나지 않은 경우 여직원이 스스로 노동계약 또는 고용계약의 해제를 신청한 경우를 제외하고 노동계약 또는 고용계약은 임신, 출산, 수유기간의 만료시까지 순연(顺延)해야 한다.

Q 7-4 계획생육정책위반출산 시 출산휴가와 출산수당 지급여부

Q 계획생육정책을 위반해 출산한 경우에도 출산휴가와 출산수당을 취득할 수 있습니까?

A 계획생육정책을 위반해 출산한 경우, '여직원노동보호특별규정(2012)' 제7조에서 규정한 98일의 출산휴가를 취득할 수는 있으나 각 지방에서 독자적으로 실시하는 장려휴가 또는 기타 복리처우를 받을 수는 없습니다.

■ ■ 해 설 ■ ■

(ⅰ) 출산휴가와 출산수당 취득여부

여직원노동보호특별규정(2012) 제7조 1항에서는 여직원이 출산한 경우 출산전 15일을 포함한 총 98일의 출산휴가를 취득하도록 정하고 있으며, 여기서 말하는 '여직원'은 '계획생육정책에 부합하는지 여부' 등을 조건으로 추가하고 있지 않습니다.

인구 및 계획생육법(2015개정)에 따르면 법률, 법규의 규정에 부합하고 자녀를 출산한 부부는 출산휴가연장의 혜택 또는 기타 복리처우를 받을 수 있으며(제25조), 국가 관련 규정[1]을 위반해 자녀를 출산한 공민은 법에 의해 사회부양비(社会抚养费)를 납부해야 합니다(제41조 1항).

따라서 계획생육정책을 위반하고 출산한 경우 여직원은 98일의 출산휴가를 취득할 수는 있지만, 각 지방에서 독자적으로 정해 실시하고 있

1 중국의 계획생육정책은 동법 개정시행전의 '외동생육정책'에서 현행 '두자녀생육정책'으로 변경되었습니다(인구 및 계획생육법(2015개정) 제18조).

는 장려휴가 또는 기타 복리처우를 받을 수 없습니다.

또한 기업직원생육보험시행변법(1995) 제7조에 따르면 여직원이 출산 또는 유산한 후, 본인 또는 사용자가 현지 계획생육부문이 발행한 계획생육증명, 유아출생, 사망 혹은 유산증명을 가지고 현지 사회보험처리기관에서 절차를 밟은 후 출산수당을 수령하고 본인이 먼저 자기부담한 출산의료비를 정산한다고 명시되어 있으며 계획생육정책을 위반해 출산한 자는 상기의 '계획생육증명'을 제출할 수 없기 때문에 관련된 생육보험처우를 받을 수 없을 가능성이 큽니다.

즉, 출산수당을 받으려면 계획생육규정에 부합한다는 증명자료 등의 제출이 요구되므로 계획생육정책을 위반해 출산한 자는 출산수당을 받지 못할 가능성이 있어 노사 양측 모두 사용자소재지의 관련 부문에 확인작업을 해야 합니다.

(ⅱ) 노동계약 해제여부

직원이 국가계획생육정책을 위반했는지 여부는 사용자소재지 등의 계획생육주관부문의 권한사항에 해당하며 사용자가 스스로 이를 판단할 수 없습니다.

계획생육주관부문에 의해 '국가계획생육정책을 위반한 출산'이라고 인정된 경우에도 사용자는 이를 이유로 해당 직원과의 노동계약을 해제해서는 안 됩니다.

광둥성의 경우, 사용자가 노동계약 또는 사내규칙제도에서 계획생육정책의 위반은 사용자의 규칙제도를 중대하게 위반한 행위라고 명확히 규정하고 있는 경우, 이러한 노동계약 또는 사내규칙제도가 유효한 것을 전제로, 사용자는 관련 위반행위를 이유로 노동계약을 해제할 수 있다고 되어 있었으나(광둥고급인민법원해답(2017) 제7조), 새로운 규정에서는 노동자가 계획생육정책을 위반했다는 이유로 사용자가 해당 노동자와의 노동계약을 해제한 경우, 이는 노동계약의 위법해제에 해당한다고 규정하고 있습니다(광둥고급인민법원의견(2018) 제13조).

지방규정 주목!

광 둥 **광둥성인구 및 계획생육조례(2016 개정시행) 제30조**

→ 법률, 법규의 규정에 부합하게 자녀를 출산한 부부에 대해서, 여성은 80일의 장려휴가, 남성은 15일의 육아휴가를 취득할 수 있다. 해당 휴가기간 내에는 휴가사용 전과 동일하게 임금이 지급되고 복리처우와 개근상에 영향을 주지 않는다.

광둥성직원생육보험규정(2014 개정시행) 제23조

→ 의사의 진찰확인절차를 신청하려면 아래 자료를 제출해야 한다.

(5) 계획생육규정에 부합하는 증명

광저우시인구 및 계획생육관리변법(2013) 제36조

→ 규정에 부합되지 않는 출산인 경우 임산부검진, 분만입원비용 및 의약비는 본인이 부담하고 생육보험처우 및 출산휴가기간의 임금처우를 받지 못한다.

선전시노동인사쟁의 의난(疑難)문제 연구검토회 회보(2011) 제8조

→ 여직원이 미혼으로 유산한 경우 유산휴가는 취득하지 않는다. 여직원이 의료증명(또는 의사의 지시서)을 제출하고 해당 직원이 업무를 중단하고 휴식할 필요가 있음을 증명할 경우, 병가처우에 따라 처리할 수 있다.

광둥고급인민법원 의견(2018) 제6조 (저자발췌정리)

→ 법률, 법규의 규정에 부합해 자녀를 출산한 부부에 대해서, 여성은 80일의 장려휴가, 남성은 15일의 육아휴가를 취득하고 해당 휴가기간 내에는 휴가사용 전과 동일하게 임금이 지급되고 복리처우와 개근상에 영향을 주지 않

는다. 장려휴가와 육아휴가기간의 임금은 직원이 정상적으로 출근한 상황에서 받아야 할 임금지급액(应得工资)에 따라 계산해야 하지만, 시간외근무수당, 고온수당(高温津贴), 지급주기가 1개월을 초과하는 또는 지급주기를 확정하지 않은 노동보수는 제외한다.

광둥고급인민법원 의견(2018) 제13조

➔ 노동자가 계획생육정책을 위반했다는 이유로 사용자가 해당 노동자와의 노동계약을 해제한 경우, 노동계약의 위법해제에 따른 법적 책임을 부담해야 한다.

상하이 **상하이시 인구 및 계획생육조례(2016 개정시행) 제41조**

➔ 본 조례의 규정을 위반해 자녀를 출산한 공민에게 사회부양비를 징수하는 것 이외에 아래와 같이 처리한다.

(1) 분만입원비용과 의료비는 자비로 지불하고 생육보험처우, 출산휴가기간의 임금처우를 받지 못한다.

장 쑤 **장쑤성 인구 및 계획생육조례(2016 개정시행) 제41조**

➔ 본 조례의 규정을 위반해 자녀를 출산한 경우, 남녀쌍방은 각각 국무원 '사회부양비징수관리변법' 및 본 조례의 규정에 의해 사회부양비를 납부하여야 하고, 본 조례 제27조 3항에 규정된 처우(① 결혼휴가 10일간 연장 ② 출산휴가 30일간 연장과 남성 육아휴직 15일간 ③ 앞의 휴가기간은 출근한 것으로 간주해 통상임금 및 복리처우를 지급 ④ 국가 법정공휴일은 앞의 휴가기간에 계상하지 않음)를 받지 못한다.

Q 7-5 임신 중 유산 · 조산예방을 위한 휴가취득 시 임금

Q 여직원이 유산 · 조산예방(保胎)을 위한 휴가를 취득하고 싶다고 합니다. 이 기간의 임금은 어떻게 지급하면 됩니까?

A 계획생육규정에 부합하는 임신 중인 여직원에 대해서는 의사의 진찰에 의한 유산 · 조산예방이 필요하다는 진단서가 있을 경우, 유산 · 조산예방을 위한 휴가 및 처우는 병가(病假)관련규정에 따라 처리하는 것이 가능합니다.

해 설

유산방지(保胎)휴식답변(1982)[1]에 따르면 여직원이 계획생육에 따라 임신하고 의사가 발행한 증명을 통해 유산 · 조산예방을 위한 휴식이 필요한 경우, 유산 · 조산예방을 위한 휴식기간은 사용자가 실행하는 질병처우규정에 따라 처리합니다.

또 유산 · 조산예방을 위해서 휴식 또는 병가를 취득한 여직원은, 출산일부터 질병구제비의 지급을 정지하고 출산휴가임금의 지급과 기타 출산처우를 받을 수 있습니다. 출산휴가가 끝난 뒤에도 여전히 병가가 필요한 경우에는 출산휴가종료일부터 계속해서 질병구제비를 지급한다고 되어 있습니다.

여직원이 임신한 후 유산 · 조산예방을 위한 휴가의 취득을 요구한 경우, 해당 직원에게 의료기관이 발행한 진단서 또는 병가제안서를 제출

1 유산방지(保胎)휴식답변(1982)은 국영(国营)기업(현'국유(国有)기업')여직원의 관련휴가문제에 관한 문의서에 대한 답변서이며 외국투자(外资)기업이나 민영(民营)기업은 회사소재지에 관련규정이 있는 경우 그것을 우선적용할 필요가 있습니다.

시키고 이들 내용에 거짓이 없는지 심사해야 합니다.

또한 사내규칙제도 등에서 미리 진단자료를 발행할 병원을 명기하고, 직원이 유산 · 조산예방을 위한 휴가를 신청하려면 사용자가 지정한 병원에서 발행한 진단서 또는 병가제안서를 제출시키는 등의 대응이 바람직합니다.

유산 · 조산예방휴가의 기간 및 임금처우에 대해서는 Q5-1, Q5-2의 관련내용을 참조하길 바랍니다.

지방규정 주목!

광 둥 **광둥성 '여직원노동보호특별규정'실시 변법(2017) 제10조 2호**

➔ 여직원이 유산 · 조산예방을 위한 휴식이 필요하다는 의료기관의 진단이 있을 경우, 유산 · 조산방지의 휴식기간은 병가로 처리한다.

장 쑤 **장쑤성여직원노동보호특별규정(2018) 제11조 1항 5호, 2항, 3항**

➔ 여직원이 임신 후 3개월 미만에 유산 · 조산예방을 위한 휴가가 필요할 경우, 또는 임신 7개월 이상이며 출근이 확실히 어려운 경우 이를 증명하는 의료기관의 진단에 따라 휴가를 주어야 한다.

(의료기관 증명으로 주어진) 휴가기간의 임금은 노동계약 또는 집단계약의 약정에 따라 지급하는데 현지 최저임금기준의 80%를 밑돌아서는 안 된다.

여직원이 임신 후 본인의 신청을 거쳐 사용자가 임신기간 중의 휴가취득에 동의한 경우, 휴가기간 중의 임금은 노사 양측이 협의한 후 확정한다. 노동계약 또는 집단계약에 별도 약정이 있는 경우는 해당 약정에 따른다.

안후이 **안후이성여직원노동보호특별규정(2016년 3월 시행) 제9조**

➔ 여직원에게 유산의 징후가 있고 또는 유산경력이 있으며 본인이 유산 · 조산예방을 위한 휴가를 신청한 경우, 사용자는 의료기관의 증명과 자사의 실제 상황에 근거해 적절히 안배해야 한다.

참고자료

중국 각 지역의 출산휴가일수

(2018년 12월 시점)

국가규정	98일(출산휴가) + 15일(난산일 경우) + 15일(다태출산 1명당 15일 추가)		
지역명	장려휴가	남성육아휴가	비고
랴오닝(辽宁)	60일	15일	-
베이징(北京)	30일	15일	사용자의 동의를 거쳐 1~3개월 연장 가능
톈진(天津)	30일	7일	30일 장려휴가를 안배할 수 없는 경우는 1개월의 기본임금 또는 수령임금(实得工资)을 별도 지급
산시(陕西)	60일	15일	부부가 다른 지역에 거주하는 경우, 남성육아휴가는 20일, 여직원이 임신전검진(孕前检查)을 받은 경우 출산휴가 10일 추가
산둥(山东)	60일	7일	-
쓰촨(四川)	60일	20일	-
충칭(重庆)	30일	15일	여직원본인의 신청과 사용자의 동의를 거쳐서 출산휴가가 끝난 후 아이가 만 1세가 될 때까지 연장 가능
상하이(上海)	30일	10일	-
저장(浙江)	30일	15일	사용자는 구체적인 상황에 따라 기타 혜택을 줄 수 있음
장쑤(江苏)	30일	15일	사용자는 구체적인 상황에 따라 기타 혜택을 줄 수 있음
후베이(湖北)	30일	15일	-
푸젠(福建)	60~82일	15일	출산휴가조정이 가능한 범위내에서 노사 간에 합의하나, 158일(= 98일 + 60일)보다 적어서는 안 됨
광둥(广东)	80일	15일	난산의 경우는 30일(국가규정 15일 대신)

* 각 지역은 국가가 규정한 출산휴가일수와 별도로 장려휴가일수를 독자적으로 정하고 있습니다.

제8장

노동조합

Q 8-1 사용자에 의한 노동계약해제 시 사전통지의무

Q 사용자가 일방적으로 노동계약을 해제할 경우, 사전에 해제이유를 노동조합에 통지하지 않았을 때 사용자는 어떠한 책임을 져야 합니까? 노동조합이 결성되어 있지 않은 사용자는 어떻게 통지의무를 이행하면 됩니까?

A 사용자가 사전에 노동조합에 해고이유를 통지하지 않은 경우, 노동자는 사용자에 의한 위법해고를 이유로 사용자에게 배상금의 지급을 청구할 수 있습니다. 노동조합이 결성되어 있지 않은 사용자가 일방적으로 노동계약을 해제하기 전에 통지의무를 져야 하는지 여부에 대해 각 지방의 대응은 서로 다릅니다.

■ ■ 해 설 ■ ■

노동계약법 제43조에 따르면 사용자가 일방적으로 노동계약을 해제할 경우, 사전에 노동조합에 그 이유를 통지해야 합니다. 또 사용자가 법률, 행정법규의 규정 또는 노동계약의 약정을 위반한 경우 노동조합은 사용자에게 시정을 요구할 권리를 갖고 있으며 사용자는 노동조합의 의견을 검토하고 처리결과를 서면으로 노동조합에 통지해야 합니다.[1]

노동조합은 노동자의 합법적인 권익을 보호하는 직책[2]을 지고 있어 상기 규정은 노동조합이 그 감독기능을 발휘하기 위한 것입니다.

---

1 노동조합법 제21조에도 동일한 규정이 마련되어 있습니다.

2 노동조합법 제6조 1항.

(ⅰ) 노동조합이 결성되어 있는 경우

사용자가 노동계약법 제39조,[3] 제40조[4] 규정에 의해 일방적으로 노동계약을 해제할 때 상기의 노동계약법 제43조에 따라 사전에 노동조합에 통지하지 않은 경우, 노동자는 사용자의 위법해고를 이유로 사용자에 대한 법정 경제보상금의 2배의 기준[5]으로 배상금의 지급을 청구할 수 있습니다.

단, 소송을 제기하기 전에 사용자가 이미 노동조합에 대한 통지절차를 밟은 경우 사용자는 노동자에 대해 위법해고에 따른 배상금을 지급할 필요가 없다고 명시되어 있습니다.[6]

앞에 서술한 대로 사용자가 노동계약법 제39조, 제40조 규정에 의해 일방적으로 노동계약을 해제할 경우 사전에 노동조합에 통지해야 하지만 해당 해고에 관하여 노동조합의 동의를 얻을 필요는 없습니다.

또한 사용자가 생산경영에 중대한 어려움이 발생한 경우나, 노동계약 체결 시에 기반한 객관적 경제상황에 중대한 변화가 생겨 노동계약을 계속 이행할 수 없게 되었을 경우 등에 20명 이상의 정리해고, 또는 20명 미만이지만 직원총수의 10% 이상을 차지하는 정리해고를 실시할 때, 사용자는 30일 전까지 노동조합 또는 전체 직원에게 상황을 설명하고 노동조합 또는 직원의 의견을 듣고 정리해고계획을 노동행정부문에 보고한 후 정리해고를 실시할 수 있습니다(노동계약법 제41조 1항).

또한 정리해고를 실시하는 데 있어 사용자가 소재지의 노동행정부문의 의견을 묻지 않고 정리해고를 실시한 경우, 노동행정부문으로부터 제지를 당하고 시정명령을 받을 가능성이 있으므로 주의가 필요합니다.[7]

---

3 사용자에 의한 일방적인 노동계약해제사유.

4 사용자에 의한 노동계약예고해제사유.

5 노동계약법 제87조.

6 노동분쟁심리해석(四) 제12조.

7 노동부의 '기업인원감축규정(企业经济性裁减人员规定)'의 인쇄 · 발행에 관한 통지(劳

(ⅱ) 노동조합이 결성되어 있지 않은 경우

위처럼 사용자가 노동조합에 통지할 의무는 노동조합이 결성되어 있는 것을 전제로 하고 있습니다. 하지만 사용자에게 노동조합이 결성되어 있지 않은 경우, 사용자가 일방적으로 노동계약을 해제하기 전에 통지의무를 져야 하는지 여부에 관해서는 지방마다 처리방식에 차이가 있습니다.

예를 들면, 장쑤성에서는 노동조합이 결성되어 있지 않은 사용자가 일방적으로 노동계약을 해제할 경우 사용자소재지의 노동조합에 통지해야 한다고 규정하고 있습니다.[8]

또한 각 지역의 재판실무에서는 노동조합이 결성되어 있지 않은 사용자가 일방적으로 노동계약을 해제할 경우 사용자소재지의 동급/상급 노동조합에 통지할 필요는 없다는 판단과, 직원대표에게 고지(告知)하고 그 의견을 청취하는 방법 또는 사용자소재지의 업종협회의 노동조합 또는 사용자소재지의 동급/상급 노동조합에 통지하는 등의 방법으로 통지의무를 이행해야 한다는 판단이 나오고 있어 사법판단이 통일되지 않은 것이 실정입니다.

따라서 노동조합이 결성되어 있지 않은 사용자라도 장래 발생할 수 있는 노동분쟁에 대비해 일방적으로 노동계약을 해제하기 전에 사용자소재지의 노동조합 또는 노동행정부문에 문의하고, 그 지도에 따라 통지의무를 이행한 것에 관한 증거(송부장, 통지서, 노동조합이 서명날인한 수령증 등)를 보관해 두는 것이 바람직합니다.

(ⅲ) 위법해고에 대한 시정요구를 받은 경우 사용자의 통지의무

사용자의 일방적인 해고이유가 법률, 행정법규 규정 또는 노동계약의 약정에 위반된다며 노동조합으로부터 시정요구를 받은 경우, 사용자는

部发[1994] 447호) 제4조, 제8조.

8 장쑤성노동계약조례(2013) 제31조.

노동조합의 의견을 검토하고 처리결과를 서면으로 노동조합에 통지할 필요가 있습니다. 사용자가 해당 통지의무를 이행하지 않았을 때 통지의무의 불완전이행을 이유로 위법해고로 인정될 가능성이 있으므로 주의해야 합니다.

Q 8-2 노조위원장을 겸임하는 노동자의 해고

Q 사용자는 정리해고를 실시할 때 노조위원장을 겸임하는 노동자를 임기만료 전에 해고할 수 있습니까?

A 사용자는 생산경영에 중대한 어려움이 있다는 등의 이유로 노동자 전원(全员)의 정리해고를 실시하는 경우나 법정사유에 해당하는 경우를 제외하고 정리해고를 실시할 시, 노조위원장의 임기가 만료하기 전에 노조위원장을 겸임하는 노동자를 감원대상자 리스트에 올릴 수 없습니다.

■ ■ 해 설 ■ ■

노동자가 노조위원장을 겸임하고 있으며 노조위원장의 임기가 아직 남아 있는 경우, 이는 노동계약법 제42조[1] 6호에 규정한 "법률, 행정법규에 규정하는 기타 경우"에 해당하므로 해당 노동자를 정리해고의 대상자로 정할 수 없습니다.

노동조합법 제18조에 따라 기층노동조합[2]의 주석(主席, 본 사례에서 "노조위원장"이라 함), 부주석(副主席) 또는 위원(委员)을 겸임하고 있는[3](非专职) 노동자는 노동조합에서의 직책을 맡은 날부터 아직 이행하지 못한 노동계약의 기간이 노동조합에서의 임기보다 짧을 경우, 해당 노

---

1 노동계약 해제불가사유.

2 중국노동조합의 조직체계에서 말단에 위치한 노동조합을 말합니다.

3 기업노조공작조례(试行)(2006년 시행) 제23조에 따르면 직원 200명 이상의 기업노조는 법에 따라 전문직(专职) 노조위원장을 두어야 합니다.

동계약의 기간은 임기만료할 때까지 자동적으로 연장됩니다. 다만, 노동조합위원장의 임기 내에 노동자본인에게 중대한 과실이 있는 경우 또는 법정 퇴직연령에 도달한 경우는 예외로 합니다.[4]

또 노조위원장의 임기가 만료하기 전에 사용자는 일방적으로 노조위원장의 직무 및 근무부서의 배치전환을 실시하거나 노조위원장과의 노동계약을 해제해서는 안 되며, 업무상의 이유로 직무 및 근무부서의 배치전환이 필요한 경우에는 동급 노조위원회 및 상급 노동조합의 동의를 거쳐서 법에 따라 민주적 절차를 이행해야 합니다.[5]

또한 노조위원장이 노동자 측의 대표로 노사 양측 간의 협의에 참여하고 그 직책의 이행기간 중 노동계약이 만료될 경우 노동계약기간은 협의대표로서의 직책이행을 완료할 때까지 자동적으로 연장한다고 명시되어 있으며 아래에 제시한 사유 중 어느 하나라도 해당하는 경우를 제외하고 사용자는 노조위원장과의 노동계약을 일방적으로 해제해서는 안 된다고 명시되어 있습니다(집단계약규정(2004) 제28조 1항).

① 노동기율 또는 사용자가 법에 의해 제정한 규칙제도를 현저히 위반한 경우

② 중대한 직무태만, 자신의 이익을 위한 부정행위로 인해 사용자의 이익에 중대한 손해를 끼친 경우

③ 법에 의해 형사책임을 추궁당한 경우(➔Q9-10 참조)

또 노조위원장이 노동자 측 협의대표로서의 직책을 이행하는 기간에 사용자는 정당한 이유 없이 노조위원장의 직무 및 근무부서의 배치전환을 하는 것은 금지되어 있습니다(동조 2항).

---

4 기업노조위원장선출방법(试行)(2008년 시행) 제22조 2항, 기업노조공작조례 제28조 3항에도 동일 규정이 마련되어 있습니다.

5 기업노조위원장선출방법 제22조 1항, 기업노조공작조례 제28조 1항.

위와 같이 노조위원장의 임기 내에 노동자본인에게 중대한 과실이 있는 경우 또는 법정퇴직연령에 도달한 경우에 사용자는 노동계약법 제39조[6]에 따라 노조위원장과의 노동계약을 일방적으로 해제하거나 노동계약법 제44조 2호[7]에 따라 노동계약을 종료할 수 있지만 기타 경우의 노동계약 해제권은 엄격히 제한됩니다. 즉, 사용자는 일부 노동자를 정리해고할 때 노조위원장을 감원대상자 리스트에 올릴 수 없습니다.

단, 실무상 사용자는 생산경영에 중대한 어려움이 있다는 등의 이유로 노동자 전원(全员)을 정리해고할 필요가 있을 경우, 노조위원장을 감원대상자 리스트에 올릴 수 있다는 사법 판단[8]이 있습니다.

무엇보다 노동계약법 제41조 1항에서 "사용자는 정리해고를 실시할 시 30일 전까지 노동조합 또는 노동자 전원에게 상황을 설명하고 노동조합 또는 직원의 의견을 청취해야 한다"라는 취지의 규정을 두고 있기 때문에 정리해고의 실시에 있어서 노동조합의 협조를 최대한으로 활용한다는 관점에서 보면 노동조합의 간부를 감원대상자 리스트에 올리는 일은 피해야 할 것입니다.

지방규정 주목!

광 동　회사직원(노조위원장 겸임)의 "노조위원장은 임기만료 전에 감원대상자가 될 수 있나"라는 질문에 대한 광둥성총공회(总工会)의 답변(2013) (저자 발췌 정리)

→ 노동자가 노조위원장을 겸임하고 그 임기가 아직 만료되지 않은 경우, 노동계약법 제42조에 규정한 '법률, 행정법규에 규정한 기타 경우'에 해당하기 때문에 감원대상자로 정할 수 없고 노동조합법 제18조 규정에 따라 노조위원장과의 노동계약은 임기만료할 때까지 자동으로 연장된다.

6 사용자에 의한 일방적인 노동계약해제사유.

7 노동자가 법에 의해 기본연금(양로)보험처우를 받기 시작하면 노동계약은 종료된다고 명시되어 있습니다.

8 저장성닝보(宁波)시중급인민법원 민사판결서(2012) 浙甬民一终字 제85호.

쓰 촨 **쓰촨성집단계약조례(2000시행) 제19조 4항**

→ 기업이 경제적인 이유에 의한 감원(정리해고)을 실시할 때, (노동자 측의)협의대표(노조위원장 등)는 우선적으로 고용을 계속(保留工作)하는 권리를 가진다.

Q 8-3 집단계약이행 시 노동조합의 역할

Q 집단계약의 이행에 따른 분쟁이 발생해 노동조합과 사용자 간의 협의를 거쳐도 해결되지 않을 경우, 노동조합은 노동자를 대신해 인민법원에 소송을 제기할 수 있습니까?

A 집단계약의 이행에 따른 분쟁이 발생한 경우, 노동조합은 중재신청과 소송을 제기할 수 있습니다.

■ ■ 해 설 ■ ■

(i) 노동조합의 직책

노동조합은 법에 따라 노동자의 합법적인 권익을 보호하고 사용자의 노동계약, 집단계약의 이행상황을 감독하고 사용자가 노동관련법률, 법규 및 노동계약, 집단계약을 위반할 시 의견을 제출하거나 또는 시정을 요구할 권리를 갖고 있습니다(노동계약법 제78조).

(ii) 집단계약의 체결과 협의대표의 신분보장

노동계약법 제51조 1항에 따르면 노동자 측과 사용자가 평등한 협의를 통해서 노동보수, 근무시간, 휴식휴가, 노동안전위생, 보험복리후생 등의 사항에 대해서 집단계약을 체결할 수 있으며[1] 집단계약의 초안은 직원대표대회에 제출하고 또는 직원 전체의 토론을 거쳐서 승인(통과)되어야 합니다.

---

1 회사법(2018 개정시행) 제18조에도 같은 규정이 마련되어 있으며 회사는 자사의 노동조합에 필요한 활동조건을 제공해야 합니다.

노동조합이 결성되어 있는 사용자의 경우 노동조합이 직원 측을 대표해 사용자와 집단계약을 체결하지만 노동조합이 결성되어 있지 않은 사용자의 경우 상급 노동조합의 지도아래 노동자가 추천하는 대표자가 사용자와 집단계약을 체결합니다(동조 2항).

노동조합의 주석(노조위원장) 또는 부주석 등 조합회원이 노동자 측 대표로 노사 양측 간의 협의에 참여하고 그 직책의 이행기간 중 노동계약의 기간이 만료될 경우, 노동계약기간은 협의대표로서 직책이행을 완료할 때까지 자동으로 연장된다고 명시되어 있어 법정 해제사유가 발생했을 경우를 제외하고 사용자는 협의대표와의 노동계약을 일방적으로 해제할 수 없습니다(➔Q8-2 참조).

(ⅲ) 중재신청과 소송제기

사용자가 집단계약을 위반하고 노동자의 권익을 침해한 경우, 노동조합은 법에 근거하여 사용자에게 책임을 지도록 요구할 수 있으며 집단계약의 이행에 따른 분쟁이 생기고 협의를 거쳐도 해결하지 못할 경우 노동조합은 노동분쟁중재기관에 중재를 신청할 수 있고, 중재기관이 이를 수리하지 않을 때 또는 중재판단에 불복할 때는 인민법원에 소송을 제기할 수 있습니다(노동계약법 제56조, 노동조합법 제20조 4항).

실무상 노동자 측과 사용자 간에 집단계약의 이행에 따른 분쟁이 생겼을 경우, 해당 집단계약에 관련된 노동자가 여러 명이고 그중 일부 노동자만이 중재 또는 소송절차에 참여할 경우 집단계약의 이행에 따른 분쟁을 일괄적으로 처리하는 것이 어려워집니다.

따라서 노동조합은 비록 집단계약에 기초한 권리를 누리며 의무를 지는 계약당사자는 아니지만 노동자가 중재 또는 소송절차에 참여하는 부담을 효과적으로 경감하기 위하여 노동조합이 중재절차의 신청인 또는 소송절차의 원고가 될 수 있다고 해석되고 있습니다.

무엇보다 사용자는 노동조합과 집단계약 체결여부를 선택하는 권한을 가지고 있어 노동조합은 사용자가 집단계약을 체결하지 않았다는 것을 이유로 중재를 신청하거나 또는 소송을 제기할 수는 없습니다(➔ Q1-1 참조).

제9장

노동계약 종료, 해제와 보상금

Q 9-1 노동계약 종료

Q 계약기간이 만료되는 노동계약을 어떻게 종료해야 할까요? 경제보상금은 지급해야 하나요?

A 사용자는 계약기간이 만료되는 고정기간노동계약의 갱신을 원치 않을 경우 고정기간노동계약의 기간만료일 전에 노동자에게 노동계약의 종료통지를 해야 합니다. 또 고정기간노동계약이 종료했을 경우, 사용자는 법정(法定)의 예외적 상황을 제외하고 노동자에게 경제보상금을 지급해야 합니다.

■ ■ 해 설 ■ ■

(ⅰ) 노동계약 종료사유

아래 사유 중 어느 하나라도 해당하는 경우 노동계약은 종료된다고 명시되어 있습니다(노동계약법 제44조).

① 노동계약기간이 만료되는 경우

② 노동자가 법에 의해 기본연금(양로)보험처우를 받기 시작한 경우

③ 노동자가 사망하거나 인민법원에서 사망을 선고받거나 실종을 선고받은 경우

④ 사용자가 법에 따라 파산선고를 받은 경우

⑤ 사용자의 영업허가증이 취소되거나(被吊销) 폐쇄(关闭) 또는 철폐(撤销)명령을 받거나 사용자가 중도해산을 결정한 경우

⑥ 법률, 행정법규에 규정한 기타 사유

(ⅱ) 사용자 통지의무와 경제보상금 지급의무

① 사용자 통지의무

사용자는 고정기간노동계약의 기간이 만료한 후 계약갱신을 원하지 않을 경우 해당 계약기간의 만료일 전에 노동자에게 노동계약의 종료통지를 할 필요가 있습니다.

노동계약기간이 만료된 뒤 노동자가 사용자 밑에서 계속 근무하고 사용자가 노동계약의 종료통지 및 퇴직절차를 이행하지 않고 노동자가 계속 근무하는 것을 묵인한 경우, 후일 노동자는 사용자에 대해 노동계약법 제82조 1항의 규정에 근거해 2배임금의 지급을 청구할 수 있으므로 특히 유의할 필요가 있습니다(➔Q1-4, Q9-6 참조).

사용자는 상기 노동계약종료의 통지 및 퇴직절차를 이행한 것에 관한 증거를 보관함으로써 노동분쟁의 발생위험에 대비해야 합니다.

아래 경제보상금의 지급의무와 관련해 노동계약의 갱신 시에 임금인상 등을 요구하는 노동자에 대해서는 원래 노동계약의 조건을 유지한채로 계약갱신을 제시해 계약종료로 마무리하는 방법도 있습니다(➔하기 ② 참조).

② 경제보상금 지급의무

노동계약기간의 만료는 노동계약의 종료사유에 해당하며(노동계약법 제44조 1호), 계약기간의 만료에 따라 고정기간노동계약을 종료할 경우 사용자는 노동자에게 경제보상금을 지불해야 합니다.

사용자는 고정기간노동계약의 기간만료일까지 해당 노동계약에서 약정한 조건을 유지하거나 이를 개선해 노동자에게 노동계약의 갱신을 제시했으나 노동자가 이에 동의하지 않아 고정기간노동계약을 종료하는 경우에 한해서 사용자는 노동자에게 경제보상금을 지급할 필요가 없습니다(노동계약법 제46조 5호).

(ⅲ) 사용자가 고정기간노동계약을 종료하지 못하고 무고정기간노동계약의 체결요구에 응해야 하는 경우

다음과 같은 사유 중 어느 하나에 해당하고 노동자가 노동계약의 갱신, 체결을 신청 또는 노동계약의 갱신, 체결에 동의한 경우에는 노동자가 고정기간노동계약의 체결 또는 갱신을 신청한 경우를 제외하고, 사용자는 노동자와 무고정기간노동계약을 체결해야 합니다(노동계약법 제14조 2항).

① 노동자가 해당 사용자 밑에서 만 10년 이상 근속한 경우

② 연속 고정기간노동계약을 2차례 체결하고 노동자가 노동계약법 제39조(사용자에 의한 일방적인 노동계약 해제사유) 및 제40조(사용자에 의한 노동계약 예고해제사유) 1호, 2호에 규정한 사유에 해당하지 않고 노동계약을 갱신하는 경우

(ⅳ) 고정기간노동계약 종료 시 연장사유

고정기간노동계약기간이 만료하고 노동자가 아래 사유 중 어느 하나에 해당하는 경우 노동계약은 그 해당 사유가 없어질 때까지 연장한 후 종료해야 합니다(노동계약법 제45조, 제42조).

① 직업병위험이 있는 업무에 종사한 노동자에게 퇴직 전 직업건강진단을 실시하지 않고 또는 직업병의심환자로 진단 중이거나 의학관찰기간에 있는 경우

② 사용자 밑에서 직업병을 앓거나 산재로 인해 다쳐 노동능력의 상실 또는 일부 상실이 확인된 경우[1]

③ 병을 앓거나 산재이외로 부상을 입어 규정된 의료기간내에 있는 경우

1 노동계약의 종료는 산재보험관련규정을 따른다고 되어있습니다(노동계약법 제45조).

④ 여직원이 임신, 출산, 수유 기간에 있는 경우

⑤ 사용자 밑에서 근속 만 15년 이상이며, 법정 퇴직연령까지 5년 미만 남았을 경우

⑥ 법률, 행정법규에서 규정한 기타 사유(➔Q8-2 참조)

Q 9-2	사용자의 노동계약 해제권

Q 사용자는 어떠한 경우에 노동계약의 해제가 가능합니까?

A 노동계약의 해제가 가능한 법정사유가 생겼을 경우, 사용자는 정리해고를 포함해 노동자를 해고할 수 있습니다. 또 사용자는 노동자와의 합의를 거쳐서 노동계약을 해제할 수 있습니다(➔Q9-3 참조).

■ ■ 해 설 ■ ■

(ⅰ) 직원에게 과실이 있는 경우의 노동계약해제

사용자는 노동자가 아래 사유 중 어느 하나에 해당하는 경우 사전통지 없이 즉시 노동계약을 해제할 수 있습니다(노동계약법 제39조).

① 시용기간 중 채용조건에 부합하지 않는 것이 증명된 경우(➔Q2-3 참조)

② 사용자의 규칙제도를 현저히 위반한 경우

③ 중대한 직무태만, 자신의 이익을 위한 부정행위로 인해 사용자에게 중대한 손해를 끼친 경우

④ 노동자가 동시에 다른 사용자와 노동관계를 확립하고 현 사용자의 업무상임무의 완성에 중대한 영향을 주고 또는 현 사용자가 시정요구를 했으나 이를 거부한 경우

⑤ 사기, 협박 수단으로 또는 남의 약점을 이용해 사용자에게 그 진의(真实意思)에 반하는 상황에서 노동계약을 체결하게 하거나 변경시킨 경우[1]

⑥ 법에 의해 형사책임을 추궁당한 경우(➔Q9-10 참조)

---

1 노동계약법 제26조 1항에 의해 해당 사유는 노동계약의 무효사유에 해당합니다.

상기 사유가 생겼을 경우, 사용자는 노동자에게 경제보상금을 지급할 필요가 없습니다.

노동계약에 법률상 인정되는 위약금(→Q9-12 참조)이 규정된 경우에는 사용자는 노동자에게 위약금을 청구할 권리가 있습니다.

(ⅱ) 직원에게 과실이 없는 경우의 노동계약해제

사용자는 노동자가 아래 사유 중 어느 하나에 해당하는 경우, 노동계약해제 30일 전까지 서면으로 통지하거나(예고해제통지) 또는 1개월분 임금(예고해제통지를 대신하는 보상금으로 중국어로 '代通知金'이라고 함)을 여분으로 지급한 뒤 노동계약을 해제할 수 있습니다(노동계약법 제40조).

① 노동자가 질병이나 산재 이외의 부상으로 소정의 의료기간이 끝난 후에도 원래 업무에 종사하지 못하고 사용자가 따로 마련한 업무에도 종사할 수 없는 경우

② 노동자가 업무에 부적임하고 연수 또는 근무부서의 조정을 거쳐도 여전히 업무에 부적임한 경우

③ 노동계약의 체결시에 근거한 객관적 상황에 중대한 변화가 생기고 노동계약의 이행이 불가능해져[2] 사용자와 노동자가 협의를 거쳐도 노동계약내용의 변경에 대해서 합의에 이르지 못할 경우

상기의 사유가 생겼을 경우 노동자에게 경제보상금을 지급할 필요가

---

2 '노동법의 일부조항에 관한 설명'을 발포하는 것에 관한 노동부판공청 통지(劳办发[1994] 289호) 제26조 4항에 따르면 "노동계약의 체결 시에 근거한 객관적 상황에 중대한 변화가 생기고 노동계약의 이행이 불가능하게 된 경우"란, "불가항력사유가 발생하거나 노동계약의 전부 혹은 일부조항을 이행불가능하게 만드는 다른 상황, 예를 들면 기업이전, 흡수합병, 기업자산이전(양도) 등이 생기는 것"을 말합니다. 실무적으로도 지점 등의 거점을 폐쇄하는 경우나 회사가 현 등록주소와 전혀 다른 장소로 이전해서 노동자의 근무지가 변경되는 경우 등 물리적으로 노동자의 사용유지가 불가능해지는 경우를 상정하고 있는 것으로 이해되고 있습니다.

있습니다.

(iii) 정리해고

아래 사유 중 어느 하나에 해당하며 20명 이상의 감원, 또는 20명 미만이지만 기업의 전체 직원의 10% 이상을 차지하는 인원을 감축하는 경우, 사용자는 30일 전까지 노동조합 또는 전체 직원에게 상황을 설명하고 노동조합 또는 직원의 의견을 청취한 뒤 인원감축계획을 현지법인 소재지의 노동행정부문에 보고(报告)하여 인원을 줄일 수 있습니다(노동계약법 제41조).

① 기업파산법의 규정에 따라 회생(重整)을 실시하는 경우
② 생산경영에 중대한 어려움이 생겼을 경우
③ 기업의 생산전환, 중대한 기술혁신 또는 경영방식의 조정으로 노동계약의 변경 후에도 감원할 필요가 있는 경우
④ 기타 노동계약의 체결 시에 근거한 객관적 경제상황에 중대한 변화가 생기면서 노동계약의 이행이 불가능하게 된 경우

상기 사유가 발생해 인원을 감축할 때, 아래 인원에 대해서는 우선적으로 고용을 계속(优先留用)해야 합니다.

① 해당 사용자와 비교적 장기간의 고정기간노동계약을 체결하고 있는 노동자
② 해당 사용자와 무고정기간노동계약을 체결한 노동자
③ 가족 중 다른 취업자가 없고 부양을 필요로 하는 노인 또는 미성년자가 있는 노동자

사용자가 감원을 실시한 후 6개월 이내에 새로 인력을 모집・고용(招

用)할 때 감원대상이 된 인원에게 통지하여야 하며, 동등한 조건에서 감원대상인원을 우선적으로 모집・고용해야 합니다.

사용자는 감원대상인원에게 경제보상금을 지급할 필요가 있습니다.

(ⅳ) 노동계약 해제불가사유

노동자가 아래 사유 중 어느 하나에 해당하는 경우 사용자는 노동계약법 제40조(사용자에 의한 노동계약예고해제) 제41조(정리해고) 규정에 따라 노동계약을 해제해서는 안 됩니다(노동계약법 제42조).

① 직업병위험에 접촉하는 업무에 종사한 노동자에게 퇴직전 직업건강진단을 실시하지않고 또는 직업병의심환자로 진단 중이거나 의학관찰기간에 있는 경우

② 사용자 밑에서 직업병을 앓거나 산재로 인해 다쳐 노동능력의 상실 또는 일부 상실이 확인된 경우

③ 병을 앓거나 산재 이외로 부상을 입어 규정된 의료기간 내에 있는 경우

④ 여직원이 임신, 출산, 수유기간에 있는 경우

⑤ 사용자 밑에서 근속 만 15년 이상이며, 법정 퇴직연령까지 5년 미만 남았을 경우

⑥ 법률, 행정법규에서 규정한 기타 사유(➔Q8-2 참조)

Q 9-3 노동자의 노동계약 해제권

Q 노동자는 어떠한 경우에 노동계약을 해제할 수 있습니까?

A 노동자는 사용자와 합의하거나 예고해제통지를 통해 노동계약을 해제할 수 있으며 노동계약의 해제가 가능한 법정사유가 발생한 경우, 노동계약을 해제할 수 있습니다.

■ ■ 해 설 ■ ■

(i) 노동계약 합의해제

노동계약법 제36조에 따른 노사간의 합의를 거쳐 노동계약을 해제할 수 있습니다. 해당 합의해제가 사용자의 요구로 인한 경우, 사용자는 노동자에게 경제보상금을 지급할 필요가 있습니다(노동계약법 제46조 2호).

단, 실무상 노동계약의 합의해제가 사용자의 요구로 인한 것인지 여부에 초점이 맞춰지는 일은 거의 없으며 노사 양측이 노동계약의 해제에 합의할 경우 사용자가 노동자에게 일정한 금액의 경제보상금을 지급하는 것이 일반적이라고 할 수 있습니다.

(ii) 노동계약 예고해제

노동자는 30일 전까지 서면을 통해 사용자에게 통지하고 노동계약을 해제할 수 있으며, 시용기간 중이면 3일 전까지 사용자에게 통지하고 노동계약을 해제할 수 있습니다(노동계약법 제37조).

노동자본인의 사정에 인한 노동계약의 예고해제인 경우, 사용자는 노동자에게 경제보상금을 지급할 필요가 없습니다.

노동계약에 법률상 인정되는 위약금(➔Q9-12 참조)이 규정된 경우에는 사용자는 노동자에게 위약금을 청구할 권리가 있습니다.

(ⅲ) 노동계약 법정해제사유

노동자는 다음 사유 중 어느 하나에 해당하는 경우, 노동계약을 해제할 수 있습니다(노동계약법 제38조, 노동계약법실시조례 제18조).

① 사용자가 노동계약의 약정에 따른 노동보호 또는 노동조건을 제공하지 않은 경우

② 사용자가 노동보수를 지체 없이 전액 지급하지 않은 경우

③ 사용자가 법에 따라 노동자를 위해 사회보험료를 납부하지 않았을 경우

④ 사용자의 규칙제도가 법률, 법규규정을 위반하고 노동자의 권익에 손해를 끼친 경우

⑤ 사용자가 사기, 협박수단이나 사람의 약점을 이용해 노동자의 진의(真实意思)에 반하는 상황에서 노동계약을 체결하게 하거나 변경시킨 경우[1]

⑥ 사용자가 노동계약에서 자신의 법정책임을 면제하고 노동자의 권리를 배제한 경우[2]

⑦ 사용자가 법률, 행정법규의 강행규정을 위반한 경우[3]

⑧ 사용자가 폭력, 협박 또는 인신의 자유를 불법으로 제한하는 수단으로 노동자에게 노동을 강요한 경우

⑨ 사용자가 위험한 작업을 규칙에 위반해 지시 또는 강제적으로 명령해 노동자의 인신안전을 위협한 경우

⑩ 법률, 행정법규의 규정에 따라 노동자가 노동계약을 해제할 수 있는 기타 사유

---

1 노동계약법 제26조 1항에 의해 해당 사유는 노동계약의 무효사유에 해당합니다.

2 노동계약법 제26조 1항에 의해 해당 사유는 노동계약의 무효사유에 해당합니다.

3 노동계약법 제26조 1항에 의해 해당 사유는 노동계약의 무효사유에 해당합니다.

상기 사유 중 ⑧, ⑨의 사유가 생겼을 경우 노동자는 사전통지 등을 거치지 않고 곧바로 노동계약을 해제할 수 있습니다.

다만 ⑧, ⑨를 제외한 다른 해제사유가 생겼을 경우, 노동계약법에 규정한 조건 및 절차에 따라 노동자는 노동계약을 해제할 수 있다고 명시되어 있지만 노동자는 사용자에게 사전에 알릴(通知) 필요가 있습니다 (➔Q9-9 참조).

상기 법정해제사유가 생겼을 경우, 사용자는 노동자에게 경제보상금을 지급할 필요가 있습니다.

Q 9-4 경제보상금 지급책임

Q 경제보상금은 어떠한 경우에 지급해야 합니까? 경제보상금의 지급이 불필요한 경우는 있습니까?

A 노동계약법 제46조에 경제보상금을 지급할 필요가 있는 경우가 정해져 있습니다. 노동계약법에 따르면 경제보상금의 지급이 불필요한 경우도 있습니다.

■■ 해 설 ■■

(ⅰ) 경제보상금의 지급이 필요한 경우

노동계약법에서 경제보상금의 지급이 필요한 경우는 아래와 같습니다(노동계약법 제46조).

① 노동자에 의한 노동계약의 법정해제사유가 생겼을 경우[1](➔Q9-3 참조)
② 사용자의 요구로 인해 노사 양측이 노동계약을 합의해제한 경우
③ 직원에게 과실이 없는 경우 사용자에 의한 노동계약해제(➔Q9-2 참조)
④ 사용자에 의한 정리해고(➔Q9-2 참조)
⑤ 고정기간노동계약의 기간이 만료되어 종료된 경우[2]
⑥ 사용자가 법에 따라 파산선고를 받은 경우

---

1 사용자에 의한 임금미불과 법률위반행위 등으로 노동자가 일방적으로 노동계약을 해제할 경우를 말합니다.

2 사용자가 노동계약에 약정된 조건을 유지하거나 이를 개선해 노동계약의 갱신을 노동자에게 제시했지만 노동자가 계약갱신에 동의하지 않는 경우를 제외합니다.

⑦ 사용자의 영업허가증이 취소되거나(被吊销) 폐쇄(关闭) 또는 철폐(撤销)명령을 받거나 사용자가 중도해산을 결정한 경우

⑧ 법률, 행정법규가 규정한 기타 사유[3]

(ⅱ) 경제보상금의 지급이 불필요한 경우

노동계약법에 따라 경제보상금의 지급이 불필요하다고 규정한 경우는 아래와 같습니다.

① 노동자본인의 사정으로 인한 노동계약해제(➔Q9-3 참조)

② 노동자에게 과실이 있는 경우 사용자의 노동계약해제(➔Q9-2 참조)

③ 노동자의 요구로 인해 노사 양측이 노동계약을 합의해제한 경우[4]

④ 고정기간노동계약의 기간이 만료되어 사용자가 노동계약의 약정조건을 유지 또는 이를 개선해 노동계약의 갱신을 노동자에게 제시했지만 노동자가 계약갱신에 동의하지 않아 계약이 종료된 경우[5]

⑤ 노동자가 법에 의해 기본연금(양로)보험처우를 받기 시작해 노동계약이 종료된 경우[6]

⑥ 노동자가 사망하거나 인민법원에서 사망 또는 실종을 선고받아 노동계약이 종료된 경우[7]

⑦ 비전일제(非全日制) 고용이 종료된 경우[8]

---

3 노동분쟁심리해석(四) 제13조: 노동계약법 시행 후 사용자의 경영기한만료로 경영이 지속되지 않아 노동계약을 계속적으로 이행하지 못할 경우, 노동자가 사용자에게 경제보상의 지급을 청구했을 때 인민법원은 이를 인정해야 한다.

4 실무상, 노동계약의 합의해제가 사용자의 요구로 인한 것인지 여부에 관계없이, 노사 양측 간의 합의해제문서에 경제보상금에 관한 약정이 들어 있는 것이 일반적입니다.

5 노동계약법 제46조 5호.

6 노동계약법 제44조 2호.

7 노동계약법 제44조 3호.

8 노동계약법 제71조.

Q 9-5 경제보상금 계산방법

Q 경제보상금의 계산방법을 알려 주세요.

A 경제보상금은 직원의 근무년수에 따라 계산합니다. 근무년수 만 1년당 1개월분 임금, 근무기간이 6개월 미만이면 반개월분 임금, 근무기간이 6개월 이상 1년 미만이면 1년으로 계산합니다.

■ ■ 해 설 ■ ■

(ⅰ) 경제보상금의 계산방법(2008년 1월 1일 이후 적용)

노동계약법 제47조에 따르면 경제보상은 노동자의 해당 사용자 소속 근무년수 1년당 1개월분 임금을 지급하며 6개월 이상 1년 미만인 경우는 1년으로 계산하고 6개월 미만인 경우는 노동자에게 반개월분 임금을 경제보상으로 지급해야 합니다.

월임금은 노동자의 노동계약 종료 또는 해제 전 12개월의 평균임금을 말합니다.

경제보상금 지급액 = 월임금 × 만 근무년수

또한 노동자의 월임금이 사용자의 소재지정부가 공포한 전년도의 직원월평균임금[1]의 3배를 넘는 경우에는 해당 노동자에게 지급하는 경제보상기준은 직원월평균임금의 3배로 하고, 해당 노동자에게 지급하는

1 정확히는 사용자가 소재하는 직할시(直辖市), 구(区)를 설치한 시(市)급의 인민정부가 공포한 해당지구 전년도 직원월평균임금을 말합니다(노동계약법 제47조 2항).

경제보상기간은 최장 12년을 넘지 않습니다.

(ⅱ) 노동계약법시행일(2008년 1월 1일) 전후 취급에 관한 경과규정

노동계약법 시행일에 존속하는 노동계약이 동법시행 이후 해제되거나 종료되어 동법 제46조 규정(➔Q9-4 참조)에 따라 경제보상을 지급해야 하는 경우, 경제보상년수는 동법시행일부터 기산하고, 동법시행 전에 당시 관련 규정에 따라 노동자에게 경제보상을 지급해야 하는 경우는 당시 관련 규정대로 실시한다고 명시되어 있습니다(노동계약법 제97조 3항).

따라서 노동자의 해당 사용자 소속 근무기간에 2008년 1월 1일이 포함되어 있을 경우에는 노동계약법시행일 전과 후 2단계로 나누어 각각 적용되는 관련 규정에 따라 경제보상금을 계산할 필요가 있으므로 주의가 필요합니다.

노동계약법 실시 전 경제보상금 계산방법*

<table>
<tr><th>계약종료 또는 해제사유</th><th>계산방법</th><th>상한규정</th><th>비고</th></tr>
<tr><td>합의해제</td><td rowspan="5">경제보상금지급액 = 월임금 × 근무년수
*월임금: 계약해제 전 12개월 월평균임금
*근무년수: 근무 만 1년마다 1개월분 임금을 지급, 1년 미만인 경우는 1년으로 계산</td><td>12개월</td><td>-</td></tr>
<tr><td>업무상 부적임</td><td>12개월</td><td>-</td></tr>
<tr><td>질병 또는 업무 외 부상</td><td rowspan="3">12개월
상한 규정 없음</td><td rowspan="3">*직원의 월임금이 사용자의 월평균임금보다 낮을 경우는 사용자의 월평균임금을 기준으로 함</td></tr>
<tr><td>객관적 상황의 중대한 변화에 따른 계약이행불능</td></tr>
<tr><td>정리해고</td></tr>
<tr><td>사용자해산에 따른 계약종료</td><td colspan="2">명문 규정 없음</td><td>-</td></tr>
</table>

* 노동계약위반 및 노동계약해제에 있어서 경제보상변법(劳部发[1994]481호, 1995년 1월 시행, 2017년 11월 폐지) 제5조~제11조, 노동계약의 해제에 따른 경제보상문제에 대한 답변서(劳部发[1997] 98호, 1997년 10월 공포) 제2조에 근거해 저자정리.

(ⅲ) 월임금의 확정

노동계약법실시조례 제27조에 따르면 노동계약법 제47조에 규정한 경제보상의 월임금은 노동자가 받아야 할 임금지급액(应得工资)으로 계산하고 시간당임금(시급) 또는 작업량에 따른 임금 및 상여, 수당과 보조금 등의 금전수입(货币性收入)을 포함한다고 명시되어 있습니다.

노동계약의 해제 또는 종료 전 12개월간의 평균임금이 사용자소재지의 최저임금기준보다 낮을 경우, 해당 지역의 최저임금기준을 근거로 계산하고 노동자의 근무기간이 12개월에 못 미칠 경우, 실제 근무한 월수에 따라 평균임금을 계산합니다.

(ⅳ) 근무년수의 계산

동일사용자 소속 근무년수에는 노동자가 병을 앓거나 업무상의 원인과 관계없는 부상으로 인해 법에 따라 취득한 의료기간과 여직원의 임신, 출산, 수유기간 등이 포함됩니다.

(ⅴ) 경제보상금의 지급시기판단

노동계약법 제50조 2항에 따르면 사용자가 노동계약법의 관련 규정에 따라 노동자에게 경제보상금을 지급해야 하는 경우, 노사 양측이 업무인수인계를 완료했을 때 노동자에게 경제보상금을 지급한다고 되어 있습니다.

실무상, 노동계약을 해제 또는 종료할 시, 노사 양측 간에 업무인수인계의 완료를 경제보상금의 지급조건으로 하는 경우는 많지만 노사 양측 간에 이러한 약정을 할 때 업무인수인계의 내용과 그 필요성, 인수인계 대상물의 가치 등에도 유의할 필요가 있습니다.

그 이유는 업무인수인계의 내용이나 그 대상물에 따라서는 업무인수인계의 완료를 경제보상금의 지급조건으로 약정하는 것이 노동자에게 불합리하다는 판단이 내려질 가능성이 있기 때문입니다.

광 둥 **광둥고급인민법원 좌담회회보(2012) 제31조**

→ 사용자는 노동자에게 노동계약의 해제 또는 종료에 따른 경제보상금 또는 배상금을 지급할 때, 경제보상금 또는 배상금의 기수는 노동자의 노동계약 해제 또는 종료 전 12개월간의 평균임금이며 '노동계약법' 시행일 전후로 나누어 계산할 필요는 없다. 노동자의 월 임금이 사용자소재지의 전년도 직원월평균임금의 3배를 넘는 경우, 경제보상금 또는 배상금의 기수는 사용자소재지의 전년도 직원월평균임금의 3배를 기준으로 계산한다.

동 좌담회회보 제32조

→ '노동계약법' 시행일 이전에 노동관계가 성립되고, 동법시행 이후 해제 또는 종료했을 경우, 경제보상금은 아래 방법으로 계산한다.

(i) '노동계약법' 시행일 이전의 관련 규정에 따라 사용자가 경제보상금을 지급할 필요가 없는 경우 노동자의 근속년수는 '노동계약법' 시행일부터 계산한다.

(ii) '노동계약법' 시행일 전후의 관련 규정에 따라 사용자가 경제보상금을 지급할 필요가 있는 경우, 노동자의 근속년수는 고용시작일부터 계산한다.

(이하 생략)

동 좌담회회보 제33조

→ '노동계약법'이 시행된 뒤 사용자가 법을 위반해 노동계약을 해제 또는 종료하고, 노동자가 노동계약의 계속이행을 요구하지 않거나 노동계약의 계속이행이 불가능한 경우, 사용자는 '노동계약법'의 규정에 따라 노동자에게 배상금을 지급해야 하지만 별도로 경제보상금을 지급할 필요는 없다. 배상금의 계산년수는 실제 고용시작일부터 계산하고 '노동계약법' 시행일 이전의 노동자의 근무년수를 포함해야 한다.

광둥고급인민법원 의견(2018) 제10조 1항

→ "노동계약위반 및 노동계약해제에 있어서 경제보상변법"이 폐지(2017년 11월)된 후,경제보상월수(月数)의 상한, 근무기간이 6개월 미만인 경우의 경제보상지급월수(月数), 경제보상의 지급기수(基数)문제는 통일적으로 노동계약법 제47조의 규정을 적용한다.

선전중급인민법원 재판지침(2015) 제97조

→ 경제보상 또는 배상금을 계산할 때 노동자가 노동계약을 해제하기 전 12개월간의 평균임금은 정상근무시간의 임금 외에 노동자의 시간외근무수당을 포함한다. 노동자가 이미 수령한 연말상여금 또는 연말더블페이(年终双薪)는 12개월(1년)로 할당한 금액을 임금기수에 계상한다.

사용자가 고용시작일부터 1개월 이내에 노동계약을 체결하지 않아 월별로 노동자에게 지급해야 하는 2배의 임금에 대해서는 그중 부가되는 1배의 임금은 경제보상 또는 배상금의 계산기수에 계상하지 않는다.

베이징 **베이징고급인민법원 해답(2017) 제21조(4)**

→ 노동자가 노동계약을 해제하기 전 12개월간의 평균임금을 계산할 때 시간당임금 또는 작업량에 따른 임금 및 상여, 수당과 보조금 등의 금전수입(货币性收入)을 포함한다. 그중 정상근무시간의 임금 외에 노동자의 시간외근무수당을 포함한다. 노동자가 받아야 할 연말상여금 또는 연말더블페이(年终双薪)는 12개월(1년)로 할당한 금액을 임금기수에 계상한다. '노동계약법' 제47조에 규정하는 경제보상을 계산할 때의 월임금기준은 '노동계약법실시조례' 제27조 규정에 따라 확정해야 하며 '노동계약법실시조례' 제27조에 규정한 '(노동자가) 받아야 하는 임금지급액(应得工资)'은 노동자개인이 납부하는 사회보험, 주택적립금 및 소득세를 포함한다.

상하이 **상하이고급인민법원 의견(2007) 제6조**

Q 경제보상금을 계산할 시 임금은 (노동자가 받아야 할) 임금지급액(应得工资)

인지, 아니면 실제로 수령한 임금인가?

A 관련규정에 근거해, 경제보상금은 노동관계 해제 전 12개월간의 평균임금수입을 계산기준으로 삼아야 한다. 노동자의 월임금지급액과 실제로 수령한 임금의 차액은 사용자에 의한 각종 공제·원천징수비용으로 여기에는 개인이 부담해야 하는 사회보험료, 세금 또는 노동조합비 등이 포함된다. 사용자에 의해 공제·원천징수되는 사회보험료, 세금 등은 모두 노동자개인의 노동소득의 일부이며, 사용자는 노동자를 대신해 납부할 의무를 질 뿐이다. 따라서 경제보상금을 계산할 시 해당 부분의 비용을 임금수입(工资性收入)에 계상해야 한다.

Q 9-6 노동계약미체결책임이 노동자에게 있는 경우 사용자의 지급책임

Q 노동자가 정당한 이유 없이 노동계약의 체결을 거부합니다. 사용자는 이를 이유로 노동자와의 노동관계를 종료해야 합니까? 사용자가 노동계약을 종료하는 경우, 노동자에게 서면노동계약의 미체결에 따른 2배의 임금과 노동계약종료에 따른 경제보상금을 지급해야 합니까?

A 노동자가 정당한 이유없이 노동계약의 체결을 거부할 경우, 사용자는 노동자에게 노동관계의 종료를 서면으로 통지해야 합니다. 노동자 측의 원인으로 노동계약을 체결할 수 없을 경우, 사용자의 책임은 몇 가지 상황으로 나누어서 사용자소재지의 관련규정에 근거해 검도할 필요가 있으므로 각별히 주의해야 합니다.

■ ■ 해 설 ■ ■

(ⅰ) 노동자가 고용시작일부터 1개월 이내에 노동계약을 체결하지 않을 경우

노동계약법실시조례 제5조에 따르면 고용시작일부터 1개월 이내에 사용자로부터 서면통지를 받았으나 노동자가 사용자와 서면노동계약을 체결하지 않을 때는 사용자는 노동자에게 서면으로 통지해 노동관계를 종료해야 하고 노동자에게 경제보상을 지급할 필요가 없습니다. 다만, 법에 따라 노동자에게 실제 노동시간의 노동보수를 지급할 필요가 있습니다.

(ⅱ) 노동자가 고용시작일부터 1개월 초과 1년 미만 동안 노동계약을 체결하지 않을 경우

① 사용자의 서면통지로 인해 노동관계가 종료된 경우

노동계약법실시조례 제6조 1항에 따르면 사용자가 고용시작일부터 1개월 초과 1년 미만 사이에 노동자와 서면노동계약을 체결하지 않을 때는 노동계약법 제82조 규정(서면에 의한 노동계약체결의무 불이행 시의 벌칙)에 따라 노동자에게 매달 2배의 임금을 지급(➔Q1-3 참조)하고 노동자와 서면으로 노동계약을 보충적으로 체결해야 합니다.

노동자가 사용자와 서면노동계약을 체결하지 않을 때, 사용자는 노동자에게 서면으로 통지해 노동관계를 종료하고 노동계약법 제47조 규정(➔Q9-5 참조)에 따라 노동자에게 경제보상금을 지급하여야 합니다(노동계약법실시조례 제6조 1항).

② 사용자가 노동관계의 종료를 서면으로 통지하지 않고 고용을 계속한 경우

광둥고급인민법원 좌담회회보(2012) 제14조, 선전중급인민법원 재판지침(2015) 제64조의 규정에 따라 (아래 '지방규정' 참조) 사용자는 노동자에게 서면노동계약의 미체결에 따른 2배임금을 지급할 필요가 있습니다.

③ 사용자의 서면통지로 인해 노동관계가 종료됐지만 사용자가 노동자에 의한 노동계약의 체결거부를 입증하지 못하는 경우

사용자 측의 원인으로 고용시작일부터 1개월초과 1년미만 사이에 노동계약을 체결하지 않은 경우, 사용자가 노동계약을 보충적으로 체결할 것을 노동자에게 통지했지만 노동자가 이를 거부해 사용자가 노동관계를 종료했으나 사용자가 노동자에 의한 노동계약의 체결거부를 입증할 수 없을 때는, 사용자는 노동자에게 서면노동계약의 미체결에 따른 2배 임금을 지급하는 이외에 경제보상금을 지급할 필요가 있습니다.

④ 사용자가 노동계약의 보충체결을 서면통지해도 노동자가 이를 거부하고 노동계약의 계속이행을 거부한 경우

상하이고급인민법원의견(2009) 규정에 따라(아래 '지방규정' 참조) 사용자로부터 보충 체결에 관한 서면통지를 받고도 노동자가 노동계약의 체결을 거부하고 노동계약의 계속이행을 거부한 경우는 노동자가 일방적으로 노동계약을 종료했다고 간주되어 사용자는 노동자에게 서면노동계약의 미체결에 따른 2배임금과 경제보상금을 지급할 필요가 없습니다.

(ⅲ) 노동자가 고용시작일부터 1년 경과 후 무고정기간노동계약을 체결하지 않을 경우

상하이고급인민법원 민사심판정회보(2015) 규정에 의해 (아래 '지방규정' 참조) 노사 양측이 고용시작일부터 1년이 경과할 때까지 노동계약을 체결하지 않은 경우, 사용자가 노동자에게 무고정기간노동계약의 체결을 통지했지만 노동자가 이를 거부해 사용자가 서면통지로 노동관계를 종료했을 때는 사용자는 노동자에게 서면노동계약의 미체결에 따른 2배임금을 지급할 필요는 없지만 경제보상금을 지급해야 합니다.

위 사례 중 사용자의 지급책임을 정리한 것은 아래 표와 같습니다. 단, 일부 지방규정을 인용해 정리한 부분이 있기 때문에 해당 지방에 소재하지 않은 사용자는 자사소재지의 관련규정을 우선 적용할 필요가 있으므로 각별히 유의할 필요가 있습니다.

노동계약미체결의 책임이 노동자 측에 있는 경우 사용자의 지급책임

구체적 사유/사용자의 지급책임	노동보수	2배임금	경제보상금
노동자가 고용시작일부터 1개월 이내에 노동계약체결을 거부할 시, 서면통지로 노동관계 종료	있음	없음	없음
노동자가 고용시작일부터 1개월 초과 1년 미만 사이에 노동계약체결을 거부할 시, 서면통지로 노동관계 종료	있음	없음	있음

노동자가 고용시작일부터 1개월 초과 1년 미만 사이에 노동계약체결을 거부할 시, 노동관계종료에 관한 서면통지 없이 고용을 계속	있음	있음	- (고용계속)
사용자 측의 원인으로 고용시작일부터 1개월 초과 1년 미만 사이에 노동계약을 체결하지 않은 경우, 사용자가 노동계약의 보충체결을 통지했지만 노동자가 이를 거부해 노동관계를 종료한 사례. 단, 사용자는 노동자의 노동계약체결거부를 입증할 수 없음	있음	있음[1]	있음[2]
고용시작일부터 1개월 초과 1년 미만 사이에 노동계약을 체결하지 않은 경우 사용자로부터 보충체결의 서면통지를 받고도 노동자가 노동계약의 체결을 거부하고 노동계약의 계속이행을 거부한 경우는 노동자가 일방적으로 노동계약을 종료했다고 간주함	있음	없음	없음
고용시작일부터 1년이 넘도록 노동계약을 체결하지 않은 경우 사용자가 무고정기간노동계약의 체결을 통지했으나 노동자가 이를 거부해 서면통지로 노동관계를 종료	있음	없음	있음

1. 사용자에 의한 서면통지 및 노동관계종료에 관한 증명자료에 근거하여 중재원(仲裁员) 또는 법관(法官)이 '노동자에 의한 노동계약 체결거부'로 인정되는 경우에는 2배의 임금지급이 불필요하다고 판단될 가능성도 있습니다.
2. 중재원 또는 법관에 따라서는 노동계약의 위법해제(노동계약법 제48조, 제87조)로 인정될 가능성도 배제할 수 없기 때문에 사용자가 관련 입증의무를 이행할 때는 세심한 주의가 필요합니다.

지방규정 주목!

광 둥 **광둥고급인민법원 지도의견(2008) 제21조**

→ 고용시작일부터 1개월 이내에 노동자와 사용자가 노동계약의 체결사항에 관해 합의에 이르지 못하고 사용자가 노동관계의 종료를 요구할 경우, 경제보상금을 지급할 필요는 없다.

고용시작일부터 1개월 초과 1년 미만 사이에 사용자에게 충분한 증거가 있고 노동자와 서면노동계약을 체결하지 못한 원인이 완전히 노동자 측에 있음을 증명하고 사용자에게 과실(过错)이 없을 경우 사용자는 2배의 임금을 지급할 필요는 없다. 단, 사용자가 노동관계의 종료를 요구할 경우 경제보상금을 지급해야 한다.

광둥고급인민법원 좌담회회보(2012) 제14조

→ 사용자가 고용시작일부터 1개월 초과 1년 미만 사이에 노동자와 서면노동계약을 체결하지 않은 경우 또는 노동자에게 서면노동계약의 체결을 통지했으나 노동자가 정당한 이유 없이 이를 거부하고 사용자가 노동관계의 종료를 서면으로 통지하지 않은 경우, '노동계약법' 제82조 규정에 근거해 노동자에게 매달 2배의 임금을 지급해야 한다.

노동계약의 기간이 만료된 뒤 노동자가 여전히 원래 일자리에서 근무하고 1개월을 초과해도 노사 양측이 노동계약을 체결하지 않은 경우, 노동자가 '노동계약법' 제82조 1항의 규정에 근거해 2배의 임금지급을 요구할 경우 이를 인정한다.

선전중급인민법원 재판지침(2015) 제64조

→ 사용자가 고용시작일부터 1개월 초과 1년 미만 사이에 노동자와 서면노동계약을 체결하지 않은 경우, 사용자는 고용시작일부터 1개월이 경과한 날의 다음날부터 노사 양측이 서면노동계약을 체결한 날의 전날까지 2배의 임금을 지급해야 한다.

노동자가 사용자와 서면노동계약을 체결하는 것을 거부하고 사용자가 '노동계약법실시조례' 제5조, 제6조의 규정에 따라 노동관계의 종료를 서면으로 통지하지 않았을 경우, 노동자가 서면노동계약의 미체결에 따른 2배임금의 지급을 요구했을 때는 이를 인정한다.

노동계약의 기간이 만료된 후 노동자가 계속 원래 일자리에서 근무하고 사용자가 노동계약만료일로부터 1개월 초과 1년 미만 사이에 노동자와 노동계약을 체결하지 않은 경우, 앞 2항의 규정을 참조해 처리한다.

선전중급인민법원 재판지침설명(2015) 제12조

→ (선전중급인민법원 재판지침) 제64조는 노동자가 서면노동계약의 체결을 거부할 시 그 처리에 관한 조항이다. '노동계약법실시조례' 제5조 및 제6조 규정에 따르면 사용자에게 증거가 있어 노동자가 서면노동계약의 체결을 거

부했다고 증명할 수 있는 상황에서 사용자는 일정기간 내에 노동관계의 종료를 서면으로 노동자에게 통지하여야 한다. 사용자가 법정기간 내에 법에 따라 노동관계의 종료를 노동자에게 서면통지하지 않은 채 계속 고용한 경우, 사용자는 노동관계를 종료할 권리를 포기했다고 간주해야 한다. 이때 노동자가 서면노동계약의 미체결에 따른 2배임금의 지급을 요구하는 경우 이를 인정해야 한다. 광둥고급인민법원 좌담회회보(2012) 제14조(상기 참조)도 이 관점을 지지하고 있다.

선전중급인민법원 재판지침(2015) 제79조

➔ 고용시작일부터 1개월 이내에 노동자가 서면노동계약의 체결을 거부하고 사용자가 노동관계의 종료를 서면으로 요구한 경우 사용자는 경제보상금을 지급할 필요가 없다. 단, 법에 의해 노동자에게 실제 노동기간의 노동보수를 지급해야 한다.

고용시작일부터 1개월 초과 1년 미만 동안 노동자가 서면노동계약의 체결을 거부하고 사용자가 노동관계의 종료를 서면으로 요구한 경우 사용자는 노동자에게 노동보수를 지급하는 이외에 노동관계의 종료에 따른 경제보상금을 지급해야 한다.

고용시작일부터 1년이 지난 뒤 사용자가 노동자와 서면노동계약을 체결하지 않은 경우 고용시작일부터 만 1년이 되는 날에 노동자와 무고정기간노동계약을 체결한 것으로 간주하고 사용자는 즉시 노동자와 서면노동계약을 보충적으로 체결해야 한다.

노동계약의 기간이 만료된 후 노동자가 계속 사용자 밑에서 근무하는 경우는 상기 규정을 참조해 처리한다.

상하이 **상하이고급인민법원 의견(2009)**

2. 노사 쌍방 간에 서면계약을 체결하지 않은 경우의 처리

➔ 노동계약의 체결과 이행은 신의성실(诚实信用)의 원칙을 준수해야 한다. 노동자가 실제로 사용자를 위해 근무하고 사용자가 1개월이 경과해도 노동

자와 서면계약을 체결하지 않은 경우, 노동자에게 2배의 임금을 지급할 필요가 있는지 여부는 사용자가 노동자와 성실하게 교섭하는(诚实磋商) 의무를 이행했는지, 노동자가 계약체결을 거부했는지 등의 상황을 고려해야 한다. 사용자가 노동자와 성실하게 교섭하는 의무를 이행하고 불가항력, 예상밖의 상황 또는 노동자에 의한 체결거부 등 사용자 이외의 원인으로 노동계약을 체결하지 못한 경우, '중화인민공화국 노동계약법실시조례' 제6조에서 규정한 사용자가 '노동자와 서면노동계약을 체결하지 않은' 상황에 해당하지 않는다. 사용자 측의 원인에 의해 서면노동계약을 체결하지 않은 경우 사용자는 법에 따라 노동자에게 2배의 임금을 지급해야 한다. 단, 노동자가 서면노동계약의 체결을 거부하고 또 계약의 계속이행을 거부할 경우에는 노동자가 일방적으로 노동계약을 종료한 것으로 간주한다.

노동계약기간이 만료된 뒤 노동자가 계속 사용자 밑에서 노동을 제공하고 사용자가 이에 이의를 제기하지 않았으나 당사자 간에 서면노동계약을 갱신하지 않은 경우, 당사자 간에 지체 없이 서면노동계약을 보충적으로 체결해야 한다. 사용자는 신의성실(诚实信用)의 의무를 이행했지만 노동자가 사용자와 서면노동계약을 체결하지 않을 경우, 사용자는 노동자에게 서면으로 통지한 후 노동계약을 종료할 수 있고 '노동계약법' 제47조 규정에 근거해 경제보상금을 지급한다. 노동자가 서면노동계약의 체결을 거부하고 계약의 계속이행을 거부할 경우는 노동자가 일방적으로 노동계약을 종료했다고 간주하고 사용자는 노동자에게 실제 근무기간의 보수를 지급해야 하지만 경제보상금의 지급은 필수가 아니다.

상하이고급인민법원 민사심판정회보(2015)

1, 사용자는 노동자가 무고정기간노동계약의 체결을 원치 않는다는 것을 이유로 일방적으로 노동관계를 해제할 수 있는가, 해제할 경우 경제보상금을 지급할 의무가 있는지 여부 (저자 발췌정리)

노동계약법 제14조 3항에 근거하여 사용자가 고용시작일부터 1년이 경과해도 노동자와 서면노동계약을 체결하지 않을 경우, 사용자는 노동자와 무고정기간노동계약을 체결했다고 간주된다. 이처럼 법률적으로 의제(拟制)된 무고정기간노동계약은 노동계약기간을 확정하고 있지만 노동계약의 기타 권리와 의무에 대해서는 서면으로 약정을 하고 있지 않다.

노동계약법실시조례 제7조에서는 사용자가 고용시작일부터 1년이 경과해도 노동자와 서면노동계약을 체결하지 않으면 사용자가 노동자와 무고정기간노동계약을 체결했다고 간주하고 곧바로 노동자와 서면노동계약을 보충적으로 체결해야 한다고 규정하고 있다. 요컨대 서면노동계약의 보충적인 체결은 사용자의 법정의무이며 노동자의 법정의무이기도 하다. 노동계약기간 이외의 노동계약내용에 대해, 노사 양측은 합법(合法), 공평(公平), 평등자원(平等自愿), 합의(协商一致), 신의성실(诚实信用)의 원칙에 따라 협의를 거쳐 확정해야 한다. 사용자가 성실하게 교섭하는(诚实磋商) 의무를 이행하고, 무고정기간노동계약의 보충체결에 관해 비교적으로 합리적인 조건(합리성의 판단은 동일부서, 동일직종 또는 고용시작일부터 1년 이내에 형성된 사실상의 노동권리와 의무 또는 기타 합리적인 요소를 적절히 참고해 종합적으로 내릴 수 있음)을 제시했으나 노동자가 본인사정(个人主观原因)으로 인해 서면노동계약의 보충체결을 원치 않을 경우에는 사용자는 노동계약을 해제할 수 있고 노동자에게 경제보상금을 지급해야 한다고 해석해야 한다.

Q 9-7 그룹사 간 통합대상사업부문 재직노동자의 경제보상금청구권

Q 그룹사 간 특정사업부문(대상부문)의 통합결정으로 그룹사(전적 전 회사)의 대상부문에 재직하고 있는 직원(대상직원)을 그룹 타사(전적 후 회사)로 전적시키기로 하였습니다. 그룹사 간 사업부문의 통합결정에 따른 전적과 관련해 대상직원의 동의를 얻어야 합니까? 또한 대상직원에게 경제보상금을 지급할 필요가 있습니까?

A 대상직원의 전적으로 인해 "전적 전 회사"와 대상직원 간의 노동관계는 해제되고 대상직원은 "전적 후 회사"와 신규노동계약을 체결하게 됩니다. 대상직원은 노동관계의 해제와 신규노동계약의 체결조건에 관해 동의여부를 결정할 권리를 가지고 있습니다.

"전적 후 회사"가 대상직원의 "전적 전 회사" 소속 근무기간을 합산하는 것에 대해 3자 간에 합의한 경우나 대상직원이 자진퇴직하는 등 일방적으로 노동관계의 해제를 사용자에게 통지한 경우를 제외하고, "전적 전 회사"는 대상직원과 전적 등에 대해 합의에 이르지 못하고 대상직원을 위해 사내배치전환도 실시하지 못할 경우, 그룹사 간 사업부문의 통합결정에 기인한 노동관계의 해제에 대해서 경제보상금을 지급할 필요가 있습니다.

■ ■ 해 설 ■ ■

(ⅰ) 이전 노동관계의 해제와 새로운 노동관계의 성립

"전적 전 회사"의 입장에서 보면 자사 사업부문의 철폐 또는 특정사업부문의 타사양도로 인해 대상직원을 "전적 후 회사"로 전적시키는 것은 "전적 전 회사"와 대상직원 간의 노동관계를 해제하고 대상직원은 "전적 후 회사"와 신규노동계약을 체결하는 것을 의미합니다.

노동계약법의 관련 규정에 따라 사용자 또는 노동자는 노동관계를 일방적으로 해제할 수 있으나(➔Q9-2, 9-3 참조) 새로운 노동관계를 성립하려면 노사 간의 서면합의는 필수입니다.

이전 사용자에서 새로운 사용자로 전적하는 것은 노동계약법 제34조에서 정한 "사용자에게 합병, 분할 등의 상황이 생기고 이전 노동계약은 계속 유효하며, 노동계약은 그 권리 및 의무를 승계(承繼)하는 사용자가 계속 이행한다"와 같은 상황(➔Q9-8 참조)에 해당하지 않는다고 해석됩니다.

또 사용자의 변경("전적 전 회사"에서 "전적 후 회사"로 변경)은 노동계약법 제35조에서 말하는 '노사 간 합의에 따른 노동계약내용의 서면변경'에도 해당되지 않습니다.

(ⅱ) 근무년수의 계산

실무상 사용자의 업무상 명령 등으로 노동자가 새로운 사용자 소속으로 배치전환될 수 있지만, 이와 관련해서 노사 간에 아무런 서면합의가 없을 경우에는 이러한 불안정한 노동관계를 어떻게 처리해야 하느냐는 문제가 생깁니다.

노동계약법실시조례 제10조에 따르면 노동자가 본인 이외의 원인으로 이전 사용자에서 새로운 사용자 소속으로 배치전환된 경우는 노동자가 이전 사용자 소속으로 근무한 연수(年數)를 새로운 사용자 소속 근무년수에 합산하여 계산해야 합니다.

"노동자본인 이외의 원인으로 이전 사용자에서 새로운 사용자 소속으로 배치전환된" 경우란, 아래 사유 중 어느 하나에 해당하는 경우를 말합니다(노동분쟁심리해석(四) 제5조 2항).

① 노동자가 이전 근무장소, 근무부서의 업무에 종사하고 노동계약상 사용

자가 이전 사용자에서 새로운 사용자로 변경된 경우

② 사용자가 임명파견 또는 임명의 형식에 따라 노동자를 배치전환시킨 경우

③ 사용자의 합병, 분할 등의 원인으로 노동자의 배치전환이 이뤄진 경우

④ 사용자 및 그 관련회사가 노동자와 노동계약을 번갈아 체결한 경우

⑤ 기타 합리적인 사유가 발생한 경우

상기 ①~⑤의 사유는 모두 회사 측의 사정으로 노동자가 새로운 사용자 소속으로 배치전환된 경우, 근무년수의 연속계산을 해당 신규 사용자에게 의무화시켜 노동자의 권리를 보호하려고 하지만 상기 (ⅰ)과 같이 본 사례에서 노동자(대상직원)는 애당초 이전 근무지("전적 전 회사")와의 노동관계 해제와 신규 근무지("전적 후 회사")와의 신규 노동관계 성립에 관해 동의여부를 결정할 권리를 갖고 있어 회사 측의 방안을 사내에서 실시할 때는 유의해야 합니다.

(ⅲ) 경제보상금의 지급청구

① 고용조건을 유지 또는 이를 개선한 경우

사용자가 그룹사 간 전적에 관해 임금, 직무 등의 고용조건을 유지 또는 이를 개선하고, "전적 후 회사"가 대상직원의 "전적 전 회사" 소속 근무기간을 합산하는 조건을 대상직원에게 제시한 경우에는 대상직원이 이에 동의할 가능성은 사용자가 제시한 고용조건이 이전보다 악화된 경우보다 더 높을 것입니다.

대상직원이 사용자의 제시안에 동의한 경우에는 대상직원에게 경제보상금을 지급할 필요가 없습니다. 이 경우 "전적 전 회사", "전적 후 회사" 및 대상직원 3자 간에 고용조건과 근무기간의 연속계산 등의 합의사항에 관해 서면으로 체결해 두는 것이 안전한 방법입니다.

② 고용조건이 악화된 경우

임금, 근무장소나 직무 등 고용조건 중 일부의 고용조건만 유지되고 실질적으로 고용조건이 악화된 경우는 "전적 후 회사"가 대상직원에게 "전적 전 회사" 소속 근무기간을 합산하는 조건을 제시해도 대상직원(전체 또는 일부의 직원)이 이에 동의하지 않고 "전적 전 회사" 소속 근무기간에 따라 경제보상금의 정산을 강력히 요구할 가능성이 있습니다.

(iv) "전적 전 회사"와의 노동관계 해제방법

사용자가 제시한 고용조건의 내용과 관계없이 대상직원은 사용자의 제시안에 동의하거나 동의하지 않을 권리를 가지고 있습니다. 대상직원(전체 또는 일부의 직원)이 사용자의 제시안에 동의하지 않고 "전적 전 회사 소속 근무기간에 따른 경제보상금의 정산 없이는 전적에 동의하지 않는다"라고 주장하며 노사 간 단기간에 해결할 가망이 없을 경우, "전적 전 회사"와 대상직원 간의 노동관계를 해제하는 방법은 다음과 같습니다.

① 시기적으로 대상직원과의 고정기간노동계약의 기간이 만료될 경우 이를 갱신하지 않고[1] 법정 경제보상금을 지급하고 대상직원과의 노동관계를 해제한다.

② "전적 전 회사"의 사업부문의 철폐 또는 일부 사업의 타사양도로 인해 고용유지가 불가능해져 전적 등에 관한 노사 간의 협의도 합의에 이르지 못한 경우, 예고해제[2]하고 법정 경제보상금을 지급한다.

---

1 대상직원이 사용자 밑에서 근속 만 10년 이상인 경우나, 대상직원과 연속으로 고정기간노동계약을 2차례 체결하고 대상직원이 노동계약의 갱신, 체결을 요구한 경우는 해당 대상직원과 무고정기간노동계약을 체결해야 하므로(노동계약법 제14조 2항) 유의해야 합니다.

2 30일 전까지 대상직원에게 서면으로 통지하거나 또는 1개월분 임금(代通知金)을 여분으로 지급한 뒤 노동계약을 해제할 수 있습니다(노동계약법 제40조 3호).

③ 노사 양측이 합의해제하고(노동계약법 제36조) 양측이 약정한 경제보상금을 지급한다.

④ 대상직원의 경제보상금정산요구에 응한 뒤 "전적 후 회사"로 전적시킨다.

(ⅴ) 전적방안 실시 시의 기타 주의점

실무상, 사용자 측의 사정으로 대상직원을 전적시키는 경우에 "전적 후 회사"가 "전적 전 회사" 소속 근무기간을 합산하고, 대상직원에게 경제보상금을 지급하지 않고 원만하게 대상직원을 전적시키기 위해서는 '대상직원의 고용조건 유지 또는 개선'과 '근무장소가 변경될 경우 등은 이에 따라 일정액의 교통수당 또는 보조금의 지급을 약속'하는 것도 유효하지 않을까 생각됩니다.

또한 전적을 실시할 시 집단노동분쟁사건으로 발전하는 경우도 고려하지 않을 수 없습니다. 집단노동분쟁사건의 방지에 충분히 유의하면서 대상직원을 일괄적으로 전적시키는 방안 외에도 그 실시과정에서 사용자의 제시안에 강력히 반대하는 일부 대상직원의 경우는 상기 "전적 전 회사"와의 노동관계의 해제방법을 활용하는 것도 선택지 중 1개입니다.

Q 9-8 흡수합병대상회사 노동자의 경제보상금청구권

Q 중국국내사업의 재편계획에 따라 그룹사 간의 흡수합병을 추진하기로 했습니다. 흡수합병대상회사에 재직하고 있던 노동자(대상직원)에 의한 경제보상금의 정산요구는 인정받을 수 있나요?

A 노동계약법의 관련 규정에 따라 사용자에게 합병상황이 발생한 경우, 흡수합병대상회사와 노동자 간의 노동계약은 계속 유효하며 해당 노동계약은 그 권리와 의무를 승계하는 흡수합병회사가 이어서 이행해야 하므로 흡수합병대상회사의 노동자가 흡수합병에 관한 것을 이유로 사용자에게 경제보상금을 청구하는 것은 인정받을 수 없습니다. 단, 흡수합병대상회사의 결정에 따라 또는 노사 간의 합의를 통해 흡수합병완료시기까지의 경제보상금을 정산할 수도 있습니다.

■ ■ 해 설 ■ ■

(i) 실무상 흔히 있는 대상직원의 요구

실무상, 사용자에게 합병 또는 분할 등의 상황이 발생한 경우 새로운 사용자 쪽으로 전적대상이 되는 대상직원으로부터 "노동계약법 제17조(노동계약의 필요기재사항)에 규정된 사용자의 명칭이 변경되기에 노동계약법 제35조(노동계약의 변경)의 규정에 따라 노사 양측 간의 서면합의를 거쳐 노동계약에서 약정한 사용자의 명칭 등을 변경하거나 노사 양측이 새로운 노동계약을 체결해야 한다. 이와 관련된 노동계약의 변경 또는 재체결의 전제조건으로 이전 사용자 소속 근무기간에 따라 경제보상금을 정산하라"는 요구가 나오는 일은 적지 않습니다.

또 대상직원이 상기 노동계약의 변경 또는 재체결에 동의하지 않을 경우 즉, 흡수합병회사로 전적하는 것을 거절할 경우는 노동계약법 제36조(노동계약의 합의해제)에 근거해 노사 양측 간의 합의를 거쳐서 노동계약을 해제할 수 있다며 이를 이유로 경제보상금의 지급을 요구하는 일도 발생하고 있습니다.

(ⅱ) 흡수합병회사의 노동계약 계속이행의무

노동계약법에 따르면 사용자에게 합병, 분할 등의 상황이 생긴 경우 이전 노동계약은 계속 유효하며 해당 노동계약은 그 권리 및 의무를 승계한 사용자가 계속 이행한다고 명시되어 있는 점에서(제34조) 본 사례에서는 흡수합병회사가 흡수합병대상회사와 대상직원 간에 체결된 노동계약을 계속해서 이행할 의무를 지게 되며 이러한 노동계약은 계속 유효합니다.[1]

따라서 노사 쌍방 간에 서면합의에 의해 노동계약을 변경하거나 새로운 노동계약을 체결할 필요는 없습니다.

다만, 흡수합병회사가 이전 노동계약에 규정된 대상직원의 직무나 근무부서, 임금 및 복리처우 등을 조정할 필요가 있는 경우, 이는 노동계약의 변경에 해당하므로 노사 간의 서면합의에 의해 노동계약을 변경해야 하기 때문에 신중하게 처리하는 것이 바람직합니다.

(ⅲ) 실무상 유의점

본 사례에서 대상직원은 서면을 통해 이전 노동계약에서의 사용자의 명칭을 흡수합병대상회사에서 흡수합병회사로 바꿔 적어 줄 것을 요구할 수 있지만 흡수합병대상회사 소속 근무년수에 상응하는 경제보상금

1 노동계약법 제33조에 따르면 사용자의 명칭, 법정대표자, 주요책임자 혹은 투자자(출자자) 등 사항의 변경은 기존 노동계약의 이행에 영향을 주지 않는다고 명시되어 있습니다.

의 정산을 그 조건으로 제시하는 것은 인정되지 않습니다.

흡수합병회사로서는 흡수합병에 관한 절차가 완료된 후 대상직원에 의한 사용자명칭의 변경요구에 응할 수 있습니다.

실무상, 흡수합병회사가 대상직원에게 '노동계약에서의 사용자명칭의 변경'이라는 통지를 공포하고, 일괄적인 처리에 맡기려고 하는 일도 있지만 이는 오히려 대상직원에게 "노동계약의 변경에 해당하기 때문에 대상직원에게는 동의권이 있다"는 인상을 주고, 또 실시할 때 사내에서 혼란이 생기고 경우에 따라서는 집단노동분쟁사건으로까지 발전할 수 있으므로 각별히 주의를 해야 합니다.

또 흡수합병대상회사는 대상직원이 경제보상금의 정산 없이는 흡수합병회사로 전적할 수 없다며 완고하게 거절하여 흡수합병절차의 진행에 중대한 지장을 주는 경우 등, 대상직원본인의 사정에 인한 행위에 대해서는 관련 법률 또는 사내규칙제도의 규정대로 처리할 것이라는 설명을 할 수 있으며, 또는 노사 간의 합의에 따라 노동관계를 해제하고 경제보상금을 정산할 수도 있습니다.

또한 원활하게 대상직원을 전적시키기 위해서는 대상직원에게 흡수합병회사는 흡수합병대상회사 소속 근무기간을 합산하고 성실하게 법정의무를 이행하겠다고 설명하는 이외에 흡수합병이 완료한 후에도 정리해고계획이 없는 것을 설명 또는 약속하는 것도 유효하다고 생각됩니다.

단, 이러한 약속을 지킬 수 없을 경우, 구체적인 약속사항이 이후 새로운 노동분쟁의 씨앗이 될 가능성이 있기 때문에 유의가 필요합니다.

Q 9-9 고용시작 전의 노동계약해제

Q 고용시작일 전에 노사 양측이 노동계약을 체결했는데 사용자 또는 노동자는 고용을 시작하기 전에 노동계약을 해제할 수 있습니까?

A 고용을 시작하기 전에 노사 양측 간에 이미 체결한 노동계약을 해제할 권리는 사용자와 노동자에 따라 다릅니다. 사용자는 고용시작일 전이더라도 법정해제사유(➔Q9-2 참조)가 없는 한, 일방적으로 노동계약을 해제할 수 없지만 노동자는 고용시작일 전이라면 사용자에 대한 사전통지를 통해 이미 체결된 노동계약을 해제할 수 있습니다.

■ ■ 해 설 ■ ■

노동계약법 제7조에 따르면 사용자는 고용시작일부터 즉시 노동자와 노동관계가 성립하며 사용자와 노동자가 고용시작일 전에 노동계약을 체결할 경우 노동관계는 고용시작일부터 성립합니다(노동계약법 제10조 3항).

즉, 노사 양측이 노동계약을 체결했지만 고용시작일 전이라면 노동관계는 성립하지 않게 됩니다(➔Q1-11 참조).

고용시작일 전에, 즉 노사 양측 간에 노동관계가 성립되기 전에 사용자 또는 노동자가 노사 양측 간에 체결된 노동계약을 해제할 수 있는지 여부에 대해 국가차원의 규정은 없지만, 선전노동관계촉진조례(2008) 제17조는 다음과 같이 관련 규정을 두고 있어 다른 지역의 실무운용에도 참고가 되지 않을까 싶습니다.

사용자가 노동자와 고용시작일 전에 노동계약을 체결하고 고용을 시작하기 전에 사용자가 법을 위반해 노동계약을 해제하고, 노동자가 노동계약의 이행을 요구한 경우, 사용자는 해당 노동계약을 계속해서 이행해야 합니다. 노동자가 노동계약의 계속이행을 요구하지 않을 경우 또는 노동계약을 이행할 수 없게 된 경우, 사용자는 노동자에게 1개월분 임금기준의 배상금 및 노동계약의 체결 및 이행을 위해 노동자가 지출한 소요비용을 지불해야 합니다(제17조 2항).

노동계약법 제40조 3호, 제41조 1항 1~4호에 규정한 사유 중 어느 하나(➔Q9-2 참조)에 해당하는 경우, 사용자는 노동자에게 사전에 통지함으로써 노동계약을 해제할 수 있으며 경제보상금을 지불할 필요가 없습니다. 단, 사용자는 노동자에게 노동계약의 체결 및 이행을 위해 노동자가 지출한 소요비용을 지불해야 합니다(동조 1항).

한편, 노동자는 고용시작일 전이라면 사용자에 대한 사전통지로 노사 양측 간에 이미 체결한 노동계약을 해제할 수 있습니다(동조 3항).

Q 9-10 형사책임을 추궁당한 경우의 노동계약해제

Q 사용자에 의한 노동계약의 법정해제사유 중 '노동자가 법에 의해 형사책임을 추궁당한 경우'란 어떠한 경우를 가리킵니까? 노동자가 관계기관에 구류당하거나 체포된 경우, 사용자는 어떻게 대응해야 합니까?

A '노동자가 법에 의해 형사책임을 추궁당한 경우'란 인민검찰원에 의해 기소를 면제받았을 때, 인민법원에 의해 형벌판결을 받았을 때, 형법 제32조에 근거해 인민법원으로부터 형사처분을 면제받았을 때를 말합니다.

노동자가 관계기관에 구류당하거나 체포되었을 때 사용자는 해당 노동자와의 노동계약의 이행을 일시적으로 정지할 수 있으며 이러한 일시적인 정지기간에 사용자는 노동계약에 약정된 의무를 이행하지 않아도 됩니다.

■ ■ 해 설 ■ ■

(ⅰ) 노동계약의 법정해제사유

사용자는 노동자가 사용자의 규칙제도를 현저히 위반한 경우나 법에 의해 형사책임을 추궁당한 경우 등 노동계약의 해제가 가능한 법정사유가 생겼을 경우, 노동계약을 해제할 수 있습니다(➔Q9-2 참조).

(ⅱ) '법에 의해 형사책임을 추궁당한 경우'의 정의

노동법의견(1995) 제29조 2항에 따르면 '노동자가 법에 의해 형사책임을 추궁당한 경우'는 인민검찰원에 의해 기소를 면제받았을 때, 인민법원에 의해 형벌[1]판결을 받았을 때, 형법 제32조[2]에 근거해 인민법원으로부터 형사처분을 면제받았을 때를 말합니다.

인민검찰원이 형사소송법 제142조 2항의 규정[3]에 의한 불기소결정을 내린 경우에는 노동법 제25조(사용자에 의한 노동계약 해제사유) 4호에서 규정한 '법에 의해 형사책임을 추궁당한 사유'에 해당하지 않기 때문에 형사소송법 제142조 2항 규정에 의해 불기소결정이 내려진 직원에게 사용자는 노동법 제25조 4호 규정에 따라 해당 직원과의 노동계약을 해제할 수는 없습니다(노동 및 사회보장부판공청에 의한 '직원이 인민검찰원으로부터 불기소결정을 받았을 때 사용자가 이에 따른 노동계약의 해제가능여부에 관한 답변서' 劳社厅函[2003] 367호).

(ⅲ) 범죄혐의자와의 노동계약이행의 일시정지

노동자가 위법범죄에 연루된 혐의로 관계기관에 구속되어 심문을 받고 구류 또는 체포되었을 때, 사용자는 노동자가 신체의 자유를 구속받은 기간 동안 노동계약의 이행을 일시적으로 정지할 수 있습니다(노동법의견(1995) 제28조 1항).

상기 노동계약의 일시적인 이행정지기간에 사용자는 노동계약에 근거한 의무를 이행하지 않으며 노동자의 신체자유 제한이 잘못되었다는 것이 증명되었을 때는 노동계약의 일시적 이행정지기간의 노동자 손실에 대해 노동자는 '국가배상법'에 근거해 관련기관에 배상을 청구할 수 있습니다(노동법의견(1995) 제28조 2항).

---

1 형법 제33조, 제34조에 따르면 형벌은 주형과 부가형으로 나뉘고, 주형의 종류로는 보호관찰(管制), 구류(拘役), 유기징역, 무기징역과 사형이 있으며 부가형 종류로는 벌금, 정치적 권리의 박탈과 재산몰수가 있습니다.

2 1997년 개정시행 전의 형법 제32조(현행형법 제37조)에 따르면 범죄의 정상이 경미하고 형벌에 처할 필요가 없는 경우에는 형사처벌을 면제할 수 있습니다.

3 형사소송법 제142조 2항: 범죄의 정상이 경미하고, 형법규정에 의해 형벌에 처할 필요가 없거나 혹은 형벌을 면제하는 경우에 인민검찰원은 불기소결정을 내릴 수 있다.

(ⅳ) 실무상 유의점

노동계약 또는 사내규칙제도에서 '노동자가 법에 의해 형사책임을 추궁당한 경우'로 규정하고 있는 것만으로는 노동자의 형벌이 최종 확정될 때까지 노동계약의 이행을 일시적으로 정지해야 하고 노동계약을 해제할 수 없다고 해석됩니다.

'노동자가 법에 의해 형사책임을 추궁당한 경우'로 인정되기까지는 상당히 오랜 시일이 필요할 수 있기 때문에 노동계약의 이행을 일시적으로 정지하는 것이 허용되더라도 사용자는 이런 불안정한 노동관계를 이른 시일 안에 해소하는 것이 바람직합니다.

따라서 노동자의 형벌이 최종 확정될 때까지의 노동관계를 적절히 처리하기 위해서는 노동계약 또는 취업규칙 등 사내규칙제도에서 '노동자가 법에 의해 형사책임을 추궁당한 경우'에 대해 '법에 의한 구류 또는 체포 등 강제조치를 당한 후 5일이 경과한 경우' 등으로 구체적인 규정을 두고 노동관계의 조기적인 해소를 도모하는 경우가 있습니다.

또한 노동자가 관계기관에 의해 구속된 기간에 가족, 친구 등이 병가 등 기타 이유로 거짓으로 휴가신청을 하는 경우에 대비하여 사내규칙제도에서 관련규정을 마련하고 이를 무단결근으로 간주하며, 소정의 무단결근일수에 달하였을 때는 해당 노동자와의 노동계약을 해제하는 대책을 강구하는 것도 고려해 볼 수 있습니다.

Q 9-11 사회보험에 가입하지 않는다고 스스로 요구한 노동자의 노동계약해제권과 경제보상금청구권

Q 노동자가 입사 후 스스로 사회보험에 가입하지 않는다고 요구한 후, 사용자가 노동자를 위해 사회보험료를 납부하지 않았다며 노동계약을 해제하고 경제보상금을 청구하는 것은 인정됩니까?

A 사용자가 노동자를 위해 사회보험료를 납부하는 것은 법정의무이며 노동자도 마찬가지로 사회보험에 가입할 의무를 지고 있기 때문에 노동자가 스스로 사회보험에 가입하지 않는다고 요구하고 사용자도 노동자를 위해 사회보험료를 납부하지 않았을 경우, 사용자와 노동자 양측이 법률의 강행규정을 위반한 것으로 노동자에 의한 사회보험가입포기성명(신청) 등은 무효하다고 인정받을 가능성이 높습니다.

노동자가 후일, 사용자가 노동자를 위해 사회보험료를 납부하지 않았다며 노동계약의 해제와 경제보상금을 청구한 경우, 이러한 청구가 인정되는지 여부는 지방에 따라 처리방식이 다르므로 주의해야 합니다.

■ ■ 해 설 ■ ■

(ⅰ) 사회보험 가입의무

노동법 제72조에 따르면 사용자 및 노동자는 법에 따라 사회보험에 가입하고 사회보험료를 납부해야 한다고 명시되어 있으며 노사 양측이 사회보험에 가입할 법정의무를 지고 있습니다.

노동자는 양로보험, 기본의료보험, 산재보험, 실업보험 및 생육보험에 가입해야 하고, 이들 보험 중 양로, 의료 및 실업보험은 사용자와 노동자가 공동으로 보험료를 납부하고 산재와 생육보험은 사용자만이 보험료를 납부하고, 노동자는 보험료를 납부할 필요가 없습니다(사회보험법 제10조, 제23조, 제33조, 제44조, 제53조).

(ⅱ) 노동자에 의한 사회보험가입포기성명 등의 유효성

노동자가 스스로 사회보험에 가입하지 않겠다고 신청을 하고 사용자도 노동자를 위해 사회보험료를 납부하지 않았을 경우 또는 노사 간에 사회보험에 가입하지 않겠다는 내용의 약정을 맺은 경우, 사용자와 노동자가 모두 법률의 강행규정을 위반한 것으로 노동자에 의한 사회보험가입포기신청 또는 노사 양측 간의 관련 약정은 무효로 인정될 가능성이 높아 이를 피하는 것이 바람직합니다.

(ⅲ) 각 지역의 처리방식 차이

노동자가 스스로 사회보험에 가입하지 않겠다고 신청한 후 사용자가 노동자를 위해 사회보험료를 납부하지 않았다며 노동계약의 해제와 경제보상금을 청구하는 일이 일어나는 경우가 있습니다.

이러한 청구가 인정받는지 여부는 아래 표와 같이 각 지역에 따라 처리방식이 다르므로 주의해야 할 필요가 있습니다.

광둥성의 경우, 광둥성고급인민법원 및 선전중급인민법원은 사용자에 대해 합리적인 기간 내의 사회보험료의 보충납부를 허용하는 등 사용자 측을 배려한 규정을 마련하고 있는 한편, 같은 광둥성 내 불산시와 중산시의 사법실무에서는 광둥성고급인민법원의 규정과 약간 다른 처리방식을 취하고 있다는 점이 주목됩니다.

각 지역의 처리방식 차이

지역	처리방식
광둥	노동자가 사용자에 대해 사회보험의 가입수속을 밟고 사회보험료를 납부하도록 명확히

(广东)	요구한 경우 사용자가 합리적인 기간 내(선전: 1개월 이내)에 납부수속을 밟는 것을 거부하면 노동자는 이를 이유로 노동계약을 해제하고 사용자에게 경제보상금의 지불을 청구했을 때 이를 인정한다. · 불산: 사용자의 책임으로 귀속되지 않는 원인에 의한 경우는 노동자에 의한 계약해제 및 경제보상금의 청구를 인정하지 않는다. · 중산: 노사 양측 간의 약정을 무효로 인정해야 하며 노사 양측은 각자 상응하는 책임을 져야 한다.
베이징 (北京)	노동자가 노동계약법 제38조 규정[1]에 따른 경제보상금을 주장할 경우 이를 인정해야 한다.
장쑤 (江苏)	사용자의 책임에 귀속할 수 없는 원인에 의한 경우는 노동자에 의한 계약해제 및 경제보상금의 청구를 인정하지 않는다.
저장 (浙江)	노동자의 사회보험가입포기에 관한 서면동의는 무효이며, 노동자는 이를 이유로 노동계약을 해제할 수 있다. 단, 사용자에게 경제보상금의 지불을 요구한 경우 이를 인정하지 않는다.

1. 노동계약법 제38조(노동자에 의한 노동계약해제사유)에 따르면 사용자가 법에 의해 노동자를 위해 사회보험료를 납부하지 않은 경우, 노동자는 노동계약을 해제할 수 있다고 되어 있습니다.

지방규정 주목!

광 둥 **광둥고급인민법원 좌담회회보(2012) 제25조**

➔ 사용자와 노동자 간에 사회보험의 가입절차를 밟지 않거나 사회보험료를 직접 노동자에게 지급한다고 약정한 후, 노동자가 사후에 이를 철회하고 사용자에게 사회보험에 가입하고 사회보험료를 납부하도록 명확히 요구할 경우 사용자가 합리적인 기간 내에 가입절차를 이행하는 것을 거부하면 노동자가 이를 이유로 노동계약을 해제하고 사용자에게 경제보상금의 지급을 청구하는 것을 인정해야 한다.

불산중급인민법원 지도의견(2015) 제8조

➔ 노동자가 스스로 납부를 원치 않는 등 사용자의 책임으로 귀속되지 않는 원인으로 인해 사용자가 해당 노동자를 위해 사회보험료를 납부하지 않고 또는 전액으로 납부하지 않거나 특정 사회보험에 가입하지 않은 경우, 노

동자가 노동계약의 해제를 요구하고 사용자에 대해 경제보상금의 지불을 주장한 경우 이를 인정하지 않는다.

중산중급인민법원 참고의견(2011) 제8.4조

➔ 노동자와 사용자 사이에서 협의를 거쳐 사용자가 사회보험료를 납부하지 않기로 약정한 경우, 해당 약정조항은 국가법률의 강행규정을 위반하므로 해당 약정을 무효로 인정해야 한다. 노사 양측은 각자 상응하는 책임을 져야 한다.

선전중급인민법원 재판지침(2015) 제94조

➔ 사용자가 법에 따라 노동자를 위해 사회보험료를 납부하지 않은 경우, 노동자는 법에 의해 사용자에게 납부를 요구해야 하며 사용자가 노동자가 요구한 날로부터 1개월 이내에 규정에 따라 납부하지 않을 시, 노동자는 노동계약을 해제할 권한을 가지며 사용자는 경제보상금을 지급해야 한다. 단, 경제보상금의 지급기한은 2008년 1월 1일*부터 기산해야 한다.

* 노동계약법 시행일

베이징 **베이징고급인민법원 회의회보(2014) 제46조**

Q 사용자와 노동자가, 임금에는 사용자가 부담하는 양로, 의료, 실업 등 사회보험료가 포함되고, 사회보험관련기구에 사회보험료를 납부하지 않겠다고 약정한 경우 그 효력을 어떻게 인정해야 하는가?

A 사용자는 자진신고해 기일 내에 전액의 사회보험료를 납부하는 법적 책임을 지며, 노동자가 납부해야 하는 사회보험료는 사용자가 원천징수한다. 사용자와 노동자가 임금에 사회보험료가 포함되어 있으며 사회보험관련기구에 사회보험료를 납부하지 않겠다고 약정하는 행위는 무효이다.

노동자가 사회보험미가입에 관한 손해배상을 주장할 경우, 배상금액에서 사용자가 약정에 따라 노동자에게 이미 지급한 사회보험료를 공제할 수 있다.

베이징고급인민법원 회의회보(2014) 제48조

Q 사용자가 사회보험료를 납부하는 대신 노동자에게 금전을 지급한 경우, 사용자는 사회보험료를 보충적으로 납부한 뒤 노동자에게 지급한 금전을 반환하도록 요구할 수 있는가?

A 사용자가 사회보험료를 보충적으로 납부한 뒤 사회보험과 관련해 노동자에게 이미 손실이 없는 경우, 사용자는 노동자에게 사회보험료를 납부하는 대신 지급한 금전을 반환하도록 요구할 수 있다.

베이징고급인민법원 해답(2017) 제25조

Q 노동자가 사용자에게 사회보험료를 납부하지 않도록 요구하고 사후에 사용자가 사회보험료를 납부하지 않았다는 이유로 노동계약의 해제를 요구하고 경제보상금을 주장할 경우 이를 인정해야 하는가?

A 법에 근거해 사회보험료를 납부하는 것은 노동법에 규정된 사용자와 노동자의 법정의무이며, 설령 노동자가 사용자에게 해당 노동자를 위해 사회보험료를 납부하지 않도록 요구했다고 해도 노동자가 노동계약법 제38조의 규정에 따른 경제보상금을 주장할 경우 여전히 이를 인정해야 한다.

장 쑤 **장쑤고급인민법원 지도의견(2009) 제16조**

→ 노동자가 스스로 납부를 원치 않는 등 사용자의 책임에 귀속할 수 없는 원인으로 인해 사용자가 해당 노동자를 위해 사회보험료를 납부하지 않거나 혹은 전액의 사회보험료를 납부하지 않거나 또는 특정 사회보험에 가입하지 않은 경우 노동자가 노동계약의 해제를 요구하고 사용자에게 경제보상금의 지불을 주장하는 경우 이를 인정하지 않는다.

저 장 **저장고급인민법원 해답(2012) 제11조**

Q 노동자가 사회보험료를 납부하고 싶어 하지 않고 서면으로 사회보험가입 포기에 동의한 경우 어떤 법적 결과가 있는가?

A 노동자가 사회보험료를 납부하고 싶어 하지 않고 서면으로 사회보험가입

포기에 동의한 경우, 해당 서면동의는 무효이다. 노동자는 이를 이유로 노동계약을 해제할 수 있지만 사용자에게 경제보상금의 지불을 요구할 경우 이를 인정하지 않는다.

Q 9-12 영업비밀누설과 경업비즈니스의 방지방법

Q 노동자가 사용자의 비밀정보를 누설하거나 퇴사 후 경쟁업에 종사하는 것을 방지할 방법은 있습니까?

A 사용자는 비밀정보의 누설 등을 방지하기 위해 노동계약 또는 비밀유지계약에서 비밀유지조항을 규정할 수 있습니다. 비밀유지의 대상은 사용자의 영업비밀과 지적재산권입니다.

사용자는 노동자가 퇴사한 후 경쟁업에 종사하는 것을 방지하기 위해 노동계약, 비밀유지계약 또는 경업금지계약에서 경업금지에 관한 조항을 규정할 수 있습니다. 단, 법률, 법규규정을 위반해 경업금지에 관한 약정을 맺는 것은 금지되어 있습니다.

■■ 해 설 ■■

(ⅰ) 비밀유지조항

사용자와 노동자는 노동계약 또는 비밀유지계약에서 사용자의 상업비밀(이하 '영업비밀'이라고 함) 유지사항과 지적재산권에 관한 비밀유지사항을 약정할 수 있습니다(노동계약법 제23조 1항).

관련 계약에서 노동자가 비밀을 유지해야 하는 내용을 명확히 규정해 둘 중요성은 말할 것도 없습니다. 실무상, 관련 계약에서 노동자가 접촉가능한 사용자의 거의 모든 정보를 비밀유지대상으로 하는 것으로 실질적으로 비밀유지의 대상을 무제한으로 확대하는 경향이 있는데, 이로 인해 사용자의 권리가 반드시 지켜지는 것은 아닙니다.

왜냐하면 사용자가 관련 정보를 제대로 구분하지 않고 편의상 이런 정보를 영업비밀로서 일괄적으로 처리하려는 점에서 사용자의 비밀유지관리체제에 본질적인 미비가 있다는 것을 보여 주고 있기 때문입니다. 또 사용자의 거의 모든 정보를 비밀유지대상으로 하는 것은 실질적으로 이러한 정보를 제대로 관리할 수 없거나 다 관리하지 못하고 있다는 것을 의미하고 있기 때문입니다.

따라서 사용자는 자사의 영업비밀과 지적재산권에 대해 정리해 구분하는 작업을 철저히 하고, 노동자에게 사내의 비밀유지관리체제(회사가 지정한 비밀정보에 대한 접촉권자나 접촉방법, 패스워드 등의 설정과 '비밀'이라는 점의 표시 등)를 명시할 필요가 있습니다.

2017년 11월에 개정되어 2018년 1월부터 시행된 반부정당경쟁법(反不正当竞争法) 제9조 3항에 따르면 영업비밀은 공개적으로 알려지지 않고, 상업가치를 가지고 있으며 권리자가 상응의 비밀유지조치를 강구하고 있는 기술정보와 경영정보를 가리킵니다.

2017년11월 개정 전의 반부정당경쟁법의 관련 규정[1]과 비교하면 영업비밀의 조건으로 "실용적이고 권리자를 위해 경제적 이익을 가져오는"이라는 내용이 삭제되었습니다.

또한 비밀유지의무에 대해서는 모든 노동자를 그 대상으로 하는 것이 가능합니다.

(ⅱ) 경업금지(竞业禁止) 조항

사용자는 비밀보호유지의무가 있는 노동자와 노동계약, 비밀유지계약 또는 경업금지계약에서 경업금지('경업제한'이라고도 함)에 관한 조항을 약정할 수 있으며 관련된 경업금지조항에서 노동자가 퇴사한 후(노동계약의 해제 또는 종료 후) 경업금지기간 내에 매달 노동자에게 경제적 보상을 지급하는 것을 약정할 필요가 있습니다(노동계약법 제23조 2항).

단, 사용자는 노동자가 경쟁사업에 종사하는 것[2]을 무제한으로 제약

1 반부정당경쟁법 제10조 3항.

2 노동계약법 제24조 2항에 따르면 '경쟁사업에 종사하는 것'은 사용자와 동종 제품을 생

할 수는 없으며 경업금지조항의 약정에는 다음과 같은 일정한 제한이 있습니다.

① 대상자의 제한

경업이 제한된 사람은 사용자의 고급관리직,[3] 고급기술자 및 비밀유지의무를 지는 그 밖의 사람에 한정됩니다(노동계약법 제24조 1항).

② 경업금지의 기간, 범위, 지역

사용자가 경업금지의무를 부과할 수 있는 기간은 노동계약의 해제 또는 종료 후 2년을 초과하지 말아야 합니다(노동계약법 제24조 2항). 2년을 초과하여 경업금지기간을 약정한 경우 2년을 초과한 부분은 무효가 됩니다.

경업금지의 기간, 범위, 지역 등에 대해서는 노사 간에 약정할 수 있지만 경업금지기간의 상한규정처럼 법률, 법규의 규정을 위반해 이를 약정하는 것은 금지되어 있습니다(노동계약법 제24조 1항).

③ 경업금지의 대가로서 경제적 보상의 지급

사용자가 노동자에게 경업금지의무를 부과하려면 노동자가 퇴사한 후 경업금지기간 내에 해당 노동자에게 매달 경제적 보상을 지급해야 합니다.

경제적 보상은 지역에 따라 그 금액기준이 다르므로(➔Q9-13 참조) 노사 간에 약정할 시 주의해야 합니다.

(ⅲ) 위약금, 해제와 배상책임

① 노동자의 위약금지급의무와 해제권

노동자가 경업금지의무를 위반한 경우 사용자에게 위약금[4]을 지불해

산 또는 경영하고 동종 업무에 종사하는 경쟁관계에 있는 기타 사용자에게 취업했거나 스스로 개업해 동종 제품을 생산 또는 경영하고 동종 업무에 종사하는 것을 말합니다.

3 회사법 제216조에 따르면 '고급관리직(高級管理人员)'은 회사의 총경리, 부총경리, 재무책임자 및 회사정관에서 정한 기타 인원을 가리킵니다.

4 노동계약법상 노동자에 의한 위약금의 부담을 약정할 수 있는 것은 경업금지의무위반

야 합니다. 위약금의 금액에 대해서는 노사 양측이 합의가 가능한데 위약금이 너무 높게 설정되었다 하여 노동자 측에서 조정청구를 한 경우, 인민법원은 위약금설정의 합리성과 노동자의 지불능력을 훨씬 초과했는지 여부 등의 요소를 종합적으로 고려한 후 법에 따라 이를 감액할 가능성이 있습니다(최고법원회의회보(2011) 제56조).

노동자가 경업금지의무를 위반하여 사용자에게 위약금을 낸 뒤에도 사용자는 해당 노동자에게 경업금지에 관한 약정에 근거해 경업금지의무를 계속 이행하도록 요구할 수 있습니다(노동분쟁심리해석(四) 제10조).

사용자가 노사 양측 간의 약정에 따라 노동자가 퇴사한 후 경업금지 기간 내에 경제적 보상의 지급의무를 3개월간 이행하지 않은 경우, 노동자는 경업금지에 관한 약정을 해제하도록 청구할 수 있습니다(노동분쟁심리해석(四) 제8조).

노동자에 의한 상기 해제권의 행사로 인해 노동자가 이미 이행한 경업금지기간에 상응하는 경제적 보상의 지급청구가 영향받는 일은 없습니다.

② 사용자의 경업금지조항이행의무와 해제권

사용자는 경업금지에 관한 약정에 근거하여 경제적 보상의 지급의무를 이행해야 하지만 노동자가 퇴사한 후 경업금지기간 중 경업금지에 관한 약정을 해제하도록 청구할 수 있습니다(노동분쟁심리해석(四) 제9조 1항).

상기 상황이 생기고 경업금지에 관한 약정을 해제하게 된 경우, 노동자는 사용자에게 3개월분의 경업금지의 경제적보상을 여분으로 지불하라고 요구할 수 있습니다(노동분쟁심리해석(四) 제9조 2항).

시의 위약금 외에 또 하나가 있습니다. 사용자가 노동자를 위해 사용자의 비용부담으로 전문기술연수를 실시할 경우, 해당 노동자와 의무근무기간(服务期)을 약정할 수 있습니다(➔Q11-3 참조). 노동자가 의무근무기간의 약정을 위반한 경우 사용자에게 의무근무기간의 미이행부분에 따르는 연수비용을 넘지 않는 한도에서 위약금을 지불할 필요가 있습니다(노동계약법 제22조).

③ 배상책임

노동자가 비밀유지의무 또는 경업금지의무를 위반하고 사용자에게 손해를 초래한 경우 사용자는 노동자에게 손해배상책임을 추궁할 수 있습니다.

Q 9-13 경업금지의무에 기인하는 경제적 보상과 그 지급기준

Q 노사 양측이 체결한 경업금지조항에서 경제적 보상에 대해 명확히 약정하지 않은 경우 해당 조항은 유효하다고 인정됩니까? 경제적 보상에 관한 지급기준이 있으면 알려 주세요.

A 노사 양측 간에 경제적 보상의 지급기준을 명확히 규정하지 않았다는 것만으로 바로 경업금지조항을 무효라고 인정할 수는 없습니다. 경제적 보상은 지역에 따라 금액기준이 다르기 때문에 노사 양측 간에 약정할 때 주의해야 합니다.

■ ■ 해 설 ■ ■

(i) 경제적 보상의 지급기준

노동분쟁심리해석(四)이 공포되기 전에는 경업금지의무에 기인하는 경제적 보상에 관해 국가차원의 지급기준은 없었으며 지방에 따라 서로 다른 규정이 실시되고 있었습니다.

노동분쟁심리해석(四) 제6조 1항에 따르면 당사자가 노동계약 또는 비밀유지계약에서 경업금지의무를 약정했지만 노동계약의 해제 또는 종료 이후 노동자에 대한 경제적 보상을 약정하지 않고 노동자가 경업금지의무를 이행하고 사용자에게 노동자의 노동계약 해제 또는 종료 전 12개월의 월 평균임금의 30%를 기준으로 매달 경제적 보상을 지급하도록 요구할 경우, 인민법원은 이를 인정해야 합니다.

또한 상기 월 평균임금의 30%가 노동계약이행지역의 최저임금기준을 밑돌 경우, 노동계약 이행지역의 최저임금기준에 따라 지급할 필요가 있습니다(동조 2항).

노동분쟁심리해석(四)이 공포되기 전에 지방사법실무(하기 '지방규정' 참조)에서 상기 노동분쟁심리해석(四)에 규정된 경제적 보상의 지급기준보다 낮은 규정을 마련한 경우, 그 하한금액은 노동분쟁심리해석(四)에서 규정한 경제적 보상의 지급기준에 맞출 필요가 있습니다.

선전 등 경제특구(经济特区)의 경우 경제특구범위 내에서는 경제특구조례의 관련 규정을 우선 적용한다고 되어 있습니다.[1]

(ⅱ) 경제적 보상의 지급기준을 명확히 약정하지 않은 경우 경업금지조항의 유효성

노사 양측 간에 노동계약 또는 비밀유지계약 등에서 경업금지조항을 약정했으나 경제적 보상의 지급 또는 구체적인 지급기준을 약정하지 않았을 경우, 노사 양측은 노동관계의 존속기간 중 또는 노동계약을 해제, 종료할 때 경제적 보상의 지급기준에 대해 협의할 수 있습니다.

노사 양측 간의 협의를 거쳐도 합의에 이르지 못하는 경우는 사용자 소재지의 관련 규정 또는 노동분쟁심리해석(四)의 관련 규정에 따라 경제적 보상의 지급기준을 확정할 수 있습니다.

즉, 노사 양측 간 경업금지에 대한 의사가 일치하기에 경업금지조항이 노사 쌍방에 대해 여전히 구속력을 가진다고 인정해야 하며, 노사 간에 체결한 경업금지조항에서 경제적 보상의 지급기준을 명확히 규정하지 않은 것만을 이유로 즉시 해당 경업금지조항을 무효로 인정할 수는 없습니다.

---

1 예를 들면 선전중급인민법원 재판지침(2015) 제107조에 따르면 '선전경제특구기업기술비밀보호조례' 및 '선전경제특구조화(和谐)노동관계촉진조례'의 경업금지에 관한 규정과 '최고인민법원에 의한 노동분쟁사건심리의 법률적용의 몇 가지 문제에 관한 해석(四)'의 관련 규정이 일치하지 않을 경우, 선전경제특구조례의 관련 규정을 우선 적용한다고 되어 있습니다. 무엇보다 경제특구범위 내에서 경제특구법규의 규정을 적용하는 것에 관해서는 '입법법' 제90조 2항에 근거규정이 있습니다.

(ⅲ) 재직기간 내의 월임금에 경제적보상이 포함된다는 약정의 유효성

노사 양측 간에 노동자의 재직기간 내 월임금에 경업금지의 경제적 보상이 포함된다는 약정을 하는 경우가 있으나, 해당 약정은 노동계약법 제23조 2항에서 규정하는 "노동계약의 해제 또는 종료 후(즉 퇴사한 후) 경업금지기간 내에 매달 노동자에게 경제적 보상을 지급한다"라는 규정을 위반한 것으로 무효가 될 가능성이 높기에 이러한 약정을 체결하는 것은 권장하지 않습니다.

상기 약정이 무효라고 판단된 경우, 사용자는 노동자가 퇴사한 후 경업금지기간내에 경업금지의 경제적 보상을 지불할 의무가 있습니다.

안전한 방식으로는 노사 양측 간에 경업금지조항을 체결할 시, 관련 규정의 최저지급기준을 밑돌지 않는 한도에서 경업금지기간 내 보상금의 계산과 지급방법, 경업금지기간, 중도해제조항 등에 대해 구체적이고 명확하게 약정하는 것이 바람직합니다.

지방규정 주목!

광 둥 **선전기술비밀보호조례(2009개정) 제24조**

→ 경업금지계약에서 약정한 보상비는 월액으로 계산할 시, 해당 노동자가 퇴사하기 전 12개월의 월평균임금의 1/2보다 낮아서는 안 된다. 약정한 보상비가 해당 기준보다 낮거나 보상비를 약정하지 않은 경우, 보상비는 해당 노동자가 퇴사하기 전 12개월 월평균임금의 1/2을 기준으로 계산한다.

불산중급인민법원 의견(2005) 제15조

Q 경업금지의 경제적보상은 어떻게 확정하는가?

A 경업금지의 경제적보상기준은 관련 계약에 약정이 있는 경우는 그 약정에 따른다. 약정이 없으면 어떻게 보상기준을 확정할지는 재판관의 자유재량권에 속한다. 다만 일반적으로 연간단위로 계산할 경우 경업금지의 보상금은 해당 노동자가 퇴사하기 직전 1년간 해당 사용자로부터 받은 임금총액

의 1/3보다 낮아서는 안 된다. 경업금지계약에서 보상비를 약정하지 않은 경우 보상비는 해당 최저기준에 따라 계산한다.

베이징 **베이징고급인민법원 회의회보(2009) 제38조**

➔ 사용자와 노동자가 노동계약 혹은 비밀유지계약에서 경업금지조항을 약정했으나 보상비의 지급 또는 구체적인 지급기준을 약정하지 않은 경우, 이로 인해 관련 경업금지조항을 무효로 인정해서는 안 되며 노사 양측은 노동관계 존속기간 중 혹은 노동계약을 해제, 종료할 때, 협의를 거쳐 보충합의에 이를 수 있다. 협의를 거쳐도 합의에 이르지 못할 경우에는 노사 양측 간의 노동관계가 종료되기 직전 1년간 노동자임금의 20~60%를 보상비의 금액으로 확정할 수 있다. 사용자가 보상비를 지급하지 않는다고 분명히 표명한 경우, 경업금지조항은 노동자에 대해 구속력이 없다.

장쑤 **장쑤성노동계약조례(2013년5월 시행) 제28조 1항**

➔ 사용자는 경업금지기간 중에 있는 퇴사한 노동자에게 매달 경제적 보상을 지급해야 하며 매달 지급하는 경제적 보상액은 해당 노동자가 사용자 밑에서 퇴사하기 직전 12개월 월평균임금의 1/3을 밑돌아서는 안 된다.

상하이 **상하이고급인민법원 의견(2009) 제13조**

당사자 간 경업금지조항의 약정이 불명확한 경우의 처리

➔ 노동계약의 당사자 간에, 노동자는 경업금지의무를 이행해야 한다고만 약정하고 노동자에 대한 보상금의 지불여부를 약정하지 않았을 경우, 또는 노동자에게 보상금을 지급하기로 약정했으나 구체적인 지급기준을 약정하지 않았을 경우, 당사자 간 경업금지에 대한 의사가 일치하므로 경업금지조항은 노사 양측에 대해 구속력을 가진다고 인정할 수 있다. 보상금의 금액이 불명확한 경우, 노사 양측은 보상금의 기준에 대해 협의할 수 있다. 협의를 거쳐도 합의에 이르지 못할 경우, 사용자는 노동자가 퇴사하기 직전 통상임금의 20~50%를 기준으로 지급해야 한다. 협의를 거쳐도 합의에 이르지 못할 경우, 경업금지기간은 최장 2년을 초과해서는 안 된다.

참고자료

중국 각지의 경업금지의 경제적 보상기준

(2018년 12월 시점)

적용지역	약정이 없거나 불명확한 경우 경업금지보상기준	법적근거
국가 랴오닝(辽宁) 산시(陕西) 산둥(山东) 쓰촨(四川) 중경(重庆) 후베이(湖北) 푸젠(福建) 저장(浙江) 광둥(广东, 선전, 불산 제외)	노동계약의 해제 또는 종료 전 12개월 월평균임금의 30%를 기준으로 매달 경제적 보상을 지불한다. 다만, 노동계약이행지역의 최저임금기준을 밑돌 경우는 해당 최저임금기준에 따라 지불한다.	노동분쟁심리해석(四) 또는 지방규정에 의함
베이징(北京)	노동관계가 종료되기 직전 연도의 노동자임금의 20~60%를 보상비금액으로 확정한다.	베이징고급인민법원회의회보(2009)
톈진(天津)	노동자 재직기간 임금기준의 1/2보다 낮아서는 안 되며 최저임금기준보다 낮아서도 안 된다.	톈진시 노동 및 사회보장국에 의한 상업비밀유지계약, 위약금 및 취업보조금 지불 등 노동계약에 관한 문제의 통지(2005)
상하이(上海)	노동자가 퇴사하기 직전 통상임금의 20~50%를 기준으로 지급한다.	상하이고급인민법원의견(2009)
장쑤(江苏)	노동자가 퇴사하기 전 12개월 월평균임금의 1/3보다 낮아서는 안 된다.	장쑤성노동계약조례(2013)
선전(深圳)	노동자가 퇴사하기 전 12개월 월평균임금의 1/2보다 낮아서는 안 된다.	선전기술비밀보호조례(2009개정)
불산(佛山)	노동자가 퇴사하기 직전 1년 동안 기업에서 받은 임금총액의 1/3보다 낮아서는 안 된다.	불산중급인민법원의견(2005)

* 국가기준과 지방의 지급기준이 다를 경우, 사용자는 관련 노동자와 경업금지의무로 인한 경제적보상을 약정할 때, 양자 중 높은 기준을 적용할 필요가 있습니다.

제10장

노무파견

Q 10-1 노무파견제도 개요

Q 노무파견제도의 개요에 대해 설명해 주세요.

A 노무파견제도에 관해서는 2012년 12월 노동계약법의 개정에 따라 노무파견사업주 및 사용사업주의 법적 책임이 강화된 경위가 있으며 노무파견에 관한 세칙규정이 시행되었습니다. 노무파견제도의 개요는 해설내용을 참조하길 바랍니다.

■ ■ 해 설 ■ ■

'노무파견'은 노무파견사업주(劳务派遣单位)가 사용사업주(用工单位[1])와 체결한 노무파견협의서 또는 노무파견계약에 따라 직접 고용한 노동자를 사용사업주에게 파견하고 사용사업주의 지휘명령에 따라 파견노동자가 업무를 수행하는 것을 말합니다.

노무파견에 관한 규정을 마련한 법률법규로는 노동계약법, 노동계약법실시조례, 노무파견잠정규정(2014), 노무파견행정허가실시변법(2013) 등이 있으며 이들 규정에 따르면 노무파견제도의 주요내용은 아래와 같습니다.

(ⅰ) 노무파견사업주의 자질요건

노무파견사업에 종사하려면 등록자본금이 200만 위안보다 낮아서는 안 되며 사업전개에 필요한 고정적인 경영장소와 시설 및 관련 법령에

1 사용사업주를 중국어로 '用工单位'라고 하고, 사용자(고용주)를 중국어로 '用人单位'라고 합니다.

부합하는 노무파견관리제도를 확립하는 등의 요건을 갖추어야 합니다(노동계약법 제57조 1항).

무엇보다 노무파견사업주의 난립과 부정행위를 억제하기 위해서 2012년 12월에 개정된 노동계약법에서는 노무파견사업에 종사하기 위한 최소등록자본금을 50만 위안에서 200만 위안까지 대폭 인상함과 동시에 노무파견사업주와 사용사업주가 위법행위를 했을 경우, 시정명령을 내리고 과태료에 처하는(노동계약법 제92조 2항) 등 노무파견사업주와 사용사업주의 법적 책임을 강화하였습니다.

노무파견사업을 경영하려면 노동행정부문에 행정허가를 신청하고 법에 따라 회사등기를 마쳐야 하며 허가를 받지 못한 경우에는 노무파견사업에 종사해서는 안 됩니다(노동계약법 제57조 2항).

(ⅱ) 파견노동자의 사용조건

노동계약법에서는 노무파견은 "임시적, 보조적 또는 대체적인 업무부서(工作崗位)에서만 실시되어야 한다"고 규정하고 있으며 노동계약에 근거한 정규직의 고용형태와 비교해서 어디까지나 보완적인 형태임을 명기하고 있습니다(노동계약법 제66조 1항, 노무파견잠정규정 제3조 1항).

노무파견사용이 가능한 업무부서

임시적	존속기간이 6개월을 넘지 않는 업무부서
보조적	주요한 업무부서를 위해 업무를 제공하는 비(非)주요업무부서
대체적	사용사업주가 고용한 노동자가 취학, 휴가 등 원인으로 업무를 수행할 수 없는 일정기간 내에 기타 노동자가 업무를 대체할 수 있는 업무부서

* 노동계약법 제66조 2항, 노동파견잠정규정 제3조 2항

다만, 상기 규정에 따라도 실무상, 보조적인 업무부서를 판단/확정하기가 어렵다는 점에서 노무파견잠정규정 제3조 3항에서는 사용사업주는 파견노동자를 사용하는 '보조적인 업무부서'를 결정할 때 직원대표대

회 또는 직원전체에 의한 토의를 거쳐 방안과 의견을 제출하고 노동조합 또는 직원대표와의 평등한 협의를 통해 이를 확정하고 사용사업주의 사업장 내부에 공시해야 한다고 규정하고 있습니다.

(ⅲ) 파견노동자의 평등권익 보장

① 보수 및 복리처우

파견노동자는 사용사업주의 노동자와 동일한 노동을 할 경우 동일한 임금을 받을 권리가 있습니다. 사용사업주는 동일업무 · 동일임금(同工同酬)의 원칙에 따라 파견노동자에게 동일 또는 유사한 업무부서의 정규직과 동일한 보수분배방법을 실시해야 하며 사용사업주에게 동일 또는 유사한 업무부서가 없는 경우에는 사용사업주 소재지의 동일 또는 유사한 업무부서의 노동자임금을 참조해 확정합니다(노동계약법 제63조 1항).

사용사업주는 파견노동자에게 업무부서에 상응하는 복리처우를 제공해야 하며, 파견노동자를 차별해서는 안 됩니다(노무파견잠정규정 제9조). 즉, 파견노동자는 사용사업주의 노동자와 동일노동을 제공할 경우 임금의 동일성뿐만 아니라 복리후생에서도 동일한 처우를 받을 수 있습니다.

무엇보다, 동일 또는 유사한 업무부서에서 근무하는 노동자라도 노동자 개개인의 업무경험과 기능, 업무평가결과 등 요소를 종합적으로 고려한 후 노동자 개개인의 임금 및 복리혜택을 차별화하는 것은 문제가 안 됩니다.

다만, 파견노동자라는 것만을 이유로 임금 및 복리처우를 차별화하는 것은 허용하지 않으므로 사용사업주는 이 점에 유의할 필요가 있으며, 따라서 사내규칙제도의 정리와 재검토의 필요성 여부 등 확인작업도 필요합니다.

② 타 지역에 노무파견할 경우의 사회보험

노무파견사업주가 타 지역에 노동자를 파견할 경우, 사용사업주의 소재지에서 파견노동자를 위해 사회보험에 가입하고 사용사업주 소재지의 규정에 따라 사회보험료를 납부해야 합니다(노무파견잠정규정 제18조).

노무파견사업주가 사용사업주 소재지에 사업장(分支机构)을 설립한 경우에는 사업장이 파견노동자를 위해 사회보험에 가입하여야 하고 사업장을 설립하지 않은 경우에는 사용사업주가 노무파견사업주 대신 파견노동자를 위해 사회보험에 가입해야 합니다(노무파견잠정규정 제19조).

(ⅳ) 파견노동자의 사용비율규제와 해당 비율조정의 경과조치

노동계약법에서 "사용사업주는 파견노동자의 수를 엄격히 제한해야 하며 전체 노동자 수의 일정비율을 넘어서는 안 된다"고 규정하고 있어(노동계약법 제66조 3항), 노무파견잠정규정(2014)은 이를 받아들여 "사용사업주가 사용하는 파견노동자의 수는 사용사업주가 사용하는 전체 노동자 수의 10%[2]를 넘어서는 안 된다"고 명기했습니다(노무파견잠정규정 제4조 1항).

여기서 말하는 '사용사업주가 사용하는 전체 노동자 수'란 사용사업주와 노동계약을 체결한 정규직과 사용사업주가 사용한 파견노동자의 합계인원을 말합니다(노무파견잠정규정 제4조 2항).

노무파견잠정규정 시행일 이전의 파견노동자 사용비율이 10%를 넘는 사용사업주는 파견노동자의 사용에 관한 조정안을 제정하고 노무파견잠정규정의 시행일(2014년 3월 1일)부터 2년 내에(즉 2016년 2월 말까지) 해당 사용비율을 10% 이하까지 낮춰야 했습니다.

---

2 외국기업상주대표기구(外国企业常驻代表机构) 등이 파견노동자를 사용할 경우, '임시적, 보조적 또는 대체적'인 업무부서로 한정(제한)하는 파견노동자의 사용조건과 파견노동자의 사용비율의 규제를 받지 않습니다(노무파견잠정규정 제25조).

또 동 규정 시행일 이전의 파견노동자 사용비율을 10% 이하로 낮추기 전까지 새로운 파견노동자를 사용해서는 안 된다고 명시되어 있습니다(노무파견잠정규정 제28조 3항).

(ⅴ) 대응책의 검토

노무파견잠정규정의 시행으로 노무파견사업주와 사용사업주는 각각의 입장에서 대책을 마련하고 있습니다. 사용사업주는 파견노동자를 노무파견사업주에게 되돌려보내는 방법, 파견노동자의 정규직화와 제조도급(制造外包)화, 공장폐쇄 혹은 회사이전 등의 선택지를 갖고 있습니다.

한편, 노무파견사업주는 사용사업주의 요청에 따라 사용사업주가 더욱 수용하기 쉬운 해결책을 찾으려는 노력을 하고 있으며 그중 제조도급사업이 기존의 노무파견사업을 대체할 수 있는 유력한 방안으로 급부상하고 있는 것이 최근의 동향입니다.

다만 ① 파견노동자의 사용비율을 10% 이하로 낮출 수 있는지, ② 파견노동자의 권리를 보호할 수 있는지, ③ 위장도급 등 불법파견문제에 신경을 곤두세우고 있는 노동행정부문의 감독은 어디까지 엄격하게 이뤄질지 등 불안정한 요소도 많은 상황입니다.

지방규정 주목!

광 둥 **광둥고급인민법원 의견(2018) 제18조**

➔ 사용사업주가 노무파견잠정규정 제3조, 제4조에 규정된 노무파견의 사용범위와 사용비율을 위반한 경우, 인력자원사회보장부문이 법에 따라 이를 처리하고, 노무파견계약(협의서)의 효력은 영향을 받지 않는다.

Q 10-2 노무파견사업주 및 사용사업주의 의무와 책임

Q 노무파견사업주와 사용사업주는 파견노동자에 대해 어떠한 의무와 책임을 지나요?

A 노무파견사업주와 사용사업주의 파견노동자에 대한 의무와 책임은 해설내용을 참조하길 바랍니다.

■ ■ 해 설 ■ ■

(i) 노무파견사업주와 사용사업주의 의무

노동계약법 및 노무파견잠정규정(2014)은 노무파견사업주와 사용사업주의 파견노동자에 대한 의무를 아래와 같이 규정하고 있습니다.

노무파견사업주의 파견노동자에 대한 의무*

· 파견노동자와 2년 이상의 고정기간노동계약을 체결하여야 함
· 고용주로서 파견노동자에게 고지의무,[1] 규칙제도 및 노무파견협의서 내용[2]의 고지의무를 다해야 함
· 연수제도를 확립하고 직무수행에 필요한 지식 및 안전교육에 관한 연수를 실시하여야 함
· 노동보수 및 관련 복리처우를 지급해야 함
· 사회보험에 가입하고 사회보험료를 납부해야 함
· 노동보호 및 노동안전위생조건을 제공하도록 사용사업주를 독촉해야 함
· 노동계약의 해제 또는 종료에 관한 증명서를 발행해야 함
· 파견노동자와 사용사업주 간의 분쟁처리에 협조해야 함
· 노무파견사업주가 자질조건에 부합되지 않게 될 경우[3] 파견노동자와 체결한 노동계약을 기간만료 시까지 이행하여야 함
· 법률, 법규 및 규칙이 규정한 기타 사항

* 노무파견잠정규정 제5조, 제8조, 제11조

1. 노동계약을 체결하기 전의 사용자에 의한 업무내용, 근무조건, 근무지, 노동보수 및 기타 사항의 고지의무(노동계약법 제8조)
2. 파견지의 업무부서명칭(工作岗位名称)과 성질(岗位性质), 근무지, 파견노동자의 인원수 및 파견기간, 노동보수 금액 및 지급방법, 사회보험료 금액 및 납부방법, 근무시간과 휴식휴가 관련사항, 산재 · 생육 · 질병기간의 처우, 노동안전위생 및 연수 관련사항, 경제보상 등 비용, 노무파견협의서의 기한, 노무파견서비스비용의 지불방법 및 기준, 위약책임 및 기타 규정해야 할 사항(노무파견잠정규정 제7조)
3. 노무파견사업주의 행정허가유효기간이 연장되지 않거나 '노무파견경영허가증'이 취소(被撤销) 혹은 반납당한(被吊销) 경우(노무파견잠정규정 제11조)

사용사업주의 파견노동자에 대한 의무*

· 국가의 노동기준을 집행하고 그에 상응하는 노동조건과 노동보호를 제공하여야 함
· 파견노동자에게 업무상 요구와 노동보수를 고지하여야 함
· 시간외근무수당(초과근무수당), 실적포상금(绩效奖金)을 지급, 업무부서와 관련된 복리처우를 제공해야 함
· 재직중인 파견노동자에게 업무수행에 필요한 연수(培训)를 실시해야 함
· 파견노동자의 사용을 계속할 경우 정상적인 임금조정메커니즘(工资调整机制)을 실행해야 함
· 파견노동자를 다른 사용업주에게 다시 파견해선 안 됨

* 노동계약법 제62조

(ⅱ) 노무파견사업주와 사용사업주의 책임

노동계약법 및 노무파견잠정규정(2014)은 노무파견사업주와 사용사업주의 법적 책임에 대한 규정을 마련하고 있으며(노무파견잠정규정 제6장, 노동계약법 제7장) 그중에서도 기본적인 규정이 노동계약법 제92조입니다.

노동계약법 제92조 2항에 따르면 노무파견사업주 및 사용사업주가 위법행위를 범한 경우, 시정명령을 내리고 과태료에 처하며 사용사업주가 파견노동자에게 손해를 끼친 경우에는 노무파견사업주와 사용사업주가 파견노동자에 대해 연대배상책임(连带赔偿责任)을 부담해야 합니다.

또한 노동자의 합법적인 권익보호 등에 관해서는 노동보장감찰조례(2004) 및 각 지방의 노동보장감찰관련규정이 시행되고 있으므로 이들 규정에도 유의해야 합니다.

지방규정 주목!

광 둥 **광둥고급인민법원 의견(2018) 제17조**

→ 노동계약법 제14조 2항, 3항에 규정한 사유(→Q1-1, 1-3 참조)에 해당할 경우, 노무파견사업주는 법에 따라 파견노동자와 무고정기간노동계약을 체결해야 한다.

광둥고급인민법원 의견(2018) 제19조

→ 노동계약법 제57조의 규정에 근거해 노무파견사업주가 노무파견업무의 경영에 관한 행정허가를 취득하지 못한 경우, 노무파견협의서는 무효이다. 노무파견협의서의 무효로 인해 노동자에게 손해를 끼친 경우에는 노무파견사업주와 사용사업주가 연대책임(连带责任)을 부담해야 한다. 단, 사용사업주가 자신의 심사(审查)의무를 이행했다고 증명할 수 있을 경우는 제외한다.

Q 10-3 파견노동자를 되돌려보내는 사유

Q 사용사업주는 어떠한 사유가 발생했을 때 파견노동자를 노무파견사업주에게 되돌려보낼 수 있습니까?

A 사용사업주가 파견노동자를 되돌려보내는 사유는 해설내용을 참조하길 바랍니다. 사용사업주가 관련 규정을 위반해 파견노동자를 노무파견사업주에게 되돌려보내고 파견노동자에게 손해를 입힌 경우, 사용사업주와 노무파견사업주가 연대배상책임을 부담해야 합니다.

■ ■ 해 설 ■ ■

(ⅰ) 파견노동자를 되돌려보내는 사유

노동계약법 및 노무파견잠정규정(2014)은 사용사업주가 파견노동자를 노무파견사업주에게 되돌려보낼 수 있는 사유(이하 '되돌려보내는 사유'라고 함)를 다음과 같이 규정하고 있습니다.

① 파견노동자가 노동계약법 제39조[1] 및 제40조[2] 1호, 2호에서 규정하는 사유에 해당하는 경우(노동계약법 제65조 2항)

② 사용사업주에게 노동계약법 제40조 3호 혹은 제41조[3]에 규정한 상황이 있는 경우(노무파견잠정규정 제12조 1항 1호)

③ 사용사업주가 법에 따라 파산선고를 받거나, 영업허가증이 취소되거나

---

1 사용자에 의한 일방적인 노동계약해제사유.

2 사용자에 의한 노동계약예고해제사유.

3 사용자에 의한 정리해고사유.

폐쇄 또는 철폐명령을 받거나, 중도해산을 결정하거나 또는 경영기간의 만료에 따라 경영을 계속하지 않는다고 결정한 경우(노무파견잠정규정 제12조 1항 2호)

④ 노무파견협의서가 기간만료에 의해 종료됐을 경우(노무파견잠정규정 제12조 1항 3호)

(ⅱ) 파견노동자를 되돌려보낼 수 없는 사유와 위반 시 법적 책임

노무파견잠정규정(2014) 제13조에 따르면, 파견노동자가 아래 사유(노동계약법 제42조) 중 어느 하나에 해당하는 경우, 사용사업주는 파견기간이 만료되기 전, 노무파견잠정규정 제12조 1항 1호의 규정(상기 참조)에 의해 파견노동자를 노무파견사업주에게 되돌려보내서는 안 됩니다.

① 직업병위험에 접촉하는 업무에 종사한 노동자에게 퇴직 전 직업건강진단을 실시하지 않고 또는 직업병의심환자로 진단중이거나 의학관찰기간에 있는 경우

② 사용자 밑에서 직업병을 앓거나 산재로 인해 다쳐 노동능력의 상실 또는 일부 상실이 확인된 경우

③ 병을 앓거나 산재 이외로 부상을 입어 규정된 의료기간 내에 있는 경우

④ 여직원이 임신, 출산, 수유기간에 있는 경우

⑤ 사용자 밑에서 근속 만 15년 이상이며, 법정퇴직연령까지 5년 미만 남았을 경우

⑥ 법률, 행정법규에서 규정한 기타 사유

파견노동자가 상기 사유 중 어느 하나에 해당하고 파견기간이 만료된 경우, 해당 사유가 없어질 때까지 파견기간을 연장해야 하며 해당 연장기간이 만료된 때에 파견노동자를 노무파견사업주에게 되돌려보낼 수

있습니다.

사용사업주가 노무파견잠정규정을 위반하여 파견노동자를 노무파견사업주에게 되돌려보내 파견노동자에게 손해를 끼친 경우, 사용사업주와 노무파견사업주는 연대배상책임을 부담해야 합니다(노무파견잠정규정 제24조, 노동계약법 제92조 2항).

(ⅲ) 지방규정

상기 (ⅰ)과 같이 노동계약법 제65조 2항에서 규정하는 사용사업주가 파견노동자를 노무파견사업주에게 되돌려보낼 수 있는 사유' 이외에 노무파견잠정규정 제12조 1항에서는 '되돌려보내는 사유'가 새롭게 추가되었습니다.

상하이시의 경우, 노무파견적용법률의 몇 가지 문제에 관한 상하이시 인력자원사회보장국, 상하이시고급인민법원의 회의회보(2014년 12월 31일) 제6조에 따르면 노무파견잠정규정 제12조 제1항에서 정하는 '되돌려보내는 사유' 외에도 다음 사유 중 어느 하나에 해당할 경우, 사용사업주는 파견노동자를 노무파견사업주에게 되돌려보낼 수 있습니다.

① 노동계약기간이 만료된 경우(노동계약법 제44조 1호)

② 노동자가 법에 의해 기본연금(양로)보험처우를 받기 시작한 경우(노동계약법 제44조 2호)

③ 노동자가 법정 퇴직연령에 도달해 노동계약이 종료된 경우

④ 노무파견협의서가 해제된 경우

⑤ 노무파견사업주, 사용사업주 및 파견노동자 3자가 합의했을 경우

⑥ 사용사업주가 의무를 이행하지 않아 노무파견사업주가 직접 파견노동자를 소환한 경우

⑦ 노무파견잠정규정 제16조[4]에 근거해 노무파견사업주가 말소등기절차를 밟기 전에 사용사업주와 노무파견사업주가 협의한 후, 파견노동자를 되돌

려보내는 경우

⑧ 노무파견사업주가 법률규정을 위반해 노무파견에 종사하고 시정명령을 받아 시정한 경우

4 노무파견사업주가 법에 따라 파산선고를 받거나, 영업허가증이 취소되거나 폐쇄 또는 철폐명령을 받거나, 중도해산을 결정하거나 또는 경영기간의 만료에 따라 경영을 계속하지 않는다고 결정한 경우 노동계약은 종료된다. 사용사업주는 노무파견사업주와 협의해 파견노동자를 적절히 배치(安置)해야 한다.

Q 10-4 노무파견과 제조도급의 차이

Q 노무파견과 제조도급의 차이점에 대해 설명해 주세요.

A 노무파견과 제조도급의 차이 및 실무상 유의점에 대해서는 해설내용을 참조하길 바랍니다.

■ ■ 해 설 ■ ■

(ⅰ) 노무파견과 제조도급의 법률관계

노무파견잠정규정(2014)의 시행에 따라 노무파견사업주와 사용사업주는 각각의 입장에서 대책을 마련하고 있습니다. 그러나 사용사업주가 파견노동자의 정규직화를 최대한 피하면서 기존의 노무파견형태를 대체할 수 있는 해결책을 원하는 경우, 제조도급은 유력한 대체방안이라 할 수 있습니다(➔Q10-1 참조).

노무파견의 경우, 노무파견사업주, 사용사업주 및 파견노동자 3자간 관계도와 제조도급의 경우 제조도급사업자, 발주자 및 노동자 3자 간 관계도는 다음과 같습니다.

그림 1. 노무파견 관계도

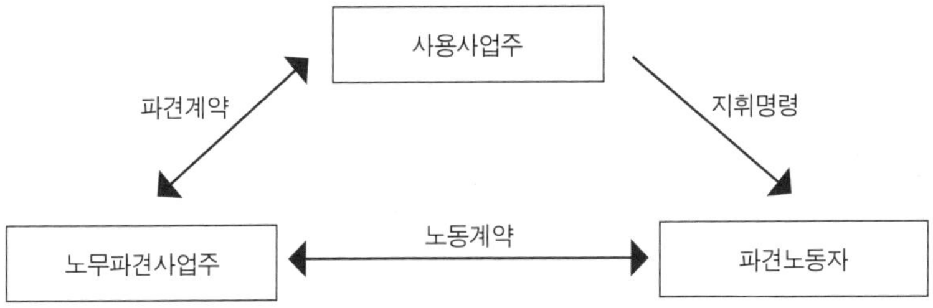

그림 2. 제조도급 관계도

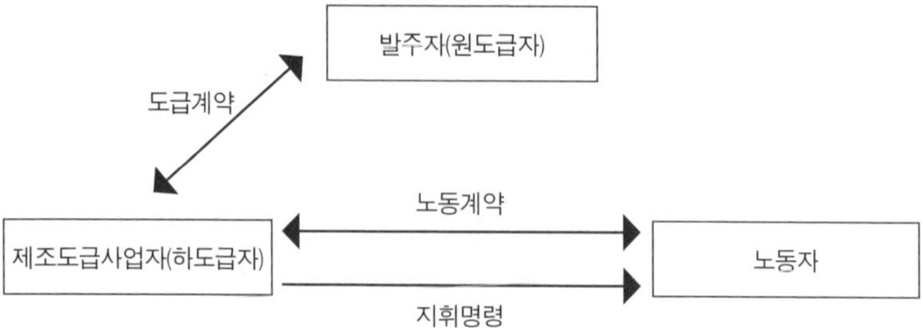

그림 1의 노무파견의 법률관계에 비해 그림 2의 제조도급의 법률관계가 더 간단하다고 할 수 있습니다.

왜냐하면 노무파견의 경우, 고용주가 아닌 사용사업주가 노동자의 업무수행에 대해 지휘 · 감독 · 명령 등 권한을 행사하는[1] 반면, 제조도급에서는 고용주인 제조도급사업자가 직접 노동자에 대한 지휘 · 감독 · 명령 등 권한을 행사하기 때문에 도급계약에 근거한 민사법률관계와 노동계약에 근거한 노동법률관계를 명백히 구분할 수 있기 때문입니다.

그러나 발주자가 노동자의 도급업무수행에 대해서 어떤 형태로든 개입하게 되면 고용주인 제조도급사업자가 행사해야 할 지휘 · 감독 · 명령권한이 약화되고 본래 단순명쾌한 제조도급의 법률관계가 무너지는 것은 불가피합니다.

특히 사용사업주가 노무파견잠정규정(2014)의 시행에 따라 파견노동자의 사용비율규제에 부합시키기 위해 부득이하게 제조도급형태를 선택했지만, 제품 또는 서비스의 품질관리 등의 필요성으로 제품의 제조과정 또는 외주서비스의 제공과정에까지 개입하고 실질적으로 노동자에 대한 업무지휘 · 감독 · 명령 등 권한을 행사할 경우 '위장도급/불법

1 그림 1 중 사용사업주와 파견노동자와의 관계의 속성에 관하여 '노무(劳务)관계 또는 사용(用工)관계'로 표현하는 경우가 많습니다.

파견'으로 판단될 가능성이 있습니다.

노무파견과 제조도급의 차이 및 기업이 노무파견형태와 제조도급형태를 각각 선택할 경우의 주요 장단점은 아래 표와 같습니다.

노무파견과 제조도급의 차이 및 각각의 장단점

항목	노무파견	제조도급
기본계약	노무파견계약	제조도급계약
고용주	노무파견사업주	제조도급사업자
업무수행에 관한 지휘·감독·명령 등 권한	사용사업주	제조도급사업자
업무수행 및 성과물 등 책임자	사용사업주	제조도급사업자
장점 (사용사업주 또는 발주자 입장)	· 고용주로서의 책임이 없음 · 파견노동자에 대해 직접 지휘명령이 가능	· 노무관리상의 문제 해소 · 업무수행 및 성과물은 제조도급사업자의 책임
단점 (사용사업주 또는 발주자 입장)	· 파견노동자의 사용비율규제를 준수해야 함 · 파견노동자에게 손해를 끼친 경우, 사용사업주와 노무파견사업주는 연대배상책임을 부담해야 함	· 발주자가 노동자에 대한 직접 지휘명령이 불가하므로 철저한 품질관리 등이 어려움 · 노무파견과 제조도급의 구분에 관한 기준 등이 명확하지 않아 발주자가 어떠한 형태로든 도급업무수행에 개입하면 '위장도급'으로 판단될 리스크 있음

(ⅱ) 실무상 유의점

노무파견형태를 대체할 수 있는 제조도급형태에 대해 노무파견잠정규정(2014)에서는 "사용자가 도급(承揽), 아웃 소싱(外包) 등의 명목으로 노무파견방식을 통해 노동자를 사용하는 경우 본 규정에 근거하여 처리한다"(노무파견잠정규정 제27조)라고 규정하고 있을 뿐입니다. 해당 규정에 따르면 '제조도급명목의 노무파견', 즉 '위장도급' 문제에 대해서는 중앙정부주관기관도 상당히 신경을 곤두세우고 있는 것을 알 수 있습니다.

노무파견사업주의 자질요건은 노동계약법의 개정 등에 의해 규제가 강화되어 온 바 있습니다. 그 목적은 '노동자의 합법적인 권익보호'와 사용사업주에 의한 파견노동자의 정규직화의 촉진이라 할 수 있습니다.

단, 제조도급사업자에 관해서는 아직 기본적으로 아무런 규제가 없어 사용사업주가 기존의 노무파견형태 대신에 제조도급형태의 도입을 검토하고 있는 경우가 많으며 노무파견사업주 또는 제3자가 제조도급사업으로 신규 진출하는 경우도 적지 않습니다.

특히 노무파견 또는 제조도급의 도입을 검토하는 기업은 장래에 연대책임을 부담할 가능성이 있는 노무파견형태보다 제조도급사업자만이 책임을 지는 제조도급형태를 더 선호하기 쉽습니다. 이러한 강한 요구가 있는 한, 기존의 노무파견형태를 대체할 제조도급형태가 널리 받아들여질 가능성은 있지만 위장도급문제 등 해결해야 할 난제가 있는 것도 사실입니다.

현 단계에서는 위장도급금지에 관한 중앙정부차원의 규정은 노무파견잠정규정(2014) 제27조(상기 참조) 및 '철저한 노무파견잠정규정 실시에 관한 인력자원사회보장부판공청 통지'(人社厅发(2014) 13호) 제2조[2]밖에 없습니다.

중앙정부주관기관에 의한 규정 외에 일부 지방의 관련 규정[3]이 공포되었지만 모두 원칙적인 규정에 그쳤고, 위장도급의 판단기준은 여전히 불명확한 상황입니다. 따라서 기업 측(발주자 또는 사용사업주)은 소재지역의 관련규정 및 재판사례 등을 항상 파악하고 놓치지 않도록 특별히 유의해야 합니다.

---

2 사용사업주가 업무의 아웃 소싱, 도급 등의 방법으로 파견노동자의 사용비율을 낮출 경우에 사용사업주가 관련 법률과 정책의 규정에 따라 발주 등을 하며 법에 따라 현재 사용중인 파견노동자의 노동관계 이전과 인수 작업을 제대로 진행하도록 지도하고 위장도급(假外包真派遣) 등의 문제발생으로 파견노동자의 합법적인 권익을 침해하는 것을 방지해야 한다.

3 노무파견적용법률의 몇 가지 문제에 관한 상하이시인력자원사회보장국, 상하이시고급인민법원의 회의회보(2014년 12월 31일)

제11장

실무상 자주 있는 기타 노무상담사례

Q 11-1 사내규칙제도 제정 시 주의사항

Q 사용자가 사내규칙제도를 제정할 시 주의사항을 알려 주세요.

A 사용자는 노동자의 이익에 직접 연관된 사내규칙제도 등을 제정할 때 노동계약법 제4조에서 규정한 민주적인 절차를 이행해야 하며 그 내용의 합법성과 합리성을 보장함과 동시에 확정된 사내규칙제도 및 중요사항의 결정을 공시하고 또는 노동자에게 고지해야 합니다.

■ ■ 해 설 ■ ■

(ⅰ) 사내규칙제도 제정 시 주의점

① 민주적 절차의 이행

노동계약법 제4조 2항에 따르면 사용자는 노동보수, 근무시간, 휴식휴가, 노동안전위생, 보험 및 복리후생, 직원연수, 노동규율 및 노동정액관리 등 노동자의 절실한 이익(切身利益)과 직접 연관된 규칙제도 또는 중대사항을 제정, 개정 또는 결정할 때 직원대표대회 또는 직원전체의 토론을 거쳐서 시안(方案) 및 의견을 제출하고 노동조합 또는 직원대표와 평등하게 협의를 갖고 이를 확정해야 합니다.

즉, 사내규칙제도 또는 중대사항의 제정, 개정 또는 결정방안에 대해서는 토론, 의견 청취(수렴) 및 협의과정을 거칠 필요가 있습니다.

사용자는 규칙제도 또는 중대사항을 제정, 개정 또는 결정할 때 노동자 또는 노동조합에서 제출한 의견을 정리, 검토한 후 사용자 측의 의견을 제시하거나 또는 설명할 수 있습니다.

다만 사용자가 노동자 또는 노동조합에서 제출한 의견을 반드시 수용해야 하는 것은 아니라고 해석됩니다.

② 내용의 합법성과 합리성

사용자는 법에 따라 노동규칙제도를 확립해 이를 정비하여 노동자가 노동권리를 향유하고 노동의무를 이행할 수 있도록 보장하여야 합니다(노동계약법 제4조 1항).

또한 사용자규칙제도가 법률, 법규의 규정을 위반하고 노동자의 권익에 손해를 끼친 경우, 노동자는 노동계약을 해제하고 경제보상금의 지급을 청구할 권리를 가지고 있습니다(노동계약법 제38조[1] 1항 4호, 제46조).

더욱이 사용자가 규칙제도에서 자신의 법정책임을 면제하고 노동자의 권리를 배제하는 규정을 마련한 경우, 해당 규정은 무효로 인정될 가능성이 있습니다(노동계약법 제26조 1항 2호).

요컨대 노동자의 입장에서 볼 때 사용자의 규칙제도 규정이 명백히 불합리한 경우에는 인민법원이 관련 규정을 무효로 인정하고 관련 규정을 노동자에 대한 징계처분결정의 근거로 삼는 것을 인정하지 않거나, 노동자의 청구에 응해 노동자의 이익과 부담능력 등을 감안해 사용자에 의한 징계처분결정, 주장 또는 청구의 내용을 조정할 수 있습니다.

③ 노동자에 대한 고지

사용자는 노동자의 절실한 이익에 직접 연관된 규칙제도 및 중요사항의 결정을 공시(公示)하고 또는 노동자에게 고지(告知)해야 합니다(노동계약법 제4조 4항).

④ 실시과정에 있어서의 개정의견 제출권

노동자의 절실한 이익과 직접 연관된 규칙제도 및 중요사항의 결정을 실시하는 과정에서 노동조합 또는 노동자가 부적절하다고 판단한 경우, 사용자에게 의견을 제출하고 협의를 거쳐 관련내용을 개정하고 개선할 권리를 갖고 있습니다(노동계약법 제4조 3항).

1 노동자에 의한 일방적인 노동계약해제사유.

(ⅱ) 노동분쟁사건을 심리할 때의 근거규정이 되기 위한 요건

노동분쟁심리해석(2001) 제19조에 따르면 사용자가 노동법 제4조의 규정에 근거해 민주적인 절차를 통해 제정된 규칙제도가 국가의 법률과 행정법규 및 정책의 규정을 위반하지 않고 노동자에게 이미 공시한 경우, 인민법원은 해당 규칙제도를 노동분쟁사건을 심리할 때의 근거로 할 수 있습니다.

사용자의 규칙제도는 사용자에 의한 노동계약의 해제권을 포함한 자사의 노동자에 대한 고용관리권을 유효하게 행사하기 위한 매우 중요한 규정이므로 그 내용의 합법성과 합리성을 보장하는 동시에 아래 방법 등으로 장래 발생할 수 있는 노동분쟁의 법적 리스크를 예방 또는 경감할 필요가 있습니다.

① 민주적 절차의 이행방법

실무상, 사용자 측에서 준비한 규칙제도의 일부 내용에 반대의견을 제출하고 사용자의 의견 또는 설명에 완강히 반대하는 노동자가 전체 직원 중 소수를 차지하는 것이 확인된 경우는 해당 규칙제도내용의 합법성과 합리성을 전제로 직원대표대회 또는 직원대회의 표결에 부쳐 대다수 직원의 동의로 가결되었을 때, 해당 규칙제도는 민주적인 절차를 이행한 것으로 인정됩니다.

② 공시 또는 고지방법

노동자에 대한 유효한 공시 또는 고지방법은 사용자의 규칙제도 또는 중대사항을 제정, 개정 또는 결정할 때 전체 노동자로부터 해당 규칙제도 또는 중대사항의 제정, 개정 또는 결정에 관한 절차, 내용확인 및 준수약속에 관한 서명을 받아 두는 것이 가장 안전한 방법입니다.

또 규칙제도에 관한 사내연수회, 학습회 등을 정기적으로 개최하고 노동자에게 숙지시키는 동시에 이에 관한 증거(참석한 노동자 및 사용자 측 인원이 서명확인한 서류 및 녹화데이터 등)를 남겨 두는 것도 효과적인 방법입니다.

(ⅲ) 규칙제도내용과 노동계약내용이 일치하지 않는 경우의 처리

사용자가 제정한 사내규칙제도가 노동계약에서 약정한 내용과 일치하지 않는 경우, 노동자가 노동계약의 약정을 우선적으로 적용하도록 청구할 경우, 인민법원은 이를 인정해야 합니다(노동분쟁심리해석(二) 제16조).

즉, 동일 사항과 관련해 사용자의 규칙제도와 노동계약의 내용이 일치하지 않는 경우는 노동계약을 우선적으로 적용하기 때문에 노사 간 노동계약의 내용을 약정할 때 특히 주의해야 할 필요가 있습니다.

실무상 신규채용 또는 노동계약을 갱신할 시 사용자 측에서 노동자에게 노동계약을 제시하는 것이 일반적이지만, 사용자는 이러한 주도권을 효율적으로 행사해야 합니다.

즉, 사용자소재지의 정부부문이 권장하는 노동계약의 양식 등을 그대로 사내용으로 돌려쓰는 일은 될수록 피해야 하며 자사의 실제상황에 맞춰서 사용자소재지의 고문변호사의 협력하에 노동계약의 내용을 독자적으로 정비하는 시점이 필요합니다.

지방규정 주목!

광 둥 **광둥고급인민법원 지도의견(2002) 제18조 2항**

→ 노동자가 사용자의 규칙제도에 이의를 제출할 경우, 사용자는 규칙제도가 국가의 법률과 행정법규 및 정책의 규정에 위반하지 않고 노동자에게 공시했다는 것을 증명해야 한다.

광동고급인민법원 지도의견(2008) 제20조 2항

→ 노동계약법이 시행된 뒤 사용자가 노동자의 절실한 이익과 직접 관련된 규칙제도 또는 중대사항을 제정, 개정할 때 노동계약법 제4조 2항에 규정된 민주적 절차를 이행하지 않은 경우, 원칙적으로 사용자의 고용관리의 근거

로 할 수 없다. 다만, 규칙제도 또는 중대사항의 내용이 법률, 행정법규 및 정책의 규정에 위반하지 않고 명백히 불합리한 사유가 존재하지 않고 노동자에게 이미 공시 또는 고지하고 노동자에게 이의가 없을 경우 노동중재 및 인민법원에 의한 심리의 근거로 할 수 있다.

선전노동관계촉진조례(2008) 제12조 2항, 3항

→ 사용자는 노동자의 절실한 이익과 직접 관련된 규칙제도를 노동자에게 공시 또는 고지하고 노동자에게 서면서류를 제공해야 한다.

사용자의 규칙제도와 노동계약의 약정이 일치하지 않을 경우 노동계약의 약정을 우선적으로 적용한다.

베이징 **베이징고급인민법원 회의회보(2009) 제36조**

→ 사용자가 노동계약법의 시행 전에 제정한 규칙제도가 노동계약법 제4조 2항에 규정한 민주적 절차를 거치지 않았지만 그 내용이 법률, 행정법규 및 정책의 규정에 위반하지 않고 노동자에게 이미 공시 또는 고지한 경우 사용자의 고용관리의 근거로 할 수 있다.

장 쑤 **장쑤고급인민법원 지도의견(2009) 제18조**

→ 사용자가 노동계약법의 시행 전에 제정한 규칙제도가 노동계약법 제4조 2항에 규정한 민주적 절차를 거치지 않았지만 그 내용이 법률, 행정법규 및 정책의 규정에 위반하지 않고 명백히 불합리한 사유가 존재하지 않으며 노동자에게 이미 공시 또는 고지한 경우, 노동분쟁을 처리할 시 근거로 할 수 있다.

사용자가 노동계약법의 시행 후에 규칙제도를 제정, 개정하고 법정 민주절차를 거쳐 노동조합 또는 직원대표와 협의했으나 합의에 이르지 못한 경우, 해당 규칙제도의 내용이 법률, 행정법규의 규정에 위반하지 않고 명백히 불합리한 사유가 존재하지 않으며 노동자에게 이미 공시 또는 고지한 경우, 노동분쟁을 처리할 시 근거로 할 수 있다.

독립법인자격을 가진 자회사(子公司)가 모회사(母公司)의 규칙제도를 집행할 경우, 만약 자회사가 노동계약법 제4조에 규정한 민주적 절차를 이행하고 또는 모회사가 노동계약법 제4조에 규정한 민주적 절차를 이행하고 자회사의 노동자에게 공시 또는 고지한 경우, 자회사의 노동분쟁을 처리할 시 모회사의 규칙제도를 그 근거로 할 수 있다.

저 장 **저장노중지도의견(2009) 제30조**

→ 사용자가 노동계약법의 시행 전에 제정한 규칙제도가 노동계약법 제4조 2항에 규정한 민주적 절차를 거치지 않았지만 그 내용이 법률, 행정법규, 정책 및 집단계약의 규정에 위반하지 않고 명백히 불합리한 사유가 존재하지 않으며 노동자에게 이미 공시 또는 고지한 경우, 중재위원회가 노동분쟁사건을 처리할 때의 근거로 할 수 있다.

노동계약법의 시행 후에 사용자가 노동자의 절실한 이익과 직접 관련된 규칙제도 또는 중대사항을 제정, 개정 또는 결정할 때 노동계약법 제4조 2항에 규정된 민주적인 절차를 이행하지 않은 경우, 원칙적으로 중재위원회가 노동분쟁사건을 처리할 때의 근거로 할 수는 없다. 다만, 규칙제도 또는 중대사항결정의 내용이 법률, 행정법규, 정책 및 집단계약의 규정에 위반하지 않고 명백히 불합리한 사유가 존재하지 않으며 노동자에게 이미 공시 또는 고지했을 때는 중재위원회가 노동분쟁을 처리할 때의 근거로 할 수 있다.

Q 11-2 사용자에 의한 근무부서와 월임금의 조정권

Q 사용자는 어떠한 경우에 노동자의 근무부서와 월임금을 조정할 수 있습니까? 노동자가 사용자에 의한 배치전환결정에 동의하지 않는 경우, 사용자는 이를 이유로 노동계약을 해제할 수 있습니까?

A 업무내용(근무부서), 노동보수 등 노동계약의 필요기재사항을 변경하는 경우에는 노사 간에 서면합의를 거쳐야 합니다. 단, 사용자는 관련 법률이 규정한 사유가 생겼을 경우 또는 노동계약 혹은 사내규칙제도에서 근무부서와 월임금의 조정에 관한 약정을 한 경우, 해당 규정 또는 약정에 따라 근무부서와 월임금을 조정할 수 있습니다. 법정해제사유가 생겼을 경우 사용자는 관련 규정에 의해 노동계약을 해제할 수 있습니다.

■ ■ 해 설 ■ ■

(i) 사용자에 의한 배치전환권과 계약해제권

노동계약법 제17조에 따르면 노동계약은 업무내용(근무부서), 노동보수 등 필요기재사항을 약정해야 하고 노동계약에서 약정한 업무내용(근무부서) 또는 노동보수 등을 변경하려면 노사 양측 간에 서면합의를 해야 합니다(노동계약법 제35조).

또한 노동계약법 제40조 1호, 2호의 규정에 따르면 아래 사유가 생겼을 경우, 사용자는 일방적으로 노동자의 업무내용 또는 근무부서를 조정할 수 있습니다.

① 노동자가 병을 앓거나 또는 산재 이외로 부상해 규정된 의료기간 만료

후 이전 업무에 종사할 수 없는 경우

② 노동자가 업무상 부적임한 경우

또한 상기 ①의 경우, 노동자가 사용자가 별도 마련한 업무에도 종사할 수 없을 때, 상기 ②의 경우, 노동자가 사용자에 의한 연수 또는 근무부서의 조정을 거쳐도 여전히 업무상 부적임한 경우 및 ③ 노동계약체결 시 근거한 객관적 상황에 중대한 변화가 생기고 노동계약의 이행이 불가능해져 사용자와 노동자가 협의를 거쳐도 노동계약의 내용변경에 대해서 합의가 이뤄지지 않은 경우(동법 제40조 3호), 사용자는 30일 전까지 노동자본인에게 서면형식으로 통지하거나 노동자에게 1개월분 임금을 여분으로 지급한 뒤 노동계약을 해제할 수 있습니다(노동계약법 제40조).

(ⅱ) 실무상 유의점

① 노동계약 또는 사내규칙제도에서 약정한 경우

노동계약 또는 사내규칙제도에서 노동자에게 다음 사유 중 어느 하나(예시)[1]가 발생한 경우, 사용자는 노동자의 근무부서 또는 업무내용을 조정할 수 있고 조정 후의 근무부서 또는 업무내용에 따라 노동보수를 새롭게 확정할 권한이 있다고 정한 경우, 해당 노동계약 또는 사내규칙제도가 유효한 것[2]을 전제로 사용자는 해당 노동계약 또는 사내규칙제도의 관련규정에 따라 배치전환을 실시함과 동시에 노동보수를 조정할 수 있으며, 노동자도 이들 관련 규정의 구속을 받게 됩니다.

ⅰ) 노동자가 업무상 부적임하다고 평가판단된 경우

---

1 사용자의 자사사정과 필요성 등을 토대로 노동계약 또는 사내규칙제도에서 관련 사유를 구체적으로 명확히 규정할 필요가 있고 그 내용의 합법성과 합리성을 확보할 필요가 있습니다.

2 사내규칙제도를 제정할 시의 주의사항은 Q11-1을 참조하길 바랍니다.

ii) 노동자가 병을 앓거나 또는 산재 이외로 부상해 규정된 의료기간이 만료된 후 이전 업무에 종사할 수 없는 경우

iii) 사용자의 생산경영방식의 조정 또는 사업부문의 통폐합 등 사용자의 생산경영상의 필요성에 기인해 노동자의 근무부서 조정이 필요한 경우 등

② 노동계약 또는 사내규칙제도에서 약정하지 않은 경우

노동계약 또는 사내규칙제도에서 사용자의 근무부서 및 월임금의 조정권을 규정하지 않은 경우는 상기 (i)의 관련 규정에 의하여 처리하게 됩니다.

예컨대 노동자 소속 근무부서의 규모축소, 소속 사업부문의 통폐합 등 사용자의 생산경영상의 필요성에 기인하는 사유로 노동자에게 다른 근무부서로 배치전환을 요구했지만 노동자가 이를 거부할 경우, 상기 (i)의 노동계약법 제40조 3호에 따라 노사 양측이 근무부서의 조정 및 노동조건의 변경 등에 대한 협의를 거쳐서도 합의에 이를 수 없을 때는 사용자가 노동계약을 예고해제할 수 있습니다.

노동자가 출근거부 등의 방법으로 사용자의 요구 또는 제안에 강력히 반발하는 경우에는 사용자의 사내규칙제도 또는 노동계약의 '무단결근' 등에 관한 규정에 근거해 사용자는 일방적으로 노동계약을 해제할 수 있습니다.

③ 노동자부터 배치전환신청이 있을 경우

노동자본인이 스스로 사용자에게 근무부서의 조정을 신청한 경우, 사용자는 노동계약의 변경에 관한 규정(노동계약법 제35조)에 의해 근무부서(업무내용) 및 노동보수 등의 변경에 대해 노사 양측 간에 서면합의를 얻어 두는 것이 바람직합니다.

④ 입증책임

상기 ①~③의 모든 경우 노동분쟁이 생겼을 때 사용자에게 아래 관련 사항의 입증책임이 부과되므로 각별히 주의해야 합니다.

ⅰ) 노동자의 업무상 부적임 또는 업무종사불가의 평가기준 및 평가방법 등의 사전고지

ⅱ) ⅰ)의 평가기준, 평가방법 및 평가결과의 합법성과 합리성

ⅲ) 명백한 생산경영상의 필요성에 기인한 배치전환결정이라는 점

ⅳ) 배치전환 후의 노동보수 등 노동조건의 합리적인 설정

ⅴ) 노동자와 수차례 협의를 거쳐 왔다는 점 등

일부 지방에서는 다음과 같이 사용자에 의한 근무부서의 조정 등에 관해 특별규정을 마련하고 있으므로 사용자소재지의 관련 규정에도 유의해야 합니다(하기 '지방규정' 참조).

⑤ 구두형식으로 변경한 노동계약을 실제로 이행한 경우

노동분쟁심리해석(四) 제11조에 따르면 노동계약을 변경할 시 서면형식을 채용하지는 않았지만 구두형식으로 변경한 노동계약을 실제로 이행한 기간이 이미 1개월을 초과하고, 변경한 후의 노동계약의 내용이 법률, 행정법규, 국가정책 및 공서양속(公序良俗)을 위반하지 않은 상황에서 당사자가 서면형식을 채용하지 않았다는 이유로 노동계약의 변경을 무효로 주장할 경우, 인민법원은 이를 인정하지 않는다고 규정되어 있습니다.

지방규정 주목!

광 둥 **광둥고급인민법원 좌담회회보(2012) 제22조**

→ 사용자에 의한 노동자의 근무부서 조정이 아래 해당 사유에 부합하는 경우, 사용자가 고용에 관한 자주권을 합법적으로 행사한 것으로 간주해, 사용자가 무단으로 자신의 근무부서를 조정했다는 이유로 노동자가 노동계약의 해제를 요구하고 사용자에 대해 경제보상금의 지급을 청구할 경우, 이를 인정하지 않는다.

(i) 노동자의 근무부서 조정은 사용자의 생산경영상 필요하다

(ii) 근무부서 조정 후 노동자의 임금수준은 이전 근무부서와 기본적으로 같다

(iii) (근무부서 조정은) 모독성과 징벌성을 가지지 않는다

(iv) 법률, 법규를 위반하는 기타 사유가 없다

사용자가 노동자의 근무부서를 조정하고 상기 사유가 없으며, 노동자가 1년을 초과해도 이의를 제기하지 않고 그 후에 노동계약법 제38조 1항 1호 규정*에 근거해 노동계약의 해제를 요구하고 사용자에게 경제보상금의 지급을 청구할 경우, 이를 인정하지 않는다.

* '(사용자가) 노동계약의 약정에 따른 노동보호 또는 노동조건을 제공하지 않은 경우', 노동자는 노동계약을 해제할 수 있습니다.

광저우중급인민법원 회보(2014) 제23조

→ 광둥고급인민법원 좌담회회보(2012) 제22조는 노동계약의 변경은 반드시 노사 양측 간에 합의를 얻지 않으면 안 된다는 '노동법', '노동계약법'의 규정을 배제하지 않는다. (제22조의) '사용자의 생산경영상 필요하다'는 것은 구체적인 사안에 맞추어 구체적으로 분석해야 한다. 일반적으로 사용자에게 객관적인 조정이 필요하고 사용자가 근무부서를 조정하는 방법을 통해 의도적으로 노동자를 방해하거나 또는 노동자가 퇴사하도록 몰아붙이는 일이 없는 경우는 모두 '생산경영상 필요하다'고 인정할 수 있다. 임금수준의 입증책임은 사용자가 져야 한다.

베이징 **베이징고급인민법원 해답(2017) 제5조**

Q 사용자가 노동자의 근무부서를 조정할 경우 어떻게 처리하는가?

A 노사 양측이 생산경영상황에 따라 노동자의 근무부서를 조정할 수 있다고 약정한 경우, 심사 후, 생산경영상황에 이미 변화가 발생하고 근무부서의 조정이 합리적인 범주라고 사용자가 이를 증명할 수 있을 경우, 사용자에 의한 노동자의 근무부서 조정을 인정해야 한다.

사용자와 노동자가 노동계약에서 근무부서를 약정하지 않았거나 또는 약정이 불명확한 경우, 사용자에게 정당한 이유가 있으며 생산경영의 필요성에 따라 노동자의 근무부서를 합리적으로 조정하는 것은 사용자의 자주적인 고용행위에 속한다. 합리성의 판단은 다음 요소를 고려해야 한다. 사용자의 경영상 필요성, 목적의 정당성, 노동자의 배치전환 후 근무부서에 대한 적합성, 임금처우 등 노동조건이 노동자에게 불리한 변경은 없다는 점.

사용자와 노동자가 체결한 노동계약에서 근무부서를 명확하게 약정했으나 배치전환의 실시방법을 약정하지 않은 경우, 노동계약법 제40조에 규정한 사유에 부합하지 않을 때는 사용자가 직접 노동자의 근무부서를 조정하는 것은 위약행위에 해당하며, 노동자에게 손실을 끼칠 경우 사용자는 이를 배상해야 하며 이전 근무부서의 임금수준을 참조해 그 차액을 보충적으로 지급한다. 노동자가 이전 근무부서로 복직을 주장하는 경우는 실제 상황을 토대로 처리한다. 심사 후, 이전 근무부서로 복직이 어렵다고 판단할 경우 노동자에게 별도 권리를 주장하도록 설명하고 설명 후에도 노동자가 여전히 이전 근무부서에 복직을 요구하는 경우에는 이러한 요구를 기각할 수 있다.

사용자가 근무부서 조정과 동시에 임금을 조정하고, 노동자가 배치전환은 수용하나 임금조정은 받아들이지 않을 경우, 사용자가 조정이유를 설명한다. 사용자의 실제 상황, 노동자의 근무부서 조정 후의 업무부서 성질, 양측 간의 계약약정 등의 내용을 토대로 (사용자가) 노동자의 합법적인 권익을 침해하고 있는지 여부를 종합적으로 판단해야 한다.

저 장 **저장고급인민법원 의견(2009) 제42조**

→ 사용자가 노동자의 근무부서를 조정하려면 일반적으로는 노동자의 동의를 받아야한다. 노동계약의 주요내용에 변경이 없거나 혹은 변경이 있지만 명백히 사용자의 생산경영상 필요성에 기인하고 있으며 노동자의 보수 및 기타 노동조건에 노동자에게 불리한 변경이 없을 경우, 노동자는 사용자에 의한 배치전환을 따를 의무가 있다.

Q 11-3 의무근무기간의 약정요건

Q 사용자는 어떠한 상황에 노동자와 의무근무기간을 약정할 수 있습니까?

A 사용자가 노동자를 위해 사용자의 비용부담으로 전문기술연수를 실시할 경우, 해당 노동자와 의무근무기간(服务期) 및 위약금에 관한 내용을 약정할 수 있습니다.

■ ■ 해 설 ■ ■

(ⅰ) 의무근무기간의 약정조건

사용자가 노동자에게 특별연수비용을 제공하고 해당 노동자가 전문기술연수를 받게 할 경우, 해당 노동자와 계약을 체결하고 의무근무기간을 약정할 수 있습니다(노동계약법 제22조 1항).

즉, 노사 간에 의무근무기간을 약정하는 전제조건은 사용자에 의한 연수비용부담과 전문기술 연수의 실시입니다.

① 전문기술연수의 정의

사용자가 노동자를 위해 입사전의 사내연수, 직장연수, 배치전환을 위한 연수, 노동안전에 관한 연수 등을 실시할 경우, 노동자와 이들 연수에 관해 의무근무기간을 약정할 수 없습니다.

실무상 아래 해당하는 연수는 '전문기술연수'로 인정될 가능성이 높습니다.

ⅰ) 학력교육

ⅱ) 전일제(全日制)대학, 전문학교, 과학연구기구, 연수원 등에서의 연수

ⅲ) 노동능력의 향상을 목적으로 하는 실무연수(예를 들면 외국어연수, 전문기술연수, 노동기술연수 등)

ⅳ) 외국 또는 사용자소재지 이외의 지역에서 실시하는 직업훈련, 연수 등

② 연수비용 부담

노동계약법실시조례 제16조에 따르면 노동계약법 제22조 2항(하기 참조)에서 규정하는 '연수비용'에는 사용자가 노동자에게 전문기술연수를 실시하기 위해 지불한 증빙이 있는 연수비용, 연수기간 내의 출장비 및 연수로 인해 해당 노동자를 위해 사용한 기타 직접비용이 포함되어 있습니다.

(ⅱ) 의무근무기간과 위약금의 약정

노사 간 의무근무기간에 관한 계약을 체결할 시, 상기 (ⅰ)에 기재한 노동계약법 및 노동계약법실시조례의 규정을 위반해 합의할 수 없습니다.

의무근무기간[1]은 노사 간에 이를 합의할 수 있지만, 명백히 불합리한 경우는, 인민법원이 이를 무효로 인정할 가능성이 있습니다.

따라서 사용자는 전문기술연수기간, 연수비용 등의 요소를 종합적으로 감안해 합리적인 의무근무기간을 약정할 필요가 있습니다.

의무근무기간에 관한 위약금은 사용자가 부담한 연수비용을 넘지 않는 한도에서 설정해야 하며 노동자가 의무근무기간 이행 중에 노동계약의 해제신청을 할 경우, 노동자는 의무근무기간의 미이행부분에 따른 연수비용을 넘지 않는 한도에서 위약금을 지불해야 합니다(노동계약법 제22조 2항).

1 의무근무기간은 전문기술연수가 종료된 그 다음날부터 기산하는 것이 일반적입니다.

(ⅲ) 노동계약을 의무근무기간 만료 시까지 연장

노동계약의 기간이 만료됐지만 노사 간에 체결한 의무근무기간에 관한 계약에 정해진 의무근무기간이 만료되지 않은 경우, 양측 간에 별도의 약정이 있는 경우를 제외하고 노동계약은 해당 의무근무기간이 만료할 때까지 연장해야 합니다(노동계약법실시조례 제17조).

(ⅳ) 노동계약과 의무근무기간에 관한 계약의 해제

노사 간 의무근무기간에 관한 계약을 체결했지만 노동자가 노동계약법 제38조(노동자에 의한 일방적인 노동계약해제사유)의 규정에 의해 노동계약을 해제하는 경우는 의무근무기간의 관련약정에 대한 위반에 해당하지 않고, 사용자는 노동자에게 의무근무기간에 관한 위약금의 지불을 요구할 수 없습니다(노동계약법실시조례 제26조 1항).

그러나 노동자가 아래 사유 중 어느 하나에 해당하다는 이유로 사용자가 의무근무기간에 관한 계약 또는 노동계약을 해제할 경우, 노동자는 의무근무기간에 관한 약정에 따라 사용자에게 위약금을 지불해야 합니다(노동계약법실시조례 제26조 2항).

i) 노동자가 사용자의 규칙제도를 현저히 위반한 경우

ii) 노동자에게 중대한 직무태만, 자신의 이익을 위한 부정행위가 있으며 이로 인해 사용자에게 중대한 손해를 끼친 경우

iii) 노동자가 동시에 다른 사용자와 노동관계를 확립하고 현 사용자의 업무상임무의 완성에 심각한 영향을 주거나 또는 현 사용자로부터 시정요구를 받았지만 이를 거부할 경우

iv) 노동자가 사기, 협박수단, 또는 남의 약점을 이용해 사용자에게 그 진의(真实意思)에 반하는 상황에서 노동계약을 체결하게 하거나 변경시킨 경우

v) 노동자가 법에 의해 형사책임을 추궁당한 경우(➔Q9-10 참조)

사용자는 의무근무기간의 이행 중에 노동계약의 법정해제사유(→상기사유 및 Q9-2 참조)가 발생하지 않는 한, 의무근무기간에 관한 위약금을 포기하는 것만으로 일방적으로 노동계약을 해제할 수 없습니다.

지방규정 주목!

광 둥 **중산중급인민법원 참고의견(2011) 제6.4조**

→ 노동계약법 제22조 규정에 근거해 노동자가 노동계약의 의무근무기간에 관한 약정을 위반한 경우, 해당 약정에 따른 위약금을 지불해야 한다. 다만 노동계약법 제38조,* 제41조**에 규정한 사유에 해당하는 경우는 제외한다. 약정한 위약금이 너무 높을 경우, 노동계약법 제22조 2항의 규정에 따라 조정해야 한다.

노동계약법 제22조에 규정한 '연수비용'에는 노동자가 특별연수를 받는 기간에 수령한 기본임금은 포함되지 않는다. '전문기술연수'는 노동자의 특정기능을 향상하기 위해 제공하는 연수를 가리키며, 입사 전의 연수나 일상업무연수는 포함되지 않는다.

사용자는 노동자가 노동계약상 의무근무기간에 관한 약정을 위반했다는 이유로 노동자에게 위약금을 청구할 경우, 해당 노동자에게 이미 특별연수를 실시하고 구체적인 비용을 제공한 것에 관한 사실을 입증할 책임을 져야 한다.

* 노동자에 의한 일방적인 노동계약해제사유(→Q9-3 참조)

** 사용자에 의한 정리해고사유(→Q9-2 참조)

중산중급인민법원 참고의견 제6.5조 (저자 발췌 정리)

→ 사용자가 중산시 호적이 아닌 채용인원을 위해 중산시 호적을 등록시킬 경우, 이러한 특수대우를 받는 당사자와 중산시 호적등록에 따른 의무근무기간 및 위약책임을 약정한 경우 이를 인정할 수 있다.

약정한 의무근무기간 및 위약금의 금액이 불합리한 경우 당사자의 구체적인 위약사유, 위약정도에 따라 정상참작해 조정할 수 있다.

베이징 **베이징고급인민법원 회의회보(2009) 제33조**

→ 사용자가 채용한 노동자를 위해 베이징시 호적을 등록시키고 노사 간에 호적등록에 따른 의무근무기간 및 위약금을 약정하고 사용자가 관련 약정을 근거로 노동자에 대해 위약금의 지불을 요구한 경우 이를 인정하지 않는다. 분명히 노동자가 신의성실(诚实信用)원칙을 위반해 사용자에게 손실을 초래한 경우 노동자는 배상해야 한다.

상하이 **상하이고급인민법원 해답(2006) 제7조 (저자 발췌 정리)**

→ 사용자가 상하이시 호적이 아닌 채용인원을 위해 상하이시 호적을 등록시킬 경우, 이러한 특수대우를 받는 당사자와 상하이시 호적등록에 따른 의무근무기간 및 위약책임을 약정할 경우 노동분쟁처리기구는 이를 인정할 수 있다.

약정한 의무근무기간 및 위약금의 금액이 불합리한 경우 당사자의 구체적인 위약사유, 위약정도에 따라 정상참작해 조정할 수 있다.

장 쑤 **장쑤고급인민법원 지도의견(2009) 제12조**

→ 사용자가, 노동자가 의무근무기간의 약정을 위반한 것을 이유로 노동자에 대해 위약금의 지불을 청구할 경우 인민법원, 중재기관은 사용자가 해당 노동자에게 특별연수비용을 제공하고 전문기술연수를 실시했는지 여부를 심사해야 한다.

사용자가 노동자에게 입사 전의 연수 및 일상업무연수를 실시한 경우는 이들 연수를 전문기술연수로 인정해서는 안 된다.

노동자가 특별연수를 받는 기간에 수령한 기본임금을 특별연수비용으로 인정해서는 안 된다.

Q 11-4 파트타임직원 고용의 법적 리스크

Q 파트타임직원의 고용에는 어떠한 법적 리스크가 있습니까?

A 파트타임직원을 고용할 경우(非全日制用工), 사용자에게는 전일제(全日制)고용으로 인정될 리스크, 사용자비밀의 누설리스크와 산재보험의 급부리스크 등이 있습니다.

■ ■ 해 설 ■ ■

(i) 비전일제고용에 관한 규정

비전일제 노동계약은 동일한 사용자 밑에서 노동자의 노동시간이 일반적으로 1일 평균 4시간, 주당 합계 24시간을 초과하지 않는 시급제 위주의 노동계약을 가리키며(노동계약법 제68조), 노사 양측 간에 수시로 상대방에게 계약종료를 통지할 수 있으며 사용자는 고용종료에 따른 경제보상금을 지불할 의무가 없습니다(노동계약법 제71조).

비전일제고용의 경우 시급은 사용자소재지의 최저임금기준을 밑돌아서는 안 되며 노동보수의 정산지불주기는 최장 15일을 넘지 말아야 합니다(노동계약법 제72조).

(ii) 비전일제고용 시 사회보험의 가입

① 기본양로보험

사회보험법 제10조에 따르면 노동자는 기본양로보험에 가입해야 하며 사용자와 노동자가 공동으로 기본양로보험료를 납부해야 합니다(1항).

또한 사용자 밑에서 기본양로보험에 가입하지 않은 비전일제노동자는 기본양로보험에 가입할 수 있고 개인이 국가규정에 따라 기본양로보험료를 납부한다고 되어 있습니다(동조 2항).

② 기본의료보험

사회보험법 제23조에 따르면 노동자는 기본의료보험에 가입해야 하며 사용자와 노동자가 공동으로 기본의료보험료를 납부해야 합니다(1항).

또한 사용자 밑에서 기본의료보험에 가입하지 않은 비전일제노동자는 기본의료보험에 가입할 수 있고 개인이 국가규정에 따라 기본의료보험료를 납부한다고 되어 있습니다(동조 2항).

③ 산재보험

비전일제노동자가 2사 또는 2사 이상의 사용자 밑에서 동시에 취업한 경우, 각 사용자는 해당 직원을 위해 각자 산재보험료를 납부하여야 하고 직원이 산재를 당했을 때 해당 직원이 산재 시에 근무하고 있던 사용자 측이 법에 의해 산재보험의 급부책임을 부담합니다('사회보험법' 실시에 관한 몇 가지 규정(2011년 7월 시행) 제9조).

(ⅲ) 비전일제고용의 법적리스크

① 전일제고용으로 인정될 리스크

실무상, 1일 4시간, 주당 24시간의 노동시간과 노동보수의 정산지불주기(최장 15일을 초과해서는 안 됨)에 관한 규정을 엄격히 준수하지 않아 노사 간의 노동관계가 '전일제고용관계'로 인정되어 노동자가 사용자에게 시간외근무수당의 정산, 미사용분 연차유급휴가의 보상 및 사회보험료의 보충납부 등을 청구할 법적 리스크가 있습니다.

구체적으로는 노동시간이 1일 4시간 초과 또는 주당 24시간을 초과하는 기간이 포함된 일정기간의 노동시간을 나눠 1일 평균 4시간 이하 또는 주당 평균 24시간 이하와 같은 계산결과가 나오도록 하거나 매달

한 번씩 노동보수를 정산하게 되면 이를 '전일제고용관계'로 인정할 가능성이 있으므로 주의가 필요합니다.

또한 매번 임금을 지급할 시, 비전일제고용의 근무시간기록표 등에 노동자로부터 서명확인을 받아두고 시급 이외에 수당 또는 보조금을 지급하는 경우에는 사용자소재지의 최저임금기준이 인상될 가능성 등에 대비해서 이러한 수당 또는 보조금은 시급명목으로 계상하는 것이 바람직합니다.

또한 노동계약법 제69조 1항에 의해 비전일제고용의 양측 당사자는 구두로 노동계약을 체결할 수 있지만, 구두형식으로는 계약내용 등을 증명하는 것이 어렵기 때문에 비전일제고용 시 근무시간과 계약기간, 업무내용, 노동보수, 노동보호 및 노동조건 등에 대해 서면계약을 체결하는 것이 무난합니다.

② 사용자비밀의 누설리스크

비전일제노동자는 복수(复数) 사용자와 동시에 고용관계가 성립될 수 있으므로 동종업의 근무지 등 경업관계에 있는 복수 사용자 밑에서 업무에 종사할 가능성이 있습니다.

따라서 직원관리나 사용자의 상업상비밀유지에 관한 체제를 강화하지 않으면 사용자의 상업비밀이 경쟁사 등에 누설될 리스크가 있으므로 주의가 필요합니다.

③ 산재보험의 급부리스크

상기의 '사회보험법' 실시에 관한 몇 가지 규정(2011년 7월 시행) 제9조에 따르면 비전일제직원을 고용하는 경우에도 사용자에게는 해당 노동자를 위해 산재보험료를 납부할 의무가 있습니다.

사용자가 산재보험에 가입하지 않고 산재보험료의 납부의무를 이행하지 않은 경우, 비전일제직원이 근무 시 산재를 입었을 때에는 사용자가 산재보험조례 등 관련 법규에서 규정한 기준에 따라 해당 노동자에게 산재보험의 급여책임을 져야 합니다.

비전일제직원의 사회보험가입에 관해, 각 지역의 규정에 다소 차이가 있으므로 사용자는 사전에 소재지의 노동행정부문 또는 사회보험부문에 문의할 필요가 있습니다.

지방규정 주목!

상하이 **상하이시산재보험실시변법(2013) 제51조**

→ 비전일제노동자를 고용한 사용자는 본 실시변법에 규정한 납부기수 및 납부율에 따라 해당 직원의 산재보험료를 납부해야 한다(1항).
비전일제노동자가 업무상 원인에 인한 사고로 상해를 입거나 직업병을 앓은 후 사용자와의 노동관계는 노동계약법, 상하이시노동계약조례의 규정에 따라 집행되어 아래 산재보험의 혜택을 누린다. (생략)

상하이시노동인사쟁의지도의견(2010) 제4조(저자 발췌 정리)

Q 상하이시의 특수한 노동관계에 있는 직원은 연차유급휴가를 취득할 수 있는가?

A 연차유급휴가규정은 상하이시행정구역 내의 기업, 개체경제조직 등의 사용자 및 이들과 노동관계가 성립된 직원에게 적용된다. 비전일제직원, 사용자가 고용한 정년퇴직자는 원칙상, 연차유급휴가에 관한 규정을 적용하지 않는다. 다만 쌍방 간에 별도 약정이 있는 경우는 그 약정에 따른다.

장 쑤 **장쑤성노동계약조례(2013) 제41조**

→ 비전일제고용이란 시급에 의한 노동보수계산을 위주로 하며 통상적으로 동일한 사용자 밑에서 노동자의 근무시간이 1일 평균 4시간, 주당 합계 24시간을 초과하지 않는 고용형태를 말한다. 비전일제고용은 연차유급휴가, 시간외근무, 의료기간 등의 규정을 적용하지 않는다. 사용자와 노동자 사이에 별도 약정이 있는 경우는 제외한다.

후베이 **후베이성산재보험실시변법(2014년 개정시행) 제13조**

→ 직원(비전일제직원 포함)이 2사 또는 2사 이상의 사용자와 동시에 노동관계를 맺었을 경우, 사용자는 각각 해당 직원을 위해 산재보험료를 납부해야 한다. 직원에게 산재가 발생한 경우, 해당 직원이 산재 시에 근무하고 있던 사용자 측이 법에 의해 산재보험의 급부책임을 진다.

Q 11-5 노동시간 내의 휴식시간을 노동시간에 포함 가능한가?

Q 노동시간 내의 휴식시간을 노동시간에 계상할 필요가 있습니까?

A 노동시간 내의 휴식시간을 노동시간에 계상해야 할지 여부는 일부 지방의 규정을 제외하고, 현행 법률과 행정법규에서는 명확한 규정을 두고 있지 않아 실무상, 1일 8시간의 노동시간을 넘지 않는다는 전제하에 노동시간 내의 휴식시간을 노동시간에 포함시키는 사용자와 포함시키지 않는 사용자가 모두 존재합니다. 휴식시간을 노동시간에 포함시키지 않았지만 노동자가 해당 휴식시간에 노동을 제공하지 않고 노동자의 노동시간이 1일 8시간을 초과하지 않으면 법적으로는 문제가 없으며, 사전에 노동계약 또는 사용자의 사내규칙제도에서 노동시간 내 휴식시간의 처리방식에 대한 약정을 명확히 해둔 경우는 그 약정에 따르면 됩니다.

■ ■ 해 설 ■ ■

노동법 제36조 및 국무원에 의한 직원의 노동시간에 관한 규정(1995년 개정시행) 제3조에 따르면 노동자의 근무시간은 1일 8시간, 주당 40시간을 초과해서는 안 됩니다.

노동시간 내의 휴식시간을 노동시간에 계상해야 할지 여부에 대해 일부 지방의 규정(아래 '지방규정' 참조)을 제외하고 현행 법률, 행정법규는 명확한 규정을 마련하고 있지 않은 상태[1]입니다.

---

1 인력자원 및 사회보장부에 의한 '특수노동시간관리규정(의견모집안)'(2012년 5월 8일) 제27조 1항에서는 "기업이 정상적인 생산운영을 보장하는 상황에서 1일 노동시간이 4시간을 넘는 경우, 노동자가 20분을 밑돌지 않는 노동시간 내의 휴식시간을 취득하는

실무상 오전 노동시간(예: 8시 30분부터 12시까지 3.5시간)과 오후 노동시간(예: 13시부터 17시 30분까지 4.5시간)에 각각 10분씩 휴식시간을 두는 경우가 있는 반면, 오전과 오후의 노동시간을 총 8시간으로 하되, 오전과 오후에 각각 마련한 휴식시간을 노동시간에 포함시키지 않고 노동시간 이외에 휴식시간을 두는 경우도 존재합니다.

노동시간 내의 휴식시간을 노동시간에 포함시키는 사용자는, 사용자에 의한 노동자의 구속시간이 1일 8시간을 넘지 않기 때문에 전혀 문제가 안 됩니다.

단, 휴식시간을 노동시간에 포함시키지 않는 사용자의 경우, 사용자에 의한 노동자의 구속시간이 1일 8시간을 초과하기 때문에 노동자가 8시간을 초과하는 부분에 대해 시간외근무수당을 청구하는 일이 발생하고 있습니다.

상기의 노동법 제36조 및 국무원에 의한 직원의 노동시간에 관한 규정(1995년 개정시행) 제3조의 규정에 따르면 노동자의 노동시간이 1일 8시간을 초과하지 않으면 합법화됩니다.

따라서 휴식시간을 노동시간에 포함시키지 않은 경우에도 노동자가 해당 휴식시간에 노동을 제공하지 않고 노동자의 노동시간이 1일 8시간을 초과하지 않으면 노동자에게 휴식시간에 상응하는 시간외근무수당을 지급할 필요는 없다고 해석됩니다.

노동자가 노동시간 내의 휴식시간에 노동을 제공했다고 주장할 경우, 관련 사실에 대해 스스로 증명책임을 져야 합니다. 한편, 사용자는 노동자의 노동시간이 1일 8시간을 초과하지 않았다는 것을 증명하지 못할 경우, 시간외근무수당의 지급을 명령받을 가능성이 있기 때문에 주의해야 합니다(➔Q3-7 참조).

휴식시간을 노동시간에 포함시키지 않은 사용자의 경우, 노동계약 또

것을 보장해야 하며 노동시간 내의 휴식시간은 노동시간에 포함한다"라는 규정이 마련되어 있었지만, 해당 규정은 아직도 시행되지 않고 있습니다.

는 사용자의 사내규칙제도에서 노동시간 내 휴식시간의 처리방식에 대해 사전에 명확히 약정하고 노동자에 대한 고지의무를 이행했을 때는 해당 약정에 따르면 됩니다.

실무상, 1일 7시간 · 주당 35시간 등 법정기준을 밑도는 노동시간제를 실행하는 사용자도 있지만 이를 노동계약 또는 사용자의 사내규칙제도에 명확히 규정한 경우, 1일 노동시간이 7시간을 초과한 부분에 대해 노동자가 시간외근무수당을 청구할 수 있어 노동계약 또는 사내규칙제도 등에서 명확하게 규정해 두지 않는 편이 좋습니다.

지방규정 주목!

장 쑤　장쑤성 노동 및 사회보장청에 의한 '기업직원의 1일 3교대근무제(三班制) **노동시간에 관한 질문에 대한 답변'**(劳社办函[2000] 23호)

→ 1. 노동시간은 법률법규에 규정된 노동자가 일정시간 내에 생산 또는 업무에 종사하는 시간을 가리키며 매일 노동시간수, 매주 노동일수 및 시간수를 포함한다.

노동시간은 노동자의 실제 근무시간을 포함하며 노동자가 생산 또는 업무에 종사하기 위한 준비시간, 근무 종료 전 정리 및 인수인계 시간도 포함되며 근무시간 중 휴식시간, 수분보충, 배설 등 인체가 필요로 하는 시간, 여직원의 수유시간 및 법규 또는 상급관리직의 요구에 따라 근무부서를 떠나 기타 활동에 종사하는 시간(노동조합의 활동시간, 출장시간, 사회적 직책을 이행하기 위한 시간 등)도 포함된다.

2. 생산, 업무가 이어져야 하는, 1일 3교대근무제를 실시하는 기업의 직원이 근무 중 식사를 하는 것 자체는 생리적은 물론 업무상으로도 필요하므로 근무 중 단시간에 마친 식사시간은 노동시간에 계상(포함)해야 한다.

Q 11-6 미성년노동자의 특별보호

Q 사용자가 미성년노동자를 고용할 경우, 어떠한 특별한 노동보호를 제공할 필요가 있습니까?

A 사용자가 미성년(만 16세 이상 18세 미만) 노동자를 고용할 경우, 국가가 규정한 노동시간, 노동보수와 복리처우, 사회보험 및 휴가 등의 관련 규정을 집행하고 미성년노동자에게 특별한 노동보호를 제공해야 합니다.

■ ■ 해 설 ■ ■

(i) 16세 미만의 미성년자 고용금지

노동법 제15조 1항에 따라 사용자가 16세 미만의 미성년자를 채용하는 것은 금지되어 있습니다. 사용자가 16세 미만의 미성년자를 불법으로 모집해 채용했을 경우, 노동행정부문이 시정명령을 내리고 과태료가 부과되며 경위가 심각한 경우에는 공상행정관리부문이 영업허가증을 몰수합니다(노동법 제94조).

또 형법 제244조의 1[1] 제1항에 따르면 사용자가 16세 미만의 미성년자를 불법으로 고용해 초강도의 육체노동에 종사시킨 경우, 고소(高空) 및 지하(井下)작업에 종사시킨 경우 또는 폭발성, 가연성, 방사성, 유독성이 있는 등 위험한 환경에서 노동에 종사시키고 그 경위가 심각한 경우에는 직접적인 책임자에게 3년 이하의 유기징역 또는 구류에 처하고

1 미성년자를 고용해 위험노동, 중노동에 종사하게 한 죄.

벌금을 병과하고 경위가 특히 심각한 경우에는 3년 이상 7년 이하의 유기징역에 처하고, 벌금을 병과합니다.

또한, 사용자가 16세 미만 미성년자(童工)를 불법고용해 근무기간 중 미성년노동자에게 신체장애가 생기거나 또는 미성년노동자가 사망한 경우, '불법사용자사상인원일차성배상변법(非法用工单位伤亡人员一次性赔偿办法)'(人社部令 제9호, 2011년)의 관련 규정에 따라 사용자는 의료비용, 간병비용, 식사 · 교통 등의 비용 및 배상일시금 등 거액의 비용을 부담해야 합니다.

(ⅱ) 미성년노동자의 보호

미성년노동자는 만 16세 이상 18세 미만의 노동자를 말하며, 국가는 미성년노동자에게 다음과 같이 특별한 노동보호를 제공하고 있습니다(노동법 제58조).

즉, 미성년노동자가 아직 성장발육기에 있으며, 의무교육을 받을 필요가 있다는 점 등의 요소를 감안해서 특별한 노동보호조치를 강구할 필요가 있습니다.

사용자가 미성년노동자의 보호에 관한 규정을 위반하여 그 합법적인 권익을 침해했을 경우, 노동행정부문이 시정명령을 내리고 과태료에 처하며 미성년노동자에게 손해를 끼쳤을 때는 사용자가 배상책임을 져야 합니다(노동법 제95조).

① 입사전의 교육연수

사용자는 미성년노동자에게 입사전의 직업안전위생교육과 연수를 실시해야 합니다(미성년노동자특수보호규정(劳部发[1994] 498호, 1995년 1월 시행) 제10조).

② 위험노동, 중노동의 금지

노동법 제64조에 따라 사용자가 미성년노동자를 광산의 갱도 내 노동, 유독유해노동 또는 국가가 정한 제4급 노동강도의 육체노동, 그 밖에 근무를 피해야 하는 노동에 종사하게 하는 것은 금지되어 있습니다.

③ 정기건강진단의 실시

사용자는 미성년노동자에게 정기적으로 건강진단을 실시할 의무가 있습니다(노동법 제65조).

사용자가 미성년노동자를 고용하는 경우, 아래의 시점에서 미성년노동자에게 소정의 '미성년노동자 건강진단표'에 열거된 항목에 따라 건강진단을 실시해야 합니다(미성년노동자특수보호규정(제6조, 제7조).

i) 입사 전

ii) 근무년수가 만 1년이 되었을 때

iii) 만 18세가 되고, 지난번 건강검진날로부터 이미 6개월 이상 경과했을 때

사용자는 미성년노동자의 건강진단결과를 토대로 해당 노동자에게 알맞는 노동에 종사시키고 이전 근무부서의 업무에 부적임한 경우는 의무(医务)부문이 발급한 증명서류에 따라 노동량을 경감시키거나 기타 노동을 안배해야 합니다(미성년노동자특수보호규정 제8조).

(ⅲ) 미성년노동자 고용 시의 등기제도

미성년노동자특수보호규정 제9조에 따르면 미성년노동자의 고용 및 특별보호에 대해서는 아래 내용과 같이 등기제도를 실시합니다.

① 사용자소재지의 현(县)급 이상 노동행정부문에 등기해 노동행정부문이 '미성년노동자 건강진단표', '미성년노동자 등기표'를 토대로 '미성년노동자 등기증'을 발급한다.

② 각급 노동행정부문이 관련 규정에 따라 건강진단상황 및 미성년노동자에게 안배할 예정인 노동범위를 심사한다.

③ 미성년노동자는 반드시 '미성년노동자등기증'을 휴대하고 입사한다.

또한 미성년노동자의 건강진단 및 등기에 관한 비용은 사용자가 부담해야 합니다(미성년노동자특수보호규정 제10조).

지방규정 주목!

광 둥 광둥성고온날씨노동보호변법(광둥성인민정부령 제166호, 2012년 3월 시행) **제11조**

→ 사용자는 임신 중인 여직원 및 미성년노동자를 35도 이상 고온의 날씨에 야외작업 및 온도가 33도 이상의 작업장소에 근무시켜서는 안 된다.

선전경제특구 '미성년자보호법' 실시변법(2003년 개정 시행) **제41조**

→ 사용자가 미성년노동자에게 시간외근무를 시킬 경우 미성년노동자 본인과 해당 소재지 노동조합의 동의를 얻어야 하며, 관련 법률 및 법규의 규정을 준수해야 한다.

동 실시변법 제42조

→ 미성년자의 진입이 금지 또는 제한되는 곳에 해당하는 경우, 미성년노동자의 모집 및 고용을 금지한다.

후베이 후베이성고급인민법원에 의한 노동분쟁사건심리의 몇 가지 문제에 관한 의견(试行)(2004년 3월) **제28조 2항**

→ 16세 미만의 미성년자가 타인의 명의로 사용자와 노동계약을 체결한 경우, 또는 사용자와 사실상의 노동관계를 형성한 경우 노동계약은 무효이다. 단, 사용자는 여전히 계약약정에 따라 노동보수를 지급해야 한다. 해당 미성년자가 업무상 원인으로 인해 상해를 입은 경우 사용자는 인신(人身)손해배상책임을 져야 한다.

Q 11-7 사용자와 정년퇴직연령에 달한 노동자의 관계

Q 사용자와 정년퇴직연령에 달한 노동자의 관계는 '노동관계'와 '노무관계' 중 어느 쪽에 해당합니까?

A 노동자가 정년퇴직연령이 되고 법에 의해 기본양로보험의 급부를 받기 시작한 경우 또는 퇴직금을 수령하기 시작한 경우, 사용자와의 관계는 노무관계에 따라 처리하게 됩니다. 노동자가 정년퇴직연령에 달했지만 기본양로보험의 급부를 받고 있지 않거나 퇴직금을 수령하고 있지 않는다면 사용자와의 관계를 '노무관계'로 처리하는 경우와 '노동관계'로 처리하는 경우가 있으므로 사용자소재지의 관련 규정에 주의할 필요가 있습니다.

■ ■ 해 설 ■ ■

(ⅰ) 정년퇴직연령

노동 및 사회보장부에 의한 '국가규정을 위반한 기업직원의 조기퇴직 수속 실시문제의 저지 및 시정에 관한 통지'(劳社部发[1999] 8호)에 따르면 국가가 규정한 기업직원의 정년퇴직연령은 남성 만 60세, 여성 만 50세(정부기관, 사업단위 등의 여성간부직의 경우는 만 55세입니다. 단, 외국계 기업이나 민영기업 등의 여성관리직이 '여성간부직'에 해당되는지 여부에 관해서는 기업소재지의 해당 정부부문에 사전확인이 필요합니다)입니다.

갱도 내, 고소, 고온 등 초강도의 육체노동 또는 기타 신체건강에 유해한 노동에 종사하는 경우 퇴직연령은 남성 만 55세, 여성 만 45세입니다.

질병 혹은 산재 이외의 원인으로 신체장애를 입고 노동능력의 완전상실에 대해 병원의 증명과 노동감정위원회의 확인을 거친 경우 퇴직연령은 남성 만 55세, 여성 만 45세입니다.

(ⅱ) 노동관계종료시점의 판단기준

노동계약법 제44조 2호에 따르면 노동자가 법에 의해 기본양로보험 처우를 받기 시작한 날부터 노동계약은 종료됩니다.

또한 노동계약법실시조례 제21조에 따르면 노동자가 법정 정년퇴직 연령이 되었을 때 노동계약은 종료됩니다.

하지만 노동자가 정년퇴직연령이 되어도 기본양로보험의 급여를 받지 못하는 경우, 해당 노동자가 정년퇴직연령이 되었을 때 노동관계가 종료하였다고 속단해도 되는지, 상기 규정만으로는 판단이 어렵기 때문에 최고인민법원에서 구체적인 판단기준에 관한 사법해석 등이 공포되었으며 그 내용은 다음과 같습니다.

노동분쟁심리해석(三) 제7조에서는 사용자와, 사용자에게 고용되어 법에 의해 이미 양로보험급부를 받고 있거나 퇴직금을 받고 있는 자 간에 노동분쟁이 발생해 인민법원에 소송을 제기할 경우 인민법원은 이를 노무관계로 처리해야 한다고 규정합니다.

또한 최고법원민일정답변(2015)에 따르면 법정퇴직연령에 이르거나 또는 법정퇴직연령이 지난 노동자(농민공 포함)와 사용자 간 노동계약관계의 종료는 해당 노동자의 양로보험급부 수령여부, 또는 퇴직금 수령 여부를 기준으로 정해야 합니다.

(ⅲ) 정년퇴직연령에 이르렀지만 기본양로보험급부를 받을 수 없는 경우

실무상, 노동자가 정년퇴직연령에 이르렀지만 기본양로보험급부를 받지 못하는 주요사유는 다음과 같습니다.

① 사용자가 법에 따라 노동자를 위해 기본양로보험에 가입하지 않았음

② 기본양로보험에 가입했으나, 법정퇴직연령이 되었을 때 보험금납부기간이 누계 15년 미만임

③ 노동자가 두 지역에서 취업했으며 각 지역 간 양로보험의 이행절차가 원활히 이뤄지지 않음

최고인민법원이 공포한 상기 규정에서는 노동자가 법에 따라 양로보험급부를 받기 시작한 경우 또는 퇴직금을 수령하고 있는 경우, 사용자와의 관계를 '노동관계'가 아닌 '노무관계'로 처리하는 것을 인정하고 있습니다.

그러나 노동자가 정년퇴직연령에 달했지만 기본양로보험급부를 받고 있지 않거나 또는 퇴직금을 수령하고 있지 않는 경우, 노동자가 정년퇴직연령에 이르렀지만, 기본양로보험급부를 받지 못하거나 또는 퇴직금을 수령할 수 없는 구체적인 사유를 검토해, 사용자소재지의 관련 규정(아래 '지방규정' 참조)에 따라 해당 노동자와 사용자와의 관계를 처리할 필요가 있습니다.

(ⅳ) 노동관계를 종료하고 노무관계로 처리할 경우의 유의점

사용자가 정년퇴직연령에 이른 노동자 또는 기본양로보험급부를 받기 시작한 노동자를 고용 또는 계속해서 고용할 경우, 노사 양측 간에 체결한 '노무계약'에서 노동계약법 등 노동관련법규의 적용을 받지 않는 취지를 명확히 규정함과 동시에 노사 양측의 권리 및 의무와 상업보험[1]의 가입 등에 대해 분명히 약정해 두는 것이 바람직합니다.

또한 계속해서 고용할 경우, 정년퇴직연령에 이르거나 또는 기본양로보험급부를 받기 시작한 것 등을 이유로 노동계약을 종료시킨다는 취지

1 직원의 돌발사고나 직업병 등의 리스크에 대응하는 보험상품을 말합니다.

의 서면통지를 노동자에게 교부 또는 발송하고 지체 없이 정년퇴직절차를 이행할 필요가 있습니다.

사용자가 정년퇴직연령에 이른 노동자에게 노동계약의 종료에 관한 통지를 교부 또는 발송하지 않고, 퇴직절차도 밟지 않고 해당 노동자가 정년퇴직연령에 이른 후에도 계속 사용자 밑에서 근무할 경우, 양측 간의 노동관계는 자동적으로 종료하지 않고 노동관계가 존속된다고 인정될 가능성이 있으므로 주의가 필요합니다.

지방규정 주목!

광 동 **광둥고급인민법원 좌담회회보(2012) 제11조**

→ 법정퇴직연령에 이미 이르렀지만 아직 기본양로보험급부를 받지 못하거나 퇴직금을 수령받지 못하는 노동자를 사용자가 모집, 고용할 경우 노사 쌍방 간에 형성된 고용관계는 노무관계로 처리한다.

광둥고급인민법원 의견(2018) 제16조

→ 노동자가 법정퇴직연령에 이르렀거나 혹은 기본양로보험급부를 이미 받고 있는 경우, 노동관계는 종료한다. 노동자가 부상을 입어 사회보험행정부문에 의해 산재로 인정받아 노동자가 사용자에게 "광둥성산재보험조례"에 규정된 산재보험처우를 참조하여 관련비용을 지불할 것을 요구한 경우, 이를 인정해야 한다. 단, 일차성취업보조금(一次性就业补助金)은 포함하지 않는다.

선전중급인민법원 재판지침(2015) 제56조

→ 사용자와, 사용자가 모집, 고용한 이미 법정퇴직연령에 달한 노동자 간에 노동분쟁이 발생할 경우, 노무관계로 처리해야 한다.

동 제87조

→ 노동자가 법정퇴직연령이 되었을 때 노동계약은 종료된다. 노동자가 사용자에게 경제보상금의 지급을 요구할 경우 이를 인정하지 않는다.

베이징 **베이징고급인민법원 회의회보(2014) 제12조**

Q 법에 따라 양로보험급부를 받는 자, 퇴직금을 수령하는 자, 법정퇴직연령에 이른 자가 이전 사용자 또는 새로운 사용자와 고용관계를 확립할 경우 어떻게 처리해야 하는가?

A 법에 따라 양로보험급부를 받는 자, 퇴직금을 수령하는 자, 법정퇴직연령에 이른 자와 이전 사용자 또는 새로운 사용자 사이의 고용관계는 노무관계로 처리한다.

상하이 **상하이고급인민법원 심리요건지침(2013) 제8조**

→ 법률, 행정법규, 사법해석에는 이미 법정퇴직연령에 이르렀지만, 양로처우를 누리지 못 하는 자에 대해 노동관계로 처리할지 노무관계로 처리할지에 대한 명확한 규정을 두고 있지 않아 사법실무에서는 비교적 큰 논란이 존재하고 있다. 이에 대해 우리는 상황별로 구분해 처리해야 한다. 노동자가 법에 따라 이미 기본양로급부를 받기 시작한 경우에는 엄격하게 노동분쟁 심리해석(三)의 규정에 따라 노동자와 사용자 사이에 분쟁이 발생했을 때 노무관계로 처리해야 한다. 이미 법정퇴직연령에 이르렀지만 사용자가 해당 노동자와 노동관계를 해제하지 않고 여전히 고용을 계속해 규정에 따라 퇴직절차를 밟지 않은 경우, 노동관계로 처리한다. 이미 법정퇴직연령이 지나 사용자가 해당 노동자와 노동관계를 해제했으나 노동자의 사회보험료의 납부기간이 부족하다는 이유로 양로보험급부를 받지 못할 경우, 노동자는 '사회보험법'의 관련 규정에 따라 사회보험료를 보충납부한 후 양로보험급부를 받을 수 있으며 해당 노동자가 재취업한 후 사용자와 분쟁이 발생할 경우, 노무관계로 처리한다.

장 쑤 **장쑤고급인민법원 지도의견(2009) 제3조**

→ 사용자가 이미 법정퇴직연령에 이른 자를 고용할 경우 양측 간에 형성된 고용관계는 노무관계로 처리한다.

장쑤성노동인사분쟁중재위원회에 의한 '장쑤성노동인사분쟁의 난해한 문제에 대한 검토회의회보'의 인쇄 · 발행에 관한 통지(苏劳人仲委[2017] 1호) **1-(2)**

→ 법정퇴직연령에 이르렀거나 또는 법정퇴직연령이 지났지만 기본양로보험급부를 받는 조건에 부합하지 않는 노동자의 고용관계문제에 대하여

사용자와, 사용자가 모집 · 고용한 법에 따라 이미 기본양로보험급부를 받거나 또는 퇴직금을 받는 노동자 간에 노동분쟁이 발생한 경우, 노무관계로 처리한다.

사용자와, 사용자가 모집, 고용한 법정 퇴직연령에 이미 이르렀거나 또는 법정 퇴직연령이 지났지만 기본양로보험급부를 받지 못하거나 또는 퇴직금을 수령받지 못하는 노동자 간에 노동분쟁이 발생한 경우, 양측 간의 고용상황이 노동관계의 특징에 부합할 때는 노동관계의 특별한 상황으로 처리해야 한다. 노동자가 '노동법', '노동계약법'에서 규정한 노동보수, 노동보호, 노동조건, 근무시간, 휴식, 직업위해방호, 복리처우의 혜택을 청구할 경우 이를 인정해야 한다. 단, 노동자가 무고정기간노동계약의 체결, 2배의 임금, 경제보상금, 배상금 및 사회보험의 급부를 청구한 경우는 이를 인정하지 않는다. 쌍방 간에 별도 약정이 있는 경우는 제외한다.

Q 11-8 사용자와 외국인, 대만 · 홍콩 · 마카오 노동자의 관계

Q 사용자와 외국인, 대만 · 홍콩 · 마카오 노동자사이에 노동관계가 존재하는지 여부는 어떻게 판단할 수 있는지요?

A 외국인노동자의 경우, 유효한 취업허가증과 거류증을 취득한 경우, 사용자와 노동관계가 발생합니다. 단, 외국인노동자가 취업허가증과 거류증을 취득하지 않았거나 또는 해당 증명서의 기간만료 후 바로 갱신하지 않은 경우 혹은 취업허가내용에 변경이 생긴 후 바로 변경절차를 이행하지 않은 경우 등에는 사용자와 노동관계가 존재하지 않는 것으로 처리됩니다.

대만 · 홍콩 · 마카오 노동자의 경우는, '몇 가지 행정허가 등 사항을 취소하는 것에 관한 국무원의 결정'(国发[2018] 28호, 2018년 8월)에 의해 대만 · 홍콩 · 마카오 노동자의 중국대륙(内地)에서의 취업허가제도가 철폐됨에 따라 상기 외국인노동자와 같이 취업허가를 신청할 필요가 없어졌습니다. 따라서 본 사례에서 인용한 대만 · 홍콩 · 마카오 노동자에 관한 일부 규정(하기 '지방규정'을 가리킴)은 금후 폐지 또는 개정이 예정되고 있으므로 각별히 유의하길 바랍니다.

■ ■ 해 설 ■ ■

(i) 취업허가취득과 최신 정책

외국인의 중국 내 취업관리규정(2017년 개정시행) 제2조, 제5조에 따르면 해당 규정에서 말하는 '외국인'은 중국국적을 가지지 않은 자를 말하며, 중국의 정주권(定居权)을 취득한 외국인을 제외하고 사용자가 외국인을 고용할 시, 해당 외국인을 위해 취업허가를 신청해야 하며 '외국인취업허가증서'를 취득한 후에만 외국인을 고용할 수 있습니다.

또한 대만 · 홍콩 · 마카오 노동자의 중국대륙(内地)에서의 취업도 상기 외국인과 마찬가지로 취업허가제도를 실시해 왔지만(대만 · 홍콩 · 마카오 주민의 중국대륙에서의 취업관리규정(2005) 제4조 1항), 2018년 8월 3일에 발포된 '몇 가지 행정허가 등 사항을 취소하는 것에 관한 국무원의 결정'에 따라 대만 · 홍콩 · 마카오 노동자가 중국대륙(内地)에서 취업허가를 신청할 필요가 없어졌습니다. 동 결정에 따르면 대만 · 홍콩 · 마카오 노동자의 중국대륙(内地)에서의 취업허가제도가 철폐됨과 동시에, 인력자원사회보장부(人力资源社会保障部)에서 대만 · 홍콩 · 마카오 노동자의 취업서비스, 사회보장, 실업등기, 노동자의 권리보호 등 관련조치의 강구를 통해 감독관리를 강화한다고 되어 있습니다.

(ⅱ) 외국인, 대만 · 홍콩 · 마카오 노동자의 취업 시 노동관리

① 외국인 취업 시 노동관리

사용자는 고용대상인 외국인과 노동계약을 체결해야 하고 노동계약의 기간은 최장 5년입니다(외국인의 중국 내 취업관리규정(2017년 개정시행) 제17조).

중국에서 취업하는 외국인의 노동시간, 휴일휴가, 노동안전위생 및 사회보험은 국가 관련 규정에 의해 집행하고 임금은 사용자소재지의 최저임금기준보다 낮아서는 안 됩니다(동 규정 제21조, 제22조).

외국인이 중국법률을 위반해 공안기관이 거류자격을 취소한 경우, 사용자는 노동계약을 해제하고 노동부문은 취업증을 취소해야 합니다(동 규정 제24조).

또한 노사 간에 노동분쟁이 생겼을 경우에는 노동법관련법률법규에 의해 처리됩니다(동 규정 제25조).

② 대만 · 홍콩 · 마카오 노동자 취업 시 노동관리

상기 (ⅰ)과 같이 대만 · 홍콩 · 마카오 노동자의 취업서비스, 사회보장, 실업등기, 노동자의 권리보호 등에 관하여는 인력자원사회보장부에서 관련정책을 공포하고 감독관리를 강화한다고 되어 있으므로, 관련 규정의 최신동향을 주시할 필요가 있습니다.

(ⅲ) 노동관계성립의 판단기준

노동분쟁심리해석(四) 제14조 1항의 규정에 따르면 외국인, 무국적자가 법에 따라 취업증을 취득하지 않고 중국국내의 사용자와 노동계약을 체결하고 당사자가 사용자 간에 노동관계가 존재한다는 것에 관한 확인을 청구할 경우 인민법원은 이를 인정하지 않는다고 되어 있습니다.

즉, 외국인노동자가 관련 규정에 따라 취업증을 취득하고 중국국내의 사용자와 노동계약을 체결한 경우는 노사 간의 노동관계를 인정합니다.

그러나 외국인노동자가 취업증 등을 취득하지 않고 중국대륙에서 취업할 경우 불법취업으로 인정되며 체결한 노동계약은 무효로 인정됩니다. 또한 노동관련분쟁이 발생할 때는 노동계약의 이행지 또는 사용자 소재지의 노동분쟁중재위원회 및 인민법원이 노동분쟁에 해당하지 않는다는 이유로 사건을 수리하지 않을 가능성이 높아 주의가 필요합니다.

지방규정 주목!

광 동 **광둥고급인민법원 지도의견(2008) 제18조**

→ 외국인, 홍콩 · 마카오 · 대만주민의 중국대륙 내 취업으로 인해 발생한 고용관계는 노동관계에 따라 처리해야 한다. 외국인, 홍콩 · 마카오 · 대만주민이 법에 따라 '외국인취업증', '대만 · 홍콩 · 마카오인원취업증'의 취득절차를 밟지 않은 경우, 관련 노동계약은 무효로 인정해야 한다. 외국인, 홍콩 · 마카오 · 대만주민이 이미 노동을 제공한 경우, 사용자가 계약약정을 참조해 노동보수를 지불한다.

선전중급인민법원 재판지침(2015) 제53조 1항

➔ 외국인, 홍콩 · 마카오 · 대만인이 중국대륙 내에서 취업할 때, 상응의 고용절차에 따라야 하고 이로 인해 발생한 고용관계는 노동관계로 처리한다. 법에 따라 '외국인취업증', '대만 · 홍콩 · 마카오인원취업증'등의 고용절차를 밟지 않은 경우, 관련 노동계약은 무효로 인정해야 하며 외국인, 홍콩 · 마카오 · 대만인이 이미 노동을 제공한 경우, 고용주가 계약약정을 참조해 노동보수를 지불한다.

동 지침 제54조: 이미 취업증절차를 밟은 외국인, 대만 · 홍콩 · 마카오인이 취업증에 등록된 사용자업체를 퇴직하여 새로운 사용자소속으로 입사했는데 취업증에 기재된 사용자정보를 변경하지 않은 경우, 해당 입사자와 새로운 사용자 사이에 노동관계는 성립하지 않는다.

베이징 **베이징고급인민법원 회의회보(2009) 제15조**

➔ 외국인, 홍콩 · 마카오 · 대만주민이 법에 따라 '외국인취업증', '대만 · 홍콩 · 마카오인원취업증'의 취득절차를 밟지 않은 경우, 사용자와 체결한 노동계약은 무효로 인정해야 한다. 외국인, 홍콩 · 마카오 · 대만 주민이 이미 노동을 제공한 경우 사용자가 계약약정을 참조해 노동보수를 지불한다.

상하이 **상하이고급인민법원 심리요건지침(2013) 제10조 (저자 발췌 정리)**

➔ 외국인, 대만 · 홍콩 · 마카오주민이 중국국내 고용주와의 합법적인 노동관계를 주장하는 경우, 아래 요건사실이 동시에 존재하는 것을 스스로 입증해야 한다.

(ⅰ) 중국국내 고용주와의 사이에 노동관계가 존재하는 것

(ⅱ) 취업비자 또는 상응한 취업증과 거류증을 소지하고 유효기간 내에 있는 것

(ⅲ) 중국국내 고용주가 반드시 취업증에 명기된 사용자와 일치하는 것

위의 요건사실에 부합하지만 다음 사유 중 어느 하나가 존재할 경우, 중국국내 고용주와의 노동관계를 인정할 수 없다.

(i) 외국법인에서 임명파견되어 중국국내에 취업한 자

(ii) 외국기업상주 중국대표기구의 수석대표, 대표

(iii) 중국국내에 투자하고 기업의 경영관리에 직접 참여하지 않은 투자자

상하이시고급인민법원의 노동분쟁사건심리의 몇 가지 문제에 관한 의견(1996년 10월) 1-6

→ 외국인과 홍콩 · 마카오 · 대만인이 허가없이 무단취업해 분쟁이 생길 경우, 노동분쟁중재위원회 및 인민법원은 이를 수리하지 않는다.

저 장 **저장고급인민법원 의견(2009) 제4조**

→ 외국인, 무국적자 또는 대만 · 홍콩 · 마카오인이 사용자와 고용관계를 형성할 경우, 노동관계로 처리한다. 상기 노동자가 법에 의해 '외국인취업증' 또는 '대만 · 홍콩 · 마카오인원취업증'의 절차를 밟지 않은 경우, 관련 노동계약은 무효로 인정한다. 다만 노동자가 이미 노동을 제공한 경우 사용자는 계약약정을 참조해 노동보수를 지불해야 한다.

Q 11-9 중재판단이 최종판단으로 되는 노동분쟁

Q 노동분쟁중재위원회의 중재판단이 최종판단으로 되는 노동분쟁이란 어떠한 분쟁을 가리킵니까?

A 노동분쟁중재위원회의 중재판단을 최종판단으로 하며 해당 중재판단이 내려진 날부터 법적 효력이 발생하는 노동분쟁은 노동보수, 산재의료비, 경제보상금 또는 배상금의 청구사건이며 그 청구금액이 모두 사용자소재지의 월최저임금기준의 12개월분 금액을 넘지 않는 분쟁과 국가의 노동기준집행에 따라 노동시간, 휴식휴가, 사회보험 등 분야에서 발생한 분쟁을 가리킵니다.

■ ■ 해 설 ■ ■

(i) 중재판단이 최종판단으로 되는 노동분쟁

노동쟁의조해중재법 제47조에 따르면 다음과 같은 노동분쟁은 동법에 특별한 규정이 있는 경우를 제외하고 중재판단을 최종판단으로 하며 해당 중재판단이 내려진 날부터 법적 효력이 발생합니다.

① 노동보수, 산재의료비, 경제보상금 또는 배상금을 청구한 것으로 현지의 월최저임금기준의 12개월분 금액을 넘지 않는 분쟁

② 국가의 노동기준집행에 따라 노동시간, 휴식휴가, 사회보험 등 분야에서 발생한 분쟁

노동보수, 산재의료비, 경제보상금 또는 배상금의 청구사건에서 관련

청구가 여러 항목에 달하고 각 항목의 청구금액이 모두 사용자소재지의 월최저임금기준 12개월분 금액을 넘지 않을 경우, 노동분쟁중재위원회에 의한 중재판단을 최종판단으로 처리해야 합니다(노동분쟁심리해석(三) 제13조).

또한 노동분쟁중재위원회의 동일한 중재판단에서 중재판단이 최종판단으로 되는 노동분쟁과 그렇지 않은 노동분쟁의 양쪽에 대해 판단을 내리고 당사자가 해당 중재판단에 불복해 인민법원에 소송을 제기할 경우, 인민법원은 '중재판단이 내려진 날부터 법적 효력이 발생하지 않는 중재판단'(非终局裁决)으로 처리해야 합니다(노동분쟁심리해석(三) 제14조).

(ⅱ) 최종판단이 된 중재판단에 불복하는 경우

노동자가 상기 노동쟁의조해중재법 제47조에 따라 최종판단으로 되는 중재판단에 불복하는 경우, 중재판단서를 수령한 날로부터 15일 이내에 인민법원에 소송을 제기할 수 있습니다(노동쟁의조해중재법 제48조).

사용자는 상기 노동쟁의조해중재법 제47조에 따라 최종판단으로 되는 중재판단이 다음 각 호 사유 중 어느 하나에 해당하는 것을 증명하는 증거가 있는 경우, 중재판단서를 수령한 날로부터 30일 이내에 노동분쟁중재위원회 소재지의 중급인민법원에 해당 중재판단의 취소(撤销)를 신청할 수 있습니다(동법 제49조 1항).

① 법률, 법규의 적용에 분명한 잘못이 있는 경우
② 노동분쟁중재위원회에 관할권이 없는 경우
③ 법정절차를 위반한 경우
④ 중재판단의 근거로 삼은 증거가 위조된 것일 경우
⑤ 상대방당사자가 공정한 판단에 충분히 영향을 미치는 증거를 은폐한 경우
⑥ 중재인에게 해당 사건의 중재에 있어서 뇌물의 요구 혹은 뇌물수수행위, 자신의 이익을 도모하는 부정행위 또는 법을 어기고 중재판단을 내린 행위

가 있을 경우

즉, 중재판단이 최종판단으로 되는 노동분쟁에서 노동자는 해당 중재판단에 불복할 경우, 인민법원에 제소할 수 있지만 사용자는 중재판단의 취소를 제기하는 방법 이외의 수단을 강구할 수가 없습니다.

상기 규정에 의해 최종판단이 된 중재판단에 불복해 노동자가 기층인민법원에 소송을 제기하고 사용자도 노동분쟁중재위원회 소재지의 중급인민법원에 중재판단의 취소를 신청한 경우, 중급인민법원은 사용자의 신청을 수리해서는 안 되며, 이미 수리한 경우에는 사용자의 신청을 기각하는 재정(裁定)을 내려야 합니다(노동분쟁심리해석(三) 제15조 1항).

노동자의 제소가 인민법원에 의해 기각된 경우 또는 노동자가 스스로 제소를 취하한 경우, 사용자는 재정서(裁定书)를 수령한 날로부터 30일 이내에 노동분쟁중재위원회 소재지의 중급인민법원에 중재판단의 취소를 신청할 수 있습니다(노동분쟁심리해석(三) 제15조 2항). 단, 사용자에게 상기 노동쟁의조해중재법 제49조 1항에 규정한 중재판단의 취소사유에 해당하는 것을 증명하는 증거가 있는 경우에 한합니다.

또한 인민법원이 합의정(合议庭)에 의한 심사확인 후, 중재판단이 상기 ①~⑥ 중 어느 하나의 사유에 해당한다고 판단해 중재판단의 취소결정을 내린 경우, 노동자 및 사용자는 이러한 재정서를 수령한 날로부터 15일 이내에 해당 노동분쟁사항에 대해 관할권이 있는 인민법원에 소송을 제기할 수 있습니다(노동쟁의조해중재법 제49조 2항, 3항).

지방규정 주목!

광 동 **광저우중급인민법원 회의회보(2011) 제3조**

→ 노동분쟁심리해석(三) 제13조 규정에 따라 노동분쟁중재위원회에 의한 중재판단이 최종판단인지 여부를 확정하려면 해당 중재판단서의 금액을 근

거로 해야 하고, 노동자의 청구금액을 그 근거로 해서는 안 된다.

중재판단이 여러 청구항목에 미치는 경우, 중재판단의 항목별로 나눠 이를 확정하고 해당 중재판단서의 총액에 따라 확정하지 않는다. 현지 최저임금 기준의 12개월분 금액을 넘지 않는 중재사항은 중재판단이 최종판단으로 되는 사항(终局裁决事项)이다.

동일한 중재판단에서 중재판단이 최종판단으로 되는 판단사항과 중재판단이 최종판단으로 되지 않는 판단사항을 모두 포함하고 있는 경우, '중재판단이 내려진 날부터 법적 효력이 발생하지 않는 중재판단'(非终局裁决)으로 처리한다.

광둥고급인민법원 의견(2018) 제23조

➔ 신청인의 중재청구에 중재판단이 최종판단으로 되는 판단사항(终局裁决事项)과 중재판단이 최종판단으로 되지 않는 판단사항(非终局裁决事项)을 모두 포함하고 있는 경우, 중재기관이 동일한 재결서(裁决书)에서 중재판단이 최종판단으로 되는 판단사항과 중재판단이 최종판단으로 되지 않는 판단사항을 각각 명기하고 (당사자에게) 권리구제방법(权利救济途径)을 각각 고지(告知)했을 시, 중재재결서를 이미 각각 작성한 것으로 간주한다.

베이징

베이징고급인민법원 회의회보(2009) 제4조

➔ 노동쟁의조해중재법 제47조 규정에 근거해 중재판단이 최종판단으로 되는 노동분쟁사건(一裁终局)에는 2가지 종류가 있다. 하나는 소액청구사건으로 노동보수, 산재의료비, 경제보상금 또는 배상금의 청구에만 국한되고 당사자가 중재를 신청했을 때 현지의 월최저임금기준 12개월분 금액을 넘지 않는 재산분쟁사건이다. 다른 하나는 기준이 명확한 사건으로 국가의 노동기준집행에 기인해 노동시간, 휴식휴가 등 분야에서 생긴 분쟁사건이다. 첫 번째 종류에 속하는 사건은 일반적으로는 당사자가 중재를 신청할 시, 각 청구항목의 총액을 기준으로 중재판단이 최종판단으로 되는 노동분쟁사건에 해당하는지 여부를 확정해야 한다. 두 번째 종류에 속하는 사건은 해당

사건이 일반적으로 구체적인 금액기준에 미치지 못해 주로 국가의 노동기준집행에 기인해 발생하는 분쟁을 가리킨다.

장 쑤 장쑤성고급인민법원, 장쑤성노동분쟁중재위원회의 '노동쟁의조해중재법 적용의 몇 가지 문제에 관한 의견'의 인쇄 · 발행 통지(苏高法审委[2008] 19호) **제13조**

→ 노동자가 노동보수, 산재의료비, 경제보상금 또는 배상금을 청구하는 노동분쟁에서 그 중재청구가 여러 청구항목에 미치고 청구항목별로 계산한 금액이 현지의 월최저임금기준 12개월분 금액을 넘지 않는 경우, 중재판단은 최종적인 판단이 된다.

Q 11-10 노동분쟁의 해결수단

Q 노동분쟁이 발생할 시의 해결수단에 대해 설명해 주세요.

A 노동분쟁이 발생하면 노사 간의 화해합의 또는 노동조합 등을 통한 화해합의, 조정기구에 의한 조정, 노동분쟁중재위원회의 중재 및 인민법원에서의 소송을 통하여 노동분쟁을 해결할 수 있습니다.

■ ■ 해 설 ■ ■

(i) 노동분쟁의 범위

노동쟁의조해중재법 제2조에 따르면 중국국내의 사용자와 노동자 사이에 발생한 다음과 같은 노동분쟁은 동법을 적용합니다.

① 노동관계의 확인에 기인한 분쟁
② 노동계약의 체결, 이행, 변경, 해제 및 종료에 기인한 분쟁
③ 제적(除名), 해고(辞退) 및 사직(辞职); 퇴사(离职)에 기인한 분쟁
④ 노동시간, 휴식휴가, 사회보험, 복리, 연수 및 노동보호에 기인한 분쟁
⑤ 노동보수,[1] 산재의료비, 경제보상금 또는 배상금 등에 기인한 분쟁
⑥ 법률, 법규에 규정한 기타 노동분쟁

(ii) 노동분쟁의 해결수단

노동분쟁이 발생한 경우 ① 노사 양측 간의 화해합의 또는 노동조합

1 사용자에 의한 노동보수지급의무 불이행 시 노동자의 직접제소권은 Q3-5를 참조하길 바랍니다.

등을 통한 화해합의, ② 조정기구에 의한 조정,[2] ③ 노동분쟁중재위원회의 중재, ④ 인민법원에서의 소송을 통하여 노동분쟁을 해결할 수 있습니다(노동쟁의조해중재법 제4조, 제5조).

노동분쟁의 해결수단과 그 순서는 하기 그림과 같습니다.

화해합의	· 노사 양측 간의 화해합의 · 노동조합 또는 제3자를 통해서 화해합의 ➔ 화해합의서를 체결
조정	당사자가 협상을 원치 않을 경우, 화해합의에 이르지 못한 경우, 화해합의 후 합의서를 이행하지 않을 경우는 조정기구에 조정신청이 가능 ➔ 조정합의서를 작성
중재	당사자가 조정을 원치 않을 경우, 조정이 성립되지 않은 경우, 조정합의 후 합의서를 이행하지 않을 경우는 노동분쟁중재위원회에 중재신청이 가능 ➔ 중재판단을 내린다
소송	당사자가 중재판단에 불복하는 경우, 당사자는 인민법원에 소송제기가 가능 ➔ 1심, 2심 판결(재심(再审) 경우도 있음)

(ⅲ) 노동중재

노사 양측이 협상 또는 조정을 원치 않거나 노사 간의 협의 혹은 조정을 거쳐도 노동분쟁을 해결할 수 없는 경우, 당사자는 노동계약의 이행지 또는 사용자소재지의 노동분쟁중재위원회에 중재신청을 할 수 있습니다.

즉, 노사 양측은 상기 그림에 기재되어 있는 화해합의 및 조정절차를 거치지 않고 직접 노동분쟁중재위원회에 중재신청을 할 수 있고, 노동중재신청의 시효기간은 당사자가 그 권리를 침해당한 것을 알거나 알 수

2 사용자가 노동분쟁조정위원회를 설치한 경우, 노동분쟁조정위원회의 주재하에 달성한 당사자 간의 조정합의는 노동계약과 유사한 구속력을 갖고 있으며 인민법원에서의 재판의 근거로 될 수 있습니다(노동분쟁심리해석(二) 제17조 1항).

있었던 날로부터 기산하여 1년입니다(노동쟁의조해중재법 제27조 1항).

노동관계의 존속기간 중 노동보수의 지불지연으로 인한 분쟁이 생겼을 경우에는 노동자에 의한 중재신청은 상기 1년의 중재시효기간의 제한을 받지 않습니다. 다만 노동관계가 종료되었을 경우는 노동관계의 종료일로부터 1년 이내에 중재신청을 해야 합니다(노동쟁의조해중재법 제27조 4항).

노동분쟁은 노동계약의 이행지 또는 사용자소재지의 노동분쟁중재위원회가 관할하며 당사자가 각각 노동계약의 이행지 및 사용자소재지의 노동분쟁중재위원회에 중재를 신청한 경우, 노동계약이행지의 노동분쟁중재위원회가 관할하게 됩니다(노동쟁의조해중재법 제21조 2항).

(ⅳ) 소 송

노동쟁의조해중재법 제5조의 규정에 의해 동법이 적용되는 노동분쟁에 관해 노동분쟁중재위원회의 중재판단에 불복하는 경우, 당사자는 인민법원에 소송을 제기할 수 있으므로 노동분쟁사항은 노동분쟁중재위원회의 중재를 거쳐야만 소송절차에 들어갈 수 있습니다(➔Q3-5 참조).

다만 ① 노동분쟁중재위원회가 중재신청사건을 수리하지 않을 경우, ② 노동분쟁중재위원회가 중재신청을 받은 날로부터 5일 이내에 수리할지 여부를 결정하지 않을 경우, ③ 노동분쟁중재위원회가 소정의 중재기간 내[3]에 중재판단을 내리지 않을 경우, 당사자는 해당 노동분쟁사항에 대해 인민법원에 소송을 제기할 수 있습니다(노동쟁의조해중재법 제29조, 제43조 1항).

또한 노동분쟁사건이 소송절차에 들어간 경우에는 민사소송법이 적용됩니다.

---

3 노동분쟁중재위원회가 중재신청을 수리한 날로부터 45일 이내에 노동분쟁사건을 종결해야 하고 해당 중재기간을 연장할 경우, 연장기간은 15일을 넘어서는 안 됩니다(노동쟁의조해중재법 제43조).

참고자료

중국의 노동중재 흐름

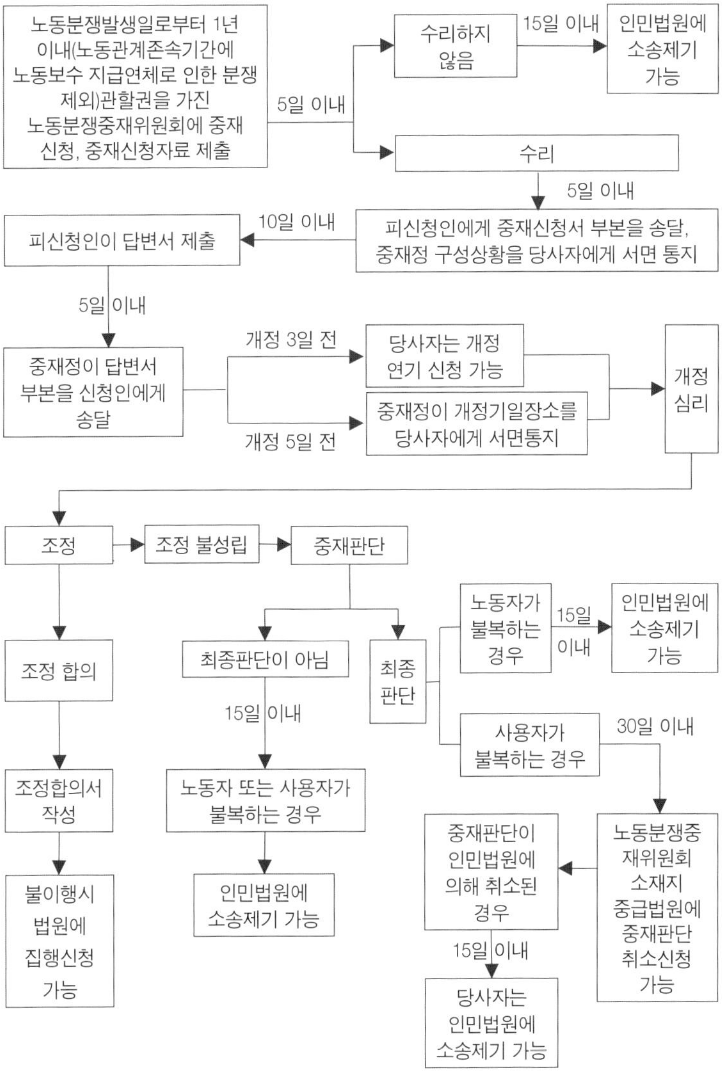

중국의 재판심리 흐름

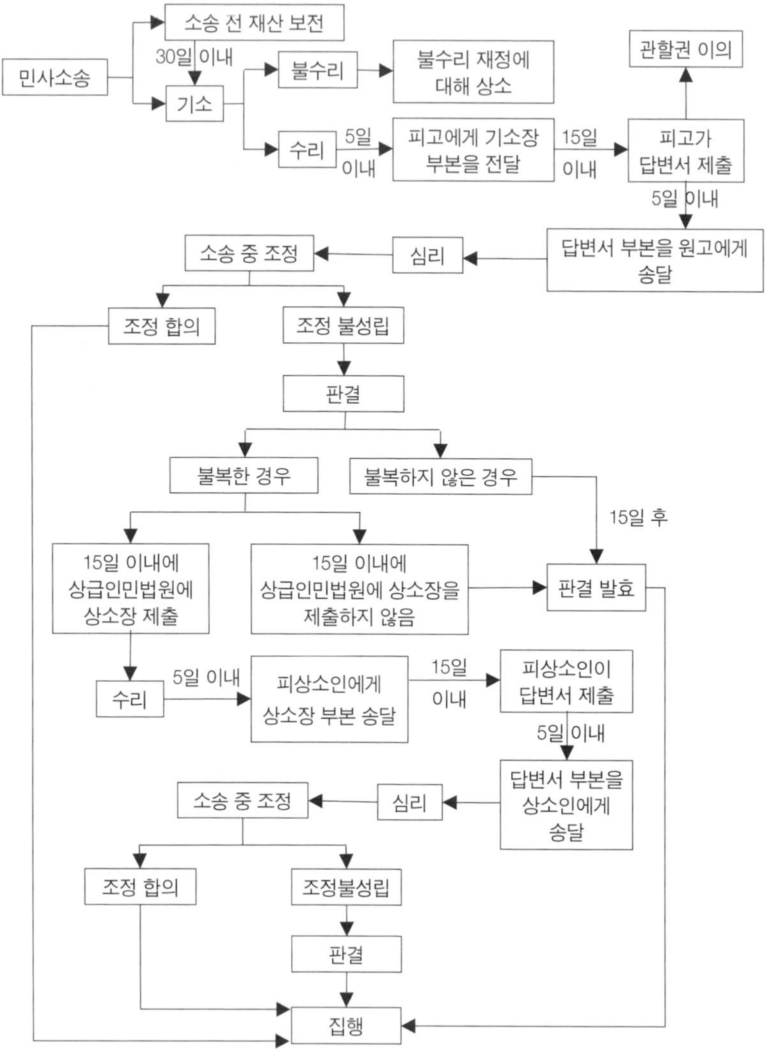

* 중국 국내에 주소가 없는 당사자가 있는 등 섭외(涉外)소송의 경우, 상소기한이나 답변서의 제출기한은 30일입니다.

제12장

외국인의 중국 내 취업

Q 12-1 새로운 외국인취업허가제도와 최신실무

Q 2017년 4월 1일부로 중국전역에 도입된 새로운 외국인취업허가제도의 개요 및 관련 실무에 대해 설명해 주세요.

A 새로운 외국인취업허가제도가 시험운용을 거쳐 2017년 4월 1일부로 중국전역에 도입되었지만 정부 관련 당국의 유연한 대응 등으로 화난(华南)지역에 진출한 외국계기업에 큰 영향은 없는 것으로 보입니다. 새로운 외국인취업허가제도의 개요 및 관련 실무는 해설내용을 참조하길 바랍니다.

■■ 해 설 ■■

(ⅰ) 새로운 제도의 실시경위와 취지

외국전문가와 일반 외국인으로 나눴던 기존의 외국인취업허가[1]를 '외국인재중(来华)취업허가'로 단일화하는 새로운 제도[2](이른바 '二证合一')가 중국국가외국전문가국의 주도로 2016년 10월부터 2017년 3월까지 베이징, 텐진, 상하이, 광둥, 쓰촨 등 10개 지역에서 시행되었으며 2017년 4월 1일부로 중국전역에 실시되었습니다.[3]

새 제도에 따르면 "고급인재에 대한 적극적인 유치, 전문인재에 대한

---

1 외국인의 중국 내 취업관리는 Q11-8의 내용을 참조하길 바랍니다.

2 외국인의 중국 내 취업허가제도의 시행방안에 관한 통지(국가외국전문가국[2016] 151호).

3 국가외국전문가국 등 4개 부문은 [2016] 151호의 시행결과를 토대로 '외국인의 중국 내 취업허가제도의 전면실시에 관한 통지([2017] 40호)'를 2017년 3월 28일에 공포했습니다.

적절한 제한, 일반인재에 대한 엄격한 제한"이라는 방침을 내걸고 중국에 취업하는 외국인을 3개등급으로 나누어 심사합니다.

새 제도의 취지는 주로 다음의 3가지를 들 수 있습니다.

① 관련절차의 전자화(电子化) 등에 따른 편리성의 향상과 외국인취업허가절차의 간소화

② 해외인재[4]의 선별과 외국인취업관리의 엄격화

③ 외국인취업허가절차의 심사기준을 명확히 규정함으로써 투명성의 증대와 담당자의 자의성을 배제

(ⅱ) 외국인취업분류기준

새 제도에서는 중국에 취업하는 외국인을 표 1과 같이 A급(고급인재), B급(전문인재)및 C급(일반인재)으로 분류하고 있습니다.

외국인취업분류기준표(표 1)

A급[1](수량 무제한)	B급(적절히 제한)	C급(엄격히 제한)
(1) 중국정부의 인재유치계획에 선정된 인재 (2) 국제적으로 공인된 전문성과의 인정기준에 부합하는 인재 (3) 시장이 선호(符合市场导向)하는 장려류직무(鼓励类岗位)에서 요구되는 외국인인재[2] (4) 혁신인재	(1) 학사 이상 학위 및 2년 이상의 관련 실무경험을 가진 자[3] (2) 국제적으로 통용되는 직업기능자격증을 가진 인재 또는 긴급히 요구되는 기술직인재 (3) 외국어 교원 (4) 평균연봉이 고용주소재지역의 전년도 사회평균연봉의 4배	(1) 현행 '외국인의 중국 내 취업관리규정'에 해당하는 자 (2) 임시성, 계절성 노동, 단기(90일을 넘지 않음)노동에 종사하는 자 (3) 쿼터관리가 이뤄지는 자(정부 간 협의를 통해 방중해 실습을 받는 외국청년, 규정 조건에

4 국가외국전문가국, 외교부 및 공안부 3개 부문은 2017년 11월 28일에 '외국인재비자제도실시변법'을 공포하고 외국인전문인재에게 발급하는 인재비자(R비자)의 발급조건과 유효기간, 체류기간 등을 완화한다고 밝혔습니다(外专发[2017] 218호). 인재비자는 과학자, 첨단기술인재, 기업경영자, 전문인재, 부족한 인재에 대해 발급되는 것으로 조건에 부합하는 외국인에게는 유효기간 5년 또는 10년의 복수비자를 발급하고 체류기간은 1회 180일까지이며 배우자와 자녀에게도 동일한 유효기간의 비자가 발급됩니다. R비자를 취득하고 중국에 입국한 후, '외국인취업허가증'의 발급을 신청할 수 있습니다.

(5) 우수한 청년인재 (6) 포인트가산 85점 이상인 인재	이상의 사람 (5) 국가관련부문이 규정한 전문인재와 프로젝트실시인원에 해당하는 자 (6) 포인트가산 60점 이상인 인재	해당하는 외국인유학생, 해외대학을 졸업한 외국국적의 인재, 원양어업 등 특수노동에 종사하는 외국인 등 포함)

1. A급 고급인재는 중국사회의 경제발전에 기여할 수 있는 인재이며, 연령이나 학력, 실무경험의 제한을 받지 않는다고 되어 있지만 연령은 A급인재라도 실질적으로 취업이 허용되는 나이는 70세까지라고 답변하는 지역도 있어, 사전에 고용주소재지의 정부관련부문에 문의하는 것이 바람직합니다.
2. 신청자의 평균연봉이 고용주소재지의 전년도 사회평균연봉의 6배 이상일 경우, A급인재로 인정됩니다. 전년도 사회평균연봉은 고용주소재지의 통계국 등 부문이 공포한 수치를 기준으로 합니다.
3. 여기에는 외국기업주재원사무소(外国企业常驻代表机构)의 수석대표 또는 일반대표, 외국계기업 현지법인의 중간관리직 이상의 사람이 해당됩니다.

(ⅲ) 포인트가산의 평가기준

A, B급도 표 1의 각 1~5호에 해당하지 않는 경우에는 아래 표 2의 '포인트가산 평가기준표'에 의해 표 1의 각 6호에 해당하는지 여부를 심사하게 됩니다. 국가외국전문가국 등 4부문의 '외국인의 중국 내 취업허가제도의 전면실시에 관한 통지([2017] 40호)'를 통해 포인트가산 평가기준이 표 2와 같이 시험운용시(시행기준)부터 일부 변경되었으므로 주의할 필요가 있습니다.

포인트가산 평가기준표(표 2)

항목	구체적 사유	시행기준	현행기준
취업자격 직접부여	중국정부의 인재유치계획에 의해 선발된 인재, 국제적으로 공인된 전문성과의 인정기준에 부합하는 인재	-	-
	시장이 선호하는 장려류직무에서 요구되는 인재	-	-
	혁신인재와 우수한 청년인재	-	-
중국 내 고용주가 지급한 연봉[1]	45 및 그 이상	20	20
	35 이상~45 미만	17	17

(단위: 만 위안)	25 이상~35 미만	14	14
	15 이상~25 미만	11	11
	7 이상~15 미만	8	8
	5 이상~7 미만	5	5
	5 미만	0	0
학력 또는 직업기술자격인정	박사, 국제적으로 통용되는 최고 등급 직업기능 자격증 또는 고급기사(高级技师) 혹은 그에 상응	20	20
	석사, 기사(技师) 또는 그에 상응	15	15
	학사, 고급공(高级工) 또는 그에 상응	10	10
근속년수	2년 이상일 경우 1년마다 1점 추가	최고 15	최고 20
	2년	5	5
	2년 미만	0	0
연간근무기간 (단위: 월)	9개월 및 그 이상	15	15
	6개월 이상~9개월 미만	10	10
	3개월 이상 6개월 미만	5	5
	3개월 미만	0	0
중국어수준	중국국적을 가졌던 외국인	-	5
	중국어전공학사 및 그 이상의 학위 취득	10	5
	중국어능력시험(HSK) 5급 이상	10	5
	중국어능력시험(HSK) 4급	8	4
	중국어능력시험(HSK) 3급	6	3
	중국어능력시험(HSK) 2급	4	2
	중국어능력시험(HSK) 1급	2	1
근무지 (1개 해당지역 선택)	서부구역	10	10
	동북지역 등 옛 공업구역	10	10
	국가급빈곤현(县) 등 특별지구	10	10
연령 (단위:세)	18~25	10	10
	26~45	15	15
	46~55	10	10
	56~60	5	5
	60세 이상[2]	0	0
중국국외의 수준높은 대학 졸업 또는 포춘 글로벌 500대 기업에서의 직무경험 및 기타 규정조건 보유	중국국외의 수준높은 대학 졸업	5[3]	5
	포춘 글로벌 500대 기업에서의 직무경험	5	5
	특허 등 지적재산권 보유	-	5

	중국 내 취업 기간이 이미 연속 5년 및 그 이상	-	5
지방장려점 가산	지방경제사회의 발전에 긴급하게 필요하는 인재 *성(省)급 외국인 취업관리 부문에서 구체적 기준 제정	0-10	0-10

1. 광저우시나 선전시에서는 홍콩 · 마카오 · 대만을 비롯한 중국대륙 이외에서의 수입도 과세대상으로 보며 중국국내에서 합산하여 개인소득세를 납부할 경우, 중국대륙 이외의 수입을 중국내 연봉으로 인정합니다. 외국인을 신규로 고용하는 경우에는 취업허가신청 시 수입(연봉)이 기재된 노동계약서 등을 제출합니다.
2. 선전시외국전문가국에 전화로 문의한 결과, 외국인취업자의 연령은 일반적으로 60세를 초과해서는 안 되지만 기업투자자, 법정대표인, 이사회(董事会)성원, 감사회성원 및 인재부족으로 인해 매우 급하게 필요한 상층(고급)관리기술인재 등은 신청자개인의 신체상태가 양호하고 기업이 담보장(① 구체적인 회사소개 ② 연령이 초과한 신청자를 고용하는 원인 ③ 신청자를 위해 양호한 취업 및 생활환경을 제공할 것을 보증하고 관련 보험에 가입)을 제출하는 것을 전제로 연령상한을 적절히 완화할 수 있다고 합니다.
3. 시험운용 시에는 '세계 상위 100대 해외유명대 졸업'으로 규정했으나 현행기준으로는 '중국국외의 수준 높은 대학 졸업'으로 바꿨고, 포인트가산점의 변경은 없습니다.

(ⅳ) 취업허가절차의 흐름

외국인취업허가증(工作许可证)의 취득에 있어서 예전에는 창구(窗口)에서도 신청이 가능했지만 2017년 5월 1일부로 온라인신청으로 단일화되었습니다. 단, 일부 지역의 처리방식은 다를 수 있으므로 사전에 확인작업이 필요합니다.

해외에서 새로 중국에 부임할 시 취업허가절차의 흐름(취업일수가 90일을 초과하는 경우[5])은 아래 표 3과 같습니다. 기존에 고용주소재지의 정부관련부문을 통해 받아야 했던 '초빙확인증(邀请确认函)'을 제출하지 않아도 됩니다.

5 취업일수가 90일을 넘지 않는 단기취업비자의 취득절차는 Q12-2를 참조하길 바랍니다.

취업허가절차 흐름(표 3)

기존	변경
1. 온라인 신청 (계정 등록 등) ⇩ 2. '외국인 중국 취업 허가 통지' 취득 ⇩ 3. '초빙확인증' 제출 ⇩ 4. 외국주재 중국대사관 · 영사관, (중국 입경 시)출입국관리 사무소에서 취업비자(Z비자) 취득 ⇩ 5. 중국 입국 후 15일 이내에 '외국인취업허가증' 취득 절차 ⇩ 6. 중국 입국 후 30일 이내에 '외국인거류허가증' 취득 절차	1. 온라인 신청 (계정 등록과 데이터 업로드) (예심심사 5 영업일) ⇩ 2. '외국인재중취업허가통지' 취득(종이서류심사: A급 5영업일, B급 및 C급 10영업일) ⇩ 3. 외국 주재 중국대사관 · 영사관, 중국 홍콩, 마카오 또는 (중국 입경 시)출입국관리사무소*에서 취업비자(Z비자) 취득 ⇩ 4. 중국 입국 후 15일 이내에 '외국인 취업허가증' 취득 절차 ⇩ 5. 중국 입국 후 30일 이내에 '외국인거류허가증' 취득 절차

* 광둥성에서는 입경(入境)시 출입국관리사무소에서 '외국인재중취업허가통지' 외에 비자신청서, 사진 등을 제출하면 취업(Z)비자를 신청할 수 있습니다. 다만 지난 여권(旧护照) 등의 제출을 요구하는 일이 있어 사전에 지참해야 할 필요서류를 확인할 것을 권장합니다.

(v) 최고학위증서와 무범죄기록증명 인증

신규로 취업허가증을 취득할 경우, 최고학위증서(또는 직업기술자격증), 무범죄기록증명서(통칭 '경찰증명서')를 입수하여 인증을 받아야 합니다.

경찰증명서는 봉인된 봉투 안에 넣어져 교부되는데 이를 개봉하면 증명서가 무효화되어 신청자소재국 주재 중국대사관 및 총영사관, 중국국내의 신청자소재국의 대사관 및 총영사관의 인증을 받을 수 없으므로 특별히 주의해야 합니다.

또 중국국외에서 취득한 최고학위증서는 신청자소재국 주재 중국대사관 및 총영사관, 중국국내의 신청자소재국의 대사관 및 총영사관 또는 중국교육부의 학력인증기구 중 어느 한 곳에서 인증을 받아야 합니다.

(ⅵ) 요 약

화난(华南)지역에서 새로운 취업허가제도를 도입한 직후의 운용상황을 보면 화난각지의 심사창구의 대응에 약간의 차이가 있고, 새 제도 전용온라인 신청시스템이 불안정하여 실무상 다소 혼란이 있었지만, 관련 당국의 유연한 대응으로 60세를 크게 초과하는 신청자나 취득절차에 따라 제대로 절차를 밟지 않은 신청자 등을 제외하고 취업허가를 취득 또는 갱신할 수 없다는 사례는 그다지 발생하고 있지 않은 모양입니다.

새 제도에 대응하기 위해 중국진출기업뿐만 아니라 외국기업 본사 측에서도 검토해야 할 과제로서는 중국에 파견하는 주재원의 선임기준, 취업기간 및 교체방법 등을 포함한 해외주재원관리제도의 구축, 중국진출기업 측에서 외국인취업허가절차를 담당하는 직원의 육성 및 주재원의 개인정보보호에 관한 대응책의 정비 등을 들 수 있습니다.

새 제도에서는 외국인취업자마다 번호를 부여하고 있어, 과거의 불법행위 등 기록으로 인해 취업허가가 나오지 않을 가능성이 있습니다. 따라서 해외에서 새롭게 중국으로 부임할 때 취업허가의 신규취득절차뿐만 아니라 '취업허가증' 및 '거류허가증' 기간이 만료될 때의 갱신절차나 변경절차, 중국 내 취업이 종료할 시의 말소절차 등을 지체없이 마무리해야 할 필요가 있고, 취업기간 중 사회보험료와 개인소득세의 납부 등 중국의 법령을 준수해야 합니다.

Q 12-2 외국인 단기취업비자

Q 외국인 단기취업비자의 취득에 관한 제도의 개요를 설명해 주세요.

A 외국인이 중국에서 단기업무를 수행하기 위해서는 관련 규정에 의해 취업비자(Z비자)를 취득할 필요가 있습니다. 외국인의 중국 내 단기업무수행에 관한 규정은 2015년 1월부터 시행되었으며 개요 및 관련 실무는 해설내용을 참조하길 바랍니다.

■ ■ 해 설 ■ ■

(ⅰ) 관련규정의 시행과 취지

2014년 11월 6일, 인력자원사회보장부, 외교부, 공안부, 문화부는 '외국인 입국후 단기업무수행에 관한 처리절차(시행)'(이하 '단기업무관련절차'라고 함)를 공포했습니다.

단기업무관련절차는 2015년 1월 1일부터 시행되었으나, 화난지역에서는 외국인이 단기취업비자를 취득하는 사례가 적다고 합니다.

단기업무관련절차는 외국인의 중국 내 불법취업행위의 단속이 그 목적이며 단기업무관련절차에서 규정한 비자를 취득하지 않고 관련 업무에 종사할 경우, 입국 후 공안기관에 의한 처벌[1]을 받을 수 있습니다.

(ⅱ) 단기업무와 비단기업무[2]

단기업무관련절차가 시행되기 전에는 중국국내에서 3개월 이상 취업

1 출국입국관리법(2013), 외국인입국출국관리조례(2013) 및 외국인의 중국 내 취업관리규정(2017년 개정시행)에 따라 처벌받습니다.

2 본 사례에서는 단기업무수행이 아닌 입국사유를 '비단기업무'라고 합니다.

할 경우 취업허가 및 Z비자를 신청해야 했으나 단기업무관련절차가 시행된 후에는 체류기간이 아닌 업무내용에 따라 '단기업무'와 '비단기업무'로 분류되면서 단기업무에 해당하는 경우에는 중국국내에서의 체류기간이 90일을 넘지 않아도 취업허가 및 Z비자를 신청할 필요가 있습니다.

반면 비단기업무에 해당하는 경우에는 중국국내에서의 체류기간이 90일을 넘지 않아도 M비자(입국 후 상업무역활동에 종사하는 자에게 발행하는 비자)와 F비자(입국 후 교류, 방문, 고찰 등 활동에 종사하는 자에게 발행하는 비자)를 신청할 필요가 있습니다.

'싱가포르, 브루나이, 일본국민에 대한 단기비자의 취득면제조치'에 따라, 현 시점에서 단기업무에 해당하지 않는 상용(经商), 관광, 친족방문의 목적으로 입국하는 싱가포르, 브루나이, 일본국민의 경우, 체류기간이 15일을 넘지 않을 때는 비자취득이 면제됩니다.

단기업무와 비단기업무(표 1)

단기업무	비단기업무
아래와 같은 사유로 입국해 중국국내의 체류기간이 90일을 초과하지 않는 자	아래와 같은 입국사유에 해당하는 자
① 중국국내의 제휴처(境内合作方)에서 기술, 과학연구, 관리, 지도 등의 업무를 수행 ② 중국국내의 체육기구에서 훈련(시험훈련) 수행(코치, 선수 포함) ③ 영화촬영(광고, 다큐멘터리 포함) ④ 패션쇼(모터쇼모델, 광고촬영 등 포함) ⑤ 섭외(涉外) 영업성공연에 종사 ⑥ 인력자원사회보장부문이 인정한 기타 상황	① 구입한 기계설비의 개보수, 설치, 테스트, 해체, 지도 및 연수 ② 중국국내의 낙찰프로젝트에 대한 지도, 감독, 검사의 실시 ③ 중국국내의 지점(분사), 자회사, 대표처에 파견되어 단기업무를 수행 ④ 체육대회 참여(선수, 코치, 팀 닥터, 매니저 등 포함[1] ⑤ 입국후 무보수업무에 종사 또는 해외기구가 보수를 제공하는 자원봉사활동 등에 종사 ⑥ 문화주관부문이 비준서(批准文书)에 '섭외 영업성공연'이라고 주석(注明)을 달지 않은 경우

1. 국제체육기구의 요구에 따라 중국의 주관부문의 비준을 얻어 등록카드를 소지하고 입국해 경기에 참가하는 등의 경우는 제외됩니다.

취득해야 하는 비자*(표 2)

비자종류	입국사유
Z	(1) 상기 표 1의 단기업무에 해당하는 경우[1] (2) 상기 표 1의 단기업무 및 비단기업무 중 ①~③, ⑤에 해당하며 매번 입국체류기간이 90일을 초과하는 경우[2]
M	상기 표 1의 비단기업무 중 ①, ②, ③, ④에 해당하고 국내체류기간이 90일을 넘지 않는 경우
F	상기 표 1의 비단기업무 중 ⑤, ⑥에 해당하고 국내체류기간이 90일을 넘지 않는 경우

* 기타 취득해야 하는 비자에 대해서는 외국인입국출국관리조례(2013)의 규정을 참조하길 바랍니다.

1. 중국과 상호비자면제협정을 체결한 국가의 국민은 입국해 단기업무수행 시, 입국전에 취업증명을 취득하고 중국정부의 주외(驻外)비자발급기관에서 Z비자를 신청해야 합니다.
2. 이에 해당하는 경우, 외국인의 중국 내 취업관리규정(2017년 개정시행)에 따라 관련 절차를 신청해야 합니다.

(ⅲ) 단기취업비자 취득절차의 흐름

외국인이 중국에서의 취업일수가 90일을 넘지 않는 단기업무를 수행하려면 아래 그림과 같이 취업비자(Z비자)를 취득할 필요가 있습니다.

또한 기존에는 관련 정부부문에서 받아야 했던 '초빙확인증(邀请确认函)'을 제출할 필요가 없어졌습니다.

단기취업비자 취득절차의 흐름

온라인 신청(계정 등록과 데이터 업로드)
⇩
'외국인재중취업허가통지' 취득
⇩
외국 주재 중국대사관 및 영사관, 중국 홍콩, 마카오 또는 (중국 입경 시) 출입국관리사무소에서 취업비자(Z비자) 취득
⇩
단기업무수행을 위한 체류기간이 30일 이상인 경우에는 거류증 취득

(ⅳ) 단기업무수행에 필요한 M비자 취득

M비자는 단수비자(1회에 한함), 더블비자(2회에 한함), 복수비자(유효기간 내 입국횟수 제한 없음)의 3종류로 분류됩니다. 그중 복수비자는 발급일로부터 최장 2년간의 유효기간이 주어지고 1회당 체류기간도 최장 90일까지 인정됩니다.

M비자 신청 시 제출해야 할 자료는 신청서, 여권원본, 사진, 중국국내기업이 발행한 초청장 등의 관련 서류가 있는데 혹시 모르니 사전에 필요서류를 확인할 것을 권장합니다.

(ⅴ) 요 약

단기업무관련절차에 규정한 내용, 예를 들면 표 1의 '중국국내의 제휴처'의 정의, 단기업무와 비단기업무의 구별, 국내체류기간 90일의 계산방법 등이 여전히 불명확해 실무운용이 안정되지 않고 있으며, 화난지역에서는 외국인이 단기취업비자를 취득하는 사례가 적다고 합니다.

또한 단기업무관련절차는 외국인의 중국 내 불법취업행위의 단속을 그 목적으로 하고 있으며 장기적으로 볼 때, 취업비자면제의 적용범위는 더욱 제한되어 정부당국의 관리체제도 더욱 강화되고 세분화될 가능성이 있습니다.

또한 각지에서 실무운용에 다소 차이가 있을 수 있으니 관련 지역의 최신정보 입수에 노력해야 하며 관련 주관기관에 사전확인을 하는 것이 바람직합니다.

참고자료

외국인취업허가취득절차 전 확인사항*

[님] 년 월 일 기입

1	신규절차 OR 갱신절차	□신규절차 □갱신절차 (이전 취득시기: 년 월 일)
2	신청자 생년월일	년 월 일
3	현 직장 입사년도	년 월
4	현재 혼인상황	□기혼(□배우자 국적:) □미혼(□이혼 □배우자 사별)
5	중국현지법인의 명칭 및 전화번호	명칭(중국어): 전화번호:
6	중국현지법인 직위 및 주요 담당업무	직위: 담당업무:
7	중국현지법인 예정연봉	금액: (위안) *중국 대륙 이외에 임금 지급이 있는 경우: (통화단위:)
8	최종학력(학교명 및 수학기간)	최종학력: 학교명: 수학기간: 년 월 일 ~ 년 월 일
9	최종학위 취득 후 총 근무년수 (현직기간 포함)	총 근무년수: 년 최종학력 취득 후 경력(모두 기입) □회사명 재직기간 년 월 일 ~ 년 월 일 직위 (업무내용:) □회사명 재직기간 년 월 일 ~ 년 월 일 직위 (업무내용:) □회사명 재직기간 년 월 일 ~ 년 월 일 직위 (업무내용:) □회사명 재직기간 년 월 일 ~ 년 월 일

		직위 (업무내용:)
10	중국어능력시험(HSK) 수험 상황	□ 유(HSK 급 취득/ 년 월 취득) □ 무
11	중국 내 총 근무년수	□ 유(총 년) □ 무
12	국제적으로 통용되는 직업기능증서 유무	□ 유(취득시기: 년 월 일) □ 무
13	최근 2년간 여권갱신 유무	□ 유(□ 중국공안국에 등기완료 □ 등기하지 않음) □ 무
14	최근 취업비자유효기간	년 월 일 ~ 년 월 일
15	중국거류허가증 번호, 유효기한 및 거류사유	□ 번호: □ 유효기한: 년 월 일까지 □ 거류사유: (※거류허가증 기재상 그대로 작성)
16	신청자 연락처	휴대폰: 메일:
17	중국 내 긴급연락처 및 관계	성명: 본인과의 관계: 휴대폰: 메일:
18	기타 증명사항(있을 시)	

* 외국인취업허가취득절차를 밟기 전에 외국기업본사 및 중국현지법인의 사내확인용으로 본 참고자료를 활용할 것을 권장합니다. 단, 해외주재원의 개인정보보호에 각별히 주의하길 바랍니다.

찾아보기

ㅇ

‖ 저자 소개 ‖

윤수종(尹秀鍾, Yin Xiuzhong, 1974년생)

광둥심수(深秀)법률사무소 대표변호사, 법학박사(게이오기주쿠대학)

KOTRA(대한무역투자진흥공사) 지역전문가(2017년~현재)

JETRO(일본무역진흥기구) 광저우사무소 법률 · 노무 협력변호사(2015년~현재)

니시무라 아사히(Nishimura & Asahi) 법률사무소 본부(도쿄) 중국변호사, 게이오기주쿠대학 법학부 비상근강사, 군합(Junhe)법률사무소 본부(베이징) 변호사 등 실무경험을 거쳐서 2014년 선전(深圳)에서 개업, 화난(华南)지역의 외국계기업을 중심으로 법무서비스를 제공하고 있다.

광둥심수(深秀)법률사무소(http://www.shenxiulawfirm.com/)는 주로 섭외민상사법무서비스를 제공하는 법률사무소이다. 중국어 · 한국어 · 일본어 · 영어 등 여러 언어에 능통하고 중국에 투자하는 외국계기업 및 한국, 일본 등에 투자하는 중국로컬기업에 대한 법률서비스를 제공하고 있다.

주요 업무영역은 외국계기업의 중국투자, M&A, 노동법무, 사업재편과 철수, 채권회수 등 거래상 분쟁안건을 포함한 민상사소송 및 중재, 중국로컬기업의 해외투자 등이다.

주요 저서 및 논문

『중국 현지법인의 노무관리 Q&A』(게이오기주쿠대학 출판회, 2018년 5월)

『중국비즈니스를 위한 법률입문』(공저, 중앙경제사, 2012년)

야마모토 다메사부로 편 『기업법 법리』(공저, 게이오기주쿠대학 출판회, 2012년)

"선전국제중재원중재규칙 개정—중국국제경제무역중재위원회 '분열' 후 섭외중재실무를 바탕으로"(JCA저널 2017년 3월호)

"중국에서의 노동자파견실무와 신동향"(JCA저널 2016년 2월호)

"중국의 회사해산청구소송문제에 관한 고찰—판례 및 소송실무를 바탕으로"(JCA저널 2015년 8월호) 등

주요 강연(화난지역)

"중국의 상업뇌물규제와 컴플라이언스체제구축의 포인트"(홍콩)

"중국현지법인의 노무리스크 관리 및 그 포인트"(선전, 후이저우, 둥관, 광저우, 주하이)

"중국에서의 내판확대에 따른 법적 리스크"(선전, 광저우, 주하이, 둥관)

"화난(华南)외국계기업의 재편 · 철수에 관한 최신실무"(선전, 홍콩)

"중국의 외국인취업허가 관련 최신정책과 유의점"(선전, 홍콩, 둥관, 광저우) 등

중국진출기업의 노무관리 Q&A
中國進出企業的勞務管理 Q&A
-
초판 인쇄 2019년 2월 8일
초판 발행 2019년 2월 15일
-
저 자 윤수종(尹秀鍾)
발행인 이방원
-
발행처 세창출판사
신고번호 제300-1990-63호
주소 03735 서울시 서대문구 경기대로 88 냉천빌딩 4층
전화 02-723-8660 팩스 02-720-4579
이메일 edit@sechangpub.co.kr
홈페이지 www.sechangpub.co.kr
-
값 29,000원
-
ISBN 978-89-8411-799-0 93360
-
이 도서의 국립중앙도서관 출판예정도서목록(CIP)은 서지정보유통지원시스템 홈페이지(http://seoji.nl.go.kr)와 국가자료공동목록시스템(http://www.nl.go.kr/kolisnet)에서 이용하실 수 있습니다.(CIP제어번호: CIP2019001881)